B.C.Info

비전공자도 따라하며 배우는

엑셀자동화 with 파이썬

강 형 일 저

일잘러의 시작은

엑셀자동화부터!!

Prologue

직장인이라면 거의 대부분 사용하는 엑셀은 오랫동안 많은 이들에게 사랑받은 대표적인 사무용 SW입니다. 엑셀은 쉽고 직관적인 인터페이스뿐만 아니라 다양한 함수 지원, 시각화 기능 등을 통해 다양한 문제를 효율적으로 해결할 수가 있고 시간절약을 할 수 있습니다. 하지만 매일 생성되는 엑셀 파일은 기하급수적으로 늘어나고 이 많은 파일들을 취합하고 분석하는 등의 작업들을 거의 대부분 사람이 관여하여 수작업으로 진행하고 있습니다. 매일, 매주 반복되는 업무를 사람이 관여하여 작업을 진행하면 휴먼 에러(피곤, 산만 등) 발생 가능성이 큽니다.

그러나 엑셀자동화로 단순 반복적인 작업을 자동으로 수행하게 하면 시간 절약은 물론이고 데이터 처리의 정확성을 높일 수 있습니다. 이를 통해 데이터 입력, 분석, 보고서 작성 등의 업무를 빠르고 정확하게 처리할 수 있습니다. 하지만, 효과적인 자동화를 위해서는 엑셀의 다양한 기능과 프로그래밍에 대한 이해가 필요합니다. 이에 이 책에서는 엑셀의 다양한 함수 기능과 배우기 쉬우면서도 강력한 프로그래밍 언어인 파이썬을 통해 엑셀자동화를 수행하는 방법을 알려줍니다.

특히, 코딩에 익숙하지 않은 비전공자들을 대상으로 쉽게 기술하였으며, 실무 예제 중심(엑셀자동화)으로 자칫 지루해지기 쉬운 코딩 공부를 업무에 바로 적용할 수 있도록 다루었습니다. 따라서 책에서 설명하고 있는 내용을 꾸준히 학습하고 자신의 업무에 적용하며 경험을 축적한다면 보다 숙련된 컴퓨팅 사고력과 문제 해결 능력을 갖추게 될 것입니다.

마지막으로 책이 출판되기까지 많은 도움을 주신 복두출판사의 관계자 여러분께 감사의 말씀을 드립니다. 또한 원고 작업을 핑계로 소홀히 했던 아내와 사랑하는 아들, 무한한 사랑을 주신 부모님께 감사를 드립니다. 엄마 사랑해요... 너무나 보고 싶어요!!!

항상 좋은 책으로 찾아뵐 수 있도록 노력하겠습니다.

2024년 8월 강형일

CONTENTS

제 1 장

엑셀 기초

마이크로소프트(MicroSoft)사의 Office 프로그램 중 하나인 Excel은 그래픽 환경에서 표 계산, 수식작성, 데이터 분석 등의 기능을 활용하는 스프레드시트(Spread Sheet)프로그램이다. 스프레드시트란 원래 미국인들이 회계 부문에서 사용하던 계산용지였는데 이것을 그대로 컴퓨터로 옮겨와서 가로행과 세로행이 만나는 셀이라는 공간에 정보를 저장할 수 있고 다양한 계산도 편하게 할 수 있는 SW를 말한다.

엑셀(excellent)은 스프레드시트(숫자 표에서 계산 기능을 수행하는 프로그램) 기능을 비롯해 매크로, 그래픽, 데이터베이스 기능과 지도 · 차트 작성 등 통합 문서작성에 필요한 기능들도 제공한다. 수식작성과 계산이 편리해 기업의 세무회계, 보고서나 학교의 성적관리 및 가계부 등에 광범위하게 활용되고 있으며, 전 세계적으로 거의 대부분의 회사에서 사용하는 프로그램이다.

1.1 전체 화면 구성

화면 구성의 각각의 명칭을 정확하게 숙지하길 바란다.

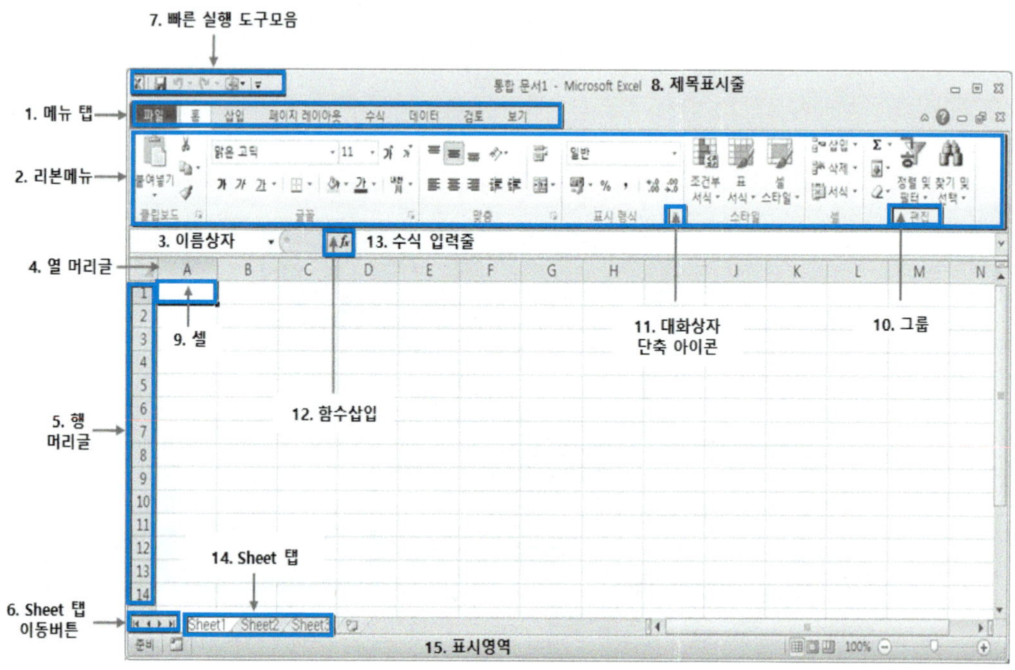

01 메뉴 탭 : 좌측상단에 있는 빨강색 박스에 [파일], [홈], [삽입], ... 등이 나타나 있는데 이 부분이 엑셀 2007부터 적용된 리본메뉴의 각 메뉴 탭이다.

02 리본 메뉴 : 텍스트 형태의 메뉴와 아이콘 형태의 명령 버튼이 통합된 메뉴다.

03 이름 상자 : 현재 선택된 셀 주소나 셀 이름이 표시되는 곳이다. 차트나 그리기 개체를 선택하면 개체 이름이 표시되고, 수식이나 함수를 입력하면 함수 목록이 표시된다.

04 행 머리글 : 행 번호가 표시되는 부분으로, 1~1,048,576행까지 있다.

05 열 머리글 : 열 이름이 표시되는 부분으로, A~XFD열까지 총 16,384개의 열이 있다.

06 Sheet 탭 이동 버튼 : 시트 개수가 많아서 시트 탭들이 다 보이지 않을 때, 가려져 있는 시트 탭을 볼 수 있도록 시트 탭 화면을 이동할 수 있다.

07 빠른 실행 도구 모음 : 자주 사용하는 명령을 사용자가 지정하여 사용할 수 있다.

08 제목 표시줄 : 프로그램 이름(Microsoft Excel), 현재 작업 중인 파일 이름(통합 문서1)이 표시되며, 작업 상태에 따라 [읽기 전용], [호환 모드], [공유], [그룹]이 표시된다.

09 셀 : 행과 열이 교차하면서 만들어진 사각 영역이다. 엑셀은 16,384개의 열과 1,048,576개의 행으로 한 개의 워크시트가 구성되어 있다. 그러므로 한 개의 시트는 16,384 * 1,048,576 = 17,179,869,184개의 셀로 구성된다. 즉, 하나의 워크시트에는 170억 개 이상의 데이터를 입력할 수 있다.

10 그룹 : 리본 메뉴에서 아이콘 형태 명령 버튼 그룹 이름이다.

11 대화상자 단축 아이콘 : 이 부분을 클릭하면 해당하는 대화상자가 뜬다. 이 부분을 클릭해보자. 그러면 셀 서식에 글꼴에 해당하는 대화상자가 나타날 것이다.

12 함수 삽입 : [fx]라고 적힌 부분을 클릭하면 함수 마법사가 실행된다.

13 수식 입력줄 : 선택된 셀에 입력된 데이터나 수식이 표시되는 곳이다. 실제로 셀에 입력된 데이터를 확인할 수 있고, 클릭하여 커서가 나타나면 데이터를 수정할 수 있다.

14 Sheet 탭 : 시트 이름이 표시되는 곳으로, 작업할 시트를 선택하는 곳이다. 선택된 시트는 흰색으로 표시된다. 기본적으로 Sheet1, Sheet2, Sheet3 으로 이름이 만들어지지만 해당 부분을 더블클릭하여 이름을 바꾼다.

15 표시 영역 : 각종 기능키의 선택 상태를 표시하며, 숫자가 입력된 셀 범위를 지정하면 자동 계산 결과를 표시한다. 표시 영역에서 마우스의 오른쪽 버튼을 누르면 표시될 항목을 사용자가 지정할 수 있다.

1.2 셀/시트 다루기

셀 이동 필수 단축키

아래 표에 있는 내용은 셀을 이동하기 위한 단축키이다. 단축키를 사용하면 작업 속도가 빨라진다.

단축키	기 능
방향키	셀 포인터를 왼쪽, 오른쪽, 위, 아래 셀로 한 칸씩 이동
Page Up Page Down	위, 아래로 화면 단위로 셀 포인터 이동
Ctrl + 방향키	현재 셀의 왼쪽, 오른쪽, 위, 아래 방향으로 데이터가 연이어 입력된 셀 중에 맨 끝 셀로 한 번에 이동. 만약 시트에 입력된 데이터가 없으면 시트의 끝까지 이동
Ctrl + Shift + 방향키	현재 위치하는 셀의 왼쪽, 오른쪽, 위, 아래 방향의 모든 셀을 선택
Home	현재 행의 맨 앞 셀로 이동
Ctrl + Home	A1 셀로 한 번에 이동
Ctrl + End	시트에 데이터가 입력되어 있는 범위의 제일 오른쪽 아래 셀로 한 번에 이동
F2	셀을 편집 상태로 활성화

셀 범위 지정

단일 범위 지정하기는 다음과 같은 방법들이 있다.

첫 번째 방법 : 시작 셀 선택하고 단일 범위 끝 셀까지 마우스로 드래그 한다.
두 번째 방법 : 시작 셀 클릭 후 [Shift]를 누르고, 단일 범위 끝 셀을 클릭한다.
세 번째 방법 : 시작 셀 클릭 후 [Shift] + [↓]키를 누면서 범위 끝까지 반복한다.

복수 범위 선택은 첫 번째 시작 셀 선택하고 첫 번째 범위 끝 셀까지 마우스로 드래그 한다. 그리고 [Ctrl]키를 누른 상태에서 다음 시작 셀 선택하고 그 범위 끝 셀까지 마우스로 드래그 한다.

전체 범위 선택하기는 1행 위쪽 부분을 클릭하면 전체 범위가 선택된다. 또는 [Ctrl] + [a]키를 눌러도 전체 범위가 선택된다.

행 전체 범위를 지정하려면 행 머리글을 클릭하고, 열 전체 범위를 지정하려면 열 머리글을 클릭한다.

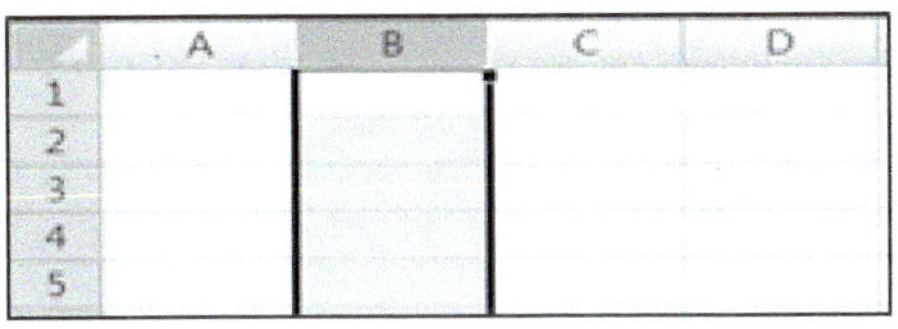

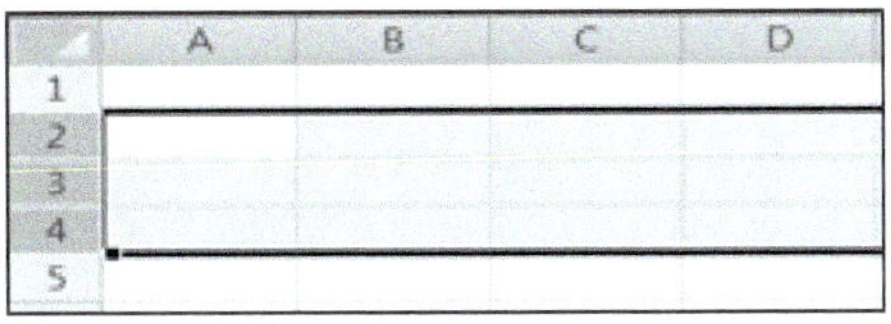

행/열 삽입과 삭제

행 삽입은 행 머리글을 클릭하고 오른쪽 마우스를 클릭하면 아래 그림과 같이 나타나는데 삽입을 선택하면 된다. 열 삽입은 열 머리글을 클릭하고 오른쪽 마우스를 클릭하고 삽입을 선택하면 된다.

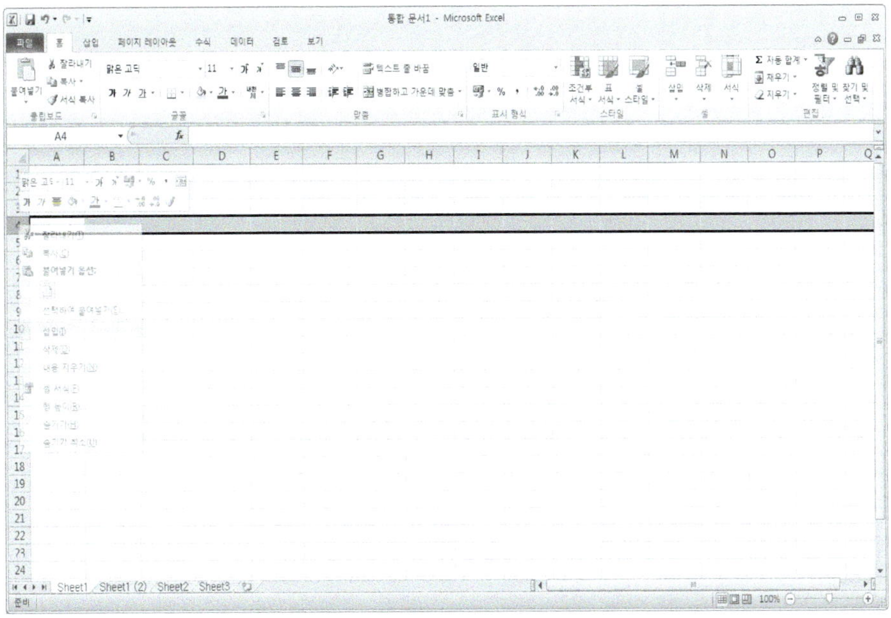

삭제는 삭제하고자 하는 부분의 머리글을 클릭하고 오른쪽 마우스를 클릭하고 삭제를 선택하면 된다.

셀 이동과 복사

복사시킬 셀을 드래그 하여 범위 지정하고 [Ctrl] + [C]키를 누르고 **복사**한다.
그리고 복사시킬 시작 셀을 선택하고 [Ctrl] + [V]키를 눌러 **붙여넣기** 한다.
이동시킬 셀들을 드래그 하여 범위 지정하고 [Ctrl] + [X]키를 눌러 **잘라내기**를 한 후 이동시킬 시작 셀을 선택하고 [Ctrl] + [V]키를 눌러 **붙여넣기** 한다.

셀 서식 다루기

셀 서식 지정은 서식 도구를 사용하여 지정한다. [홈] 메뉴 탭에서 [글꼴], [맞춤], [표시형식] 그룹에 있는 각 도구를 사용하면 된다.

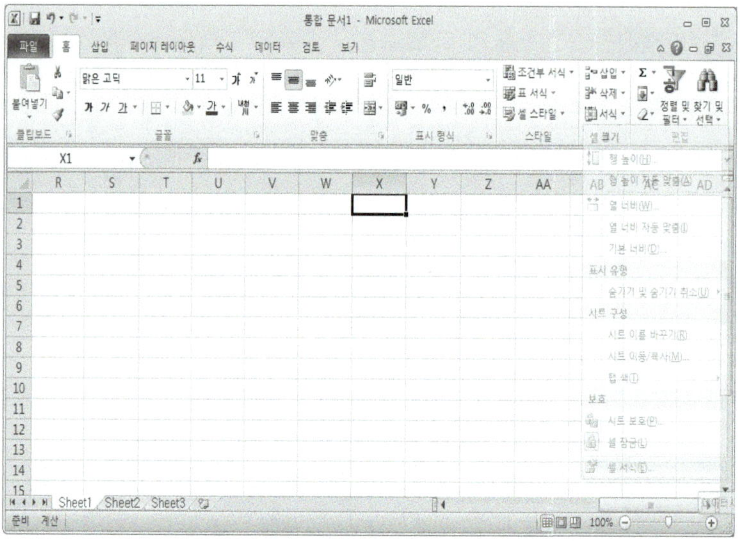

셀 서식 대화상자 사용은 서식을 지정할 범위를 지정한 후 [홈] 메뉴 탭 → [셀] 그룹 → [서식] → [셀 서식]을 선택합니다. 또는 마우스 오른쪽 버튼을 누른 후 [셀 서식] 메뉴를 선택하거나 [글꼴], [맞춤], [표시 형식] 그룹의 대화상자 표시 단추 아이콘을 클릭하여 셀 서식을 지정할 수 있다.

표시 형식은 셀 내용을 어떻게 표시할지 정하는 기능으로 12가지 항목이 있다.

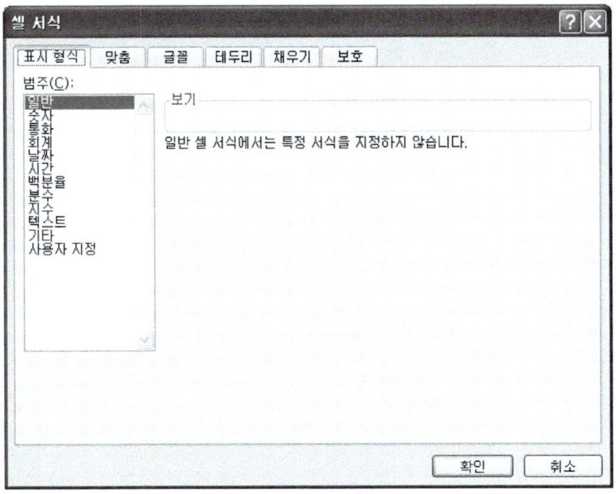

- 일반 : 입력된 데이터 형태를 그대로 표시한다.
- 숫자 : 소수 자릿수, 천 단위 콤마 표시, 음수 표현 형식을 지정할 수 있다. 날짜 형식 데이터를 숫자 형식으로 지정하면 정수 값으로 표현된다.
- 통화 : 천 단위 콤마 표시, 통화 기호, 음수 표현 형식을 지정할 수 있다.
- 회계 : 천 단위 콤마 표시, 통화 기호를 지정할 수 있다. 셀에서 가운데 맞춤을 할 수 없다.
- 날짜 : 엑셀에서 제공하는 날짜 표현 형식을 선택한다. 적당한 형식이 없을 때는 [사용자 지정]에서 만들어 사용할 수 있다.
- 시간 : 엑셀에서 제공하는 시간 표현 형식을 선택한다. 적당한 형식이 없을 때는 [사용자 지정]에서 만들어 사용한다.
- 백분율 : 소수 자릿수 지정, 수치 데이터 뒤에 백분율(%) 기호를 삽입할 수 있다.
- 분수 : 소수를 분수 형식으로 나타낸다. 여러 형태의 분모 자릿수를 제공한다.
- 지수 : 수치 데이터를 지수 형식으로 표현하며, 소수 자릿수를 지정할 수 있다. 예를 들어, 2250000을 지수로 나타내면 2.25E + 6으로 표시된다.
- 텍스트 : 수치 데이터를 문자열 형식으로 지정한다.
- 기타 : 우편번호, 전화번호, 주민등록번호 등 특수한 데이터의 서식을 지정할 때 사용한다.
- 사용자 지정 : 엑셀이 제공하는 서식 중, 원하는 표시 형식이 없을 경우, 사용자가 임의로 표시 형식을 지정할 수 있다. 표시 형식을 지정할 때는 엑셀에서 제공하는 서식 코드를 조합해서 등록해야 한다.

맞춤은 입력한 셀 데이터를 어느 부분을 기준으로 표시할 것인지 지정할 수 있다(텍스트 맞춤). 텍스트 줄 바꾸기와 범위를 지정한 셀을 병합하거나 또는 셀 크기에 맞춰 글자 크기를 조절하기를 한다. 이외에도 문자 각도를 조절해서 문자 방향 지정한다.

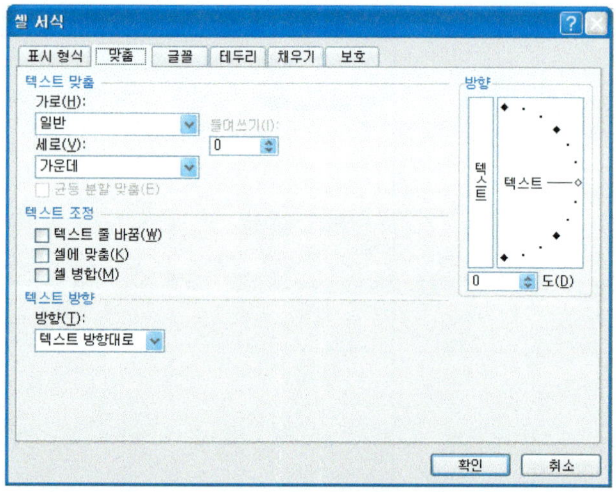

글꼴은 셀 서식의 글꼴을 이용하면 다양한 글꼴, 글자 모양, 글자 크기 등을 지정할 수 있다. 위 첨자나 아래 첨자와 같은 효과도 여기서 설정한다.

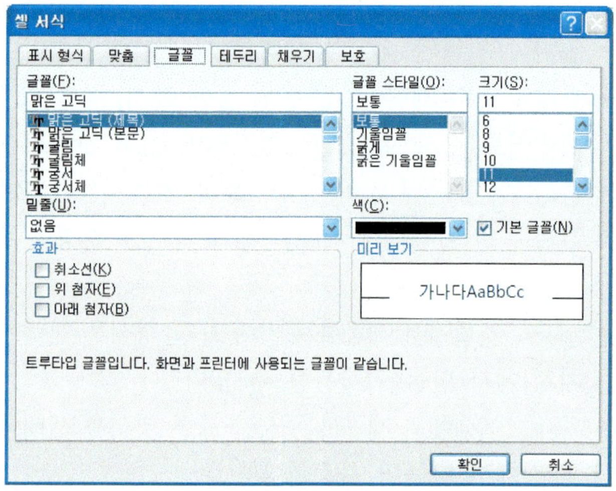

테두리는 지정한 범위의 셀의 테두리에 대한 서식을 지정한다. 선의 패턴이나 윤곽선들을 지정한다.

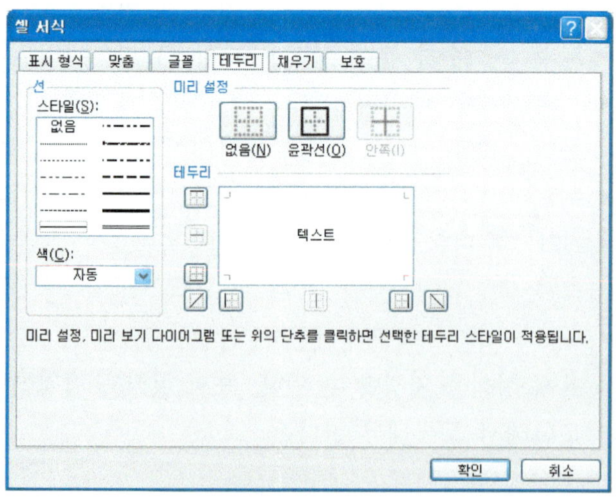

채우기는 셀의 음영색이나 채우기 형태를 설정한다.

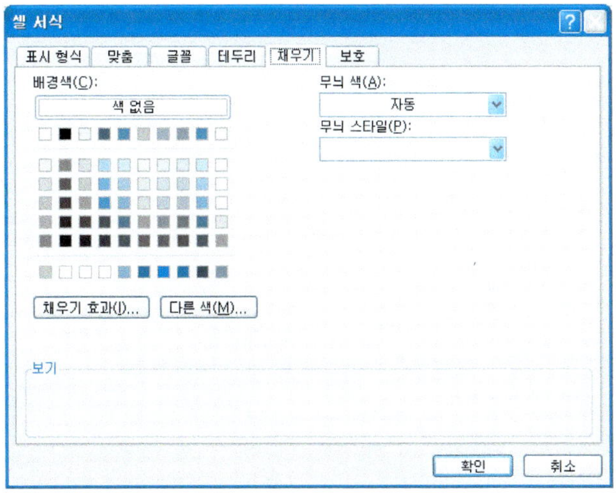

시트 다루기

떨어져 있는 여러 시트 선택은 [Ctrl]키를 이용하여 부분 선택하거나 인접해 있는 여러 시트를 선택하기 위해서는 [Shift]키를 이용하여 선택한다. 시트이름을 바꾸기 위해서는 다음과 같은 방법이 있다.

첫 번째 방법 : 해당 시트 탭을 더블 클릭한 후, 이름을 입력하고 [Enter]키를 누름
두 번째 방법 : 해당 시트 탭에서 마우스의 오른쪽 버튼을 누르고, [이름 바꾸기] 선택
세 번째 방법 : [홈] 메뉴 탭 → [셀] 그룹 → [서식] → [시트 이름 바꾸기] 선택

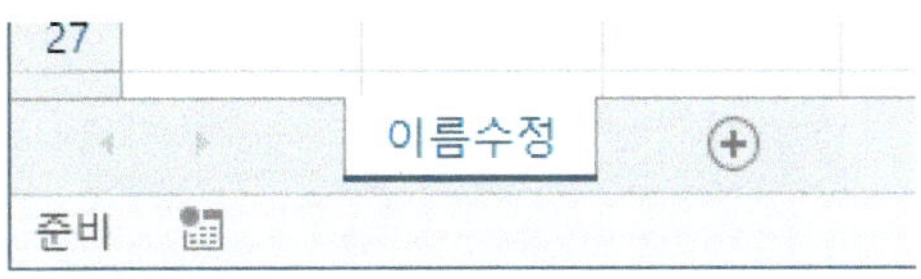

시트 삽입은 시트 탭의 [시트 삽입]을 클릭하거나 시트 탭을 클릭하고 오른쪽 마우스를 클릭한 후에 [삽입]을 선택하는 2가지 방법이 있다.

시트 삭제는 해당 시트 탭을 클릭한 후에 마우스의 오른쪽 버튼을 눌러 [삭제]를 클릭하는 방법으로 삭제한다.
시트의 이동은 해당 시트를 마우스로 드래그 하여 이동하면 된다.

시트 복사는 [Ctrl]키를 클릭하면서 마우스 드래그를 하면 시트가 복사된다.

1.3 데이터 종류

엑셀에 입력되는 데이터의 종류는 **숫자**, **날짜/시간**, **수식**, **문자**(한자, 특수문자 포함)의 네 가지로 구분된다.

숫자 데이터

엑셀에서 **숫자 데이터**는 셀 내에서 **오른쪽 정렬**로 나타나며, 일반적인 숫자뿐 아니라 날짜와 시간도 숫자 데이터로 인식한다. 쉼표(,), 소수점(.), %, ?, $ 기호를 같이 사용하여 입력할 수 있고 또한 분수 입력이 가능하다.

분수 입력은 정수 부분을 반드시 함께 입력해야 하고 정수 부분을 입력하고 중간에 한 칸의 공백을 둔다. 만약 정수 부분이 없는 경우에는 0을 입력하고 한 칸 띄운 후 분수를 입력한다.

대분수, 즉 정수 부분이 0이 아닌 경우에는 셀에도 정수와 함께 분수가 표시된다. 또한 분자가 분모보다 큰 형식의 분수를 입력하면 분자를 분모로 나눈 결과 값이 표시된다.

	입력값	표시되는 값
분수	0 1/4	1/4
대분수	5 1/4	5 1/4
분수	0 20/4	5

숫자가 문자로 인식되는 경우는 분수를 입력할 때를 제외하고 숫자 사이에 공백이 오면 문자로 인식한다. 또한 숫자 사이에 문자나 특수 문자를 입력하면 문자로 인식된다.

서식이 지정된 숫자인 경우 입력한 숫자보다 셀 너비가 좁으면 셀이 #으로 채워진다. 그러나 셀 너비를 넓히면 정상적으로 표시된다.

입력값	표시되는 값	값 인식
1234	1234	전체를 숫자로 인식
123 4	123 4	전체를 문자로 인식
12#3	12#3	전체를 문자로 인식
1234567890123456789	###################	전체를 문자로 인식

날짜/시간 데이터

날짜와 시간은 입력 형식에 맞게 입력해줘야 숫자 데이터로 인식된다.
날짜 데이터는 하이픈(-) 혹은 슬래시(/) 기호로 연, 월, 일 구분을 해줘야 한다.
시간 데이터는 시, 분, 초 사이에 콜론(:) 기호로 구분해서 입력해야 한다.

[Ctrl] + [;]키를 누르면 현재 시스템에 설정된 날짜가 자동 입력된다.
[Ctrl] + [:]키를 누르면 현재 시스템에 설정된 시간이 자동 입력된다.

엑셀에서 날짜데이터는 1900년 1월 1일부터 하루에 1씩 증가하는 숫자로 관리된다. 1900년 1월 1일을 1로 해서 2023년 3월 15일은 45,000일이 지난 날짜라는 뜻이다. 또한 엑셀은 기본적으로 숫자는 오른쪽으로 문자는 왼쪽으로 정렬된다.

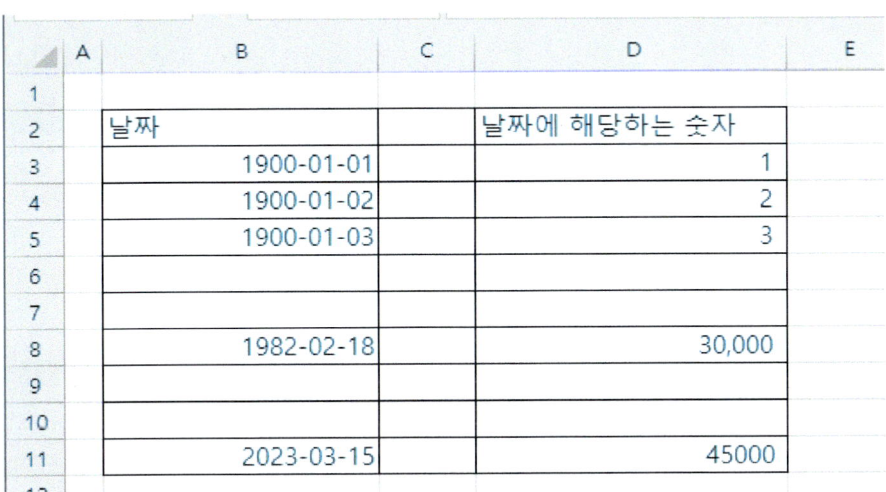

	A	B	C	D	E
1					
2		날짜		날짜에 해당하는 숫자	
3		1900-01-01		1	
4		1900-01-02		2	
5		1900-01-03		3	
6					
7					
8		1982-02-18		30,000	
9					
10					
11		2023-03-15		45000	
12					

수식 데이터

수식은 항상 등호(=)로 시작해야 한다. 그리고 사칙 연산자(+, −, *, /) 사용이 가능하고, 인수로 숫자나 셀 주소 사용이 가능하다.

$$= A1 + A2 * 7$$

문자 데이터

문자 데이터는 기본적으로 **왼쪽 정렬**된다. 그리고 셀의 열 너비보다 긴 문자는 오른쪽 셀에 이어서 표시된다. 오른쪽 셀에 데이터가 있으면 긴 데이터는 숨겨진다.

한 셀에 두 줄 이상의 데이터를 넣기 위해서는 첫 줄 입력 후 [Alt] + [Enter]키를 동시에 치고 다음 줄을 입력한다. 특히 숫자를 문자로 취급하기 위해서는 아포스트로피(') 입력 후 숫자를 입력한다.

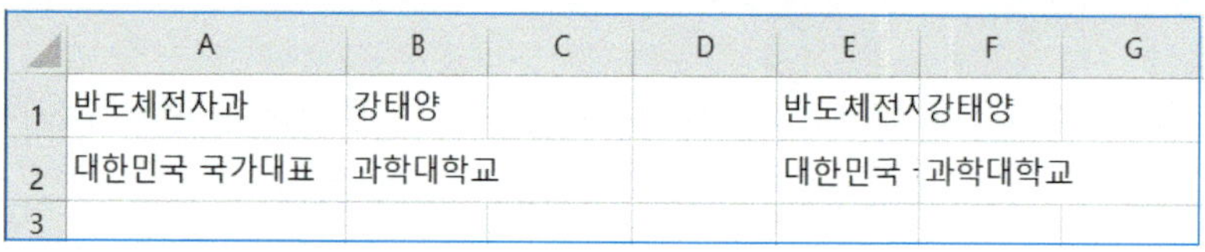

한자

한 글자를 입력하고 키보드의 [**한자**]키를 클릭하면 오른쪽 그림과 같이 해당하는 한자를 찾아서 바꿀 수 있다.

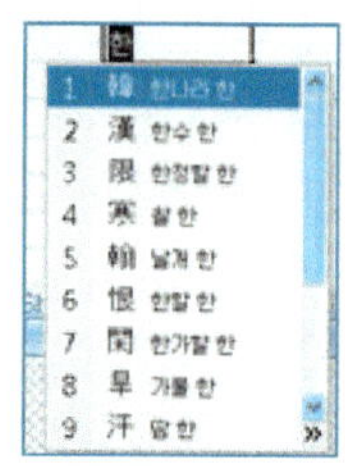

또는 단어를 입력하고 단어 전체를 드래그한 후에 키보드의 [**한자**]키를 클릭하면 오른쪽 그림과 같은 한글/한자 변환 대화상자를 통해서 한꺼번에 변환할 수도 있다.

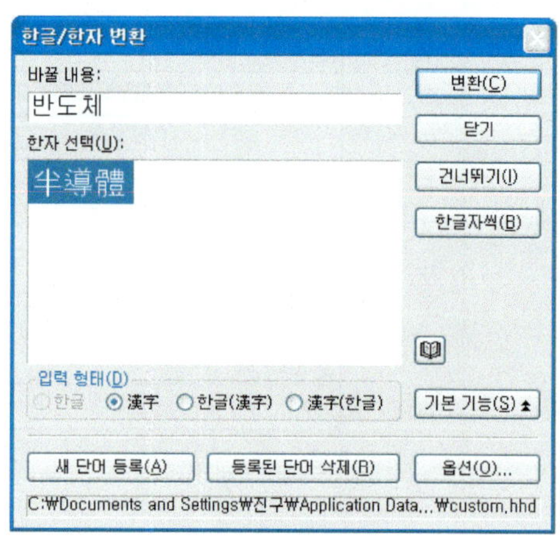

특수문자

[삽입] 메뉴 탭의 [기호]를 선택하면 오른쪽 그림과 같은 기호 대화상자가 나타난다. 원하는 특수문자를 찾아서 입력하면 된다. 또는 한글자음(ㄱ~ㅎ)을 입력한 후 [한자]키를 눌러 특수문자를 선택한다.

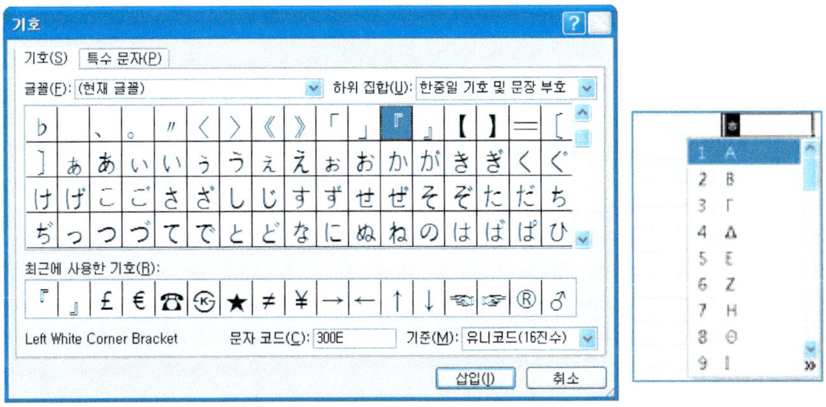

1.4 데이터 입력과 수정

데이터 입력의 기초

데이터 입력은 셀 선택 후 데이터를 입력하고 [Enter]키를 누르거나 마우스나 방향키로 다른 셀을 선택하거나 셀에 데이터 입력 중일 경우에는 ✔을 클릭하여 데이터 입력을 완료한다. 데이터 입력 중 취소는 [Esc]키를 누르거나 셀에 데이터 입력 중일 때는 ✖을 클릭하여 입력을 취소한다.

데이터 입력(자동 완성 기능)

같은 열에 입력할 데이터와 첫 글자가 같은 문자열이 있을 때, 첫 글자만 입력하면 자동 완성된 데이터가 블록되어 표시된다. 이때 자동 완성된 데이터를 사용하려면 [Enter]키를 누르면 된다. 자동 완성 문자열을 사용하지 않으려면 무시하고 입력하거나 [Esc]키를 누르면 된다.

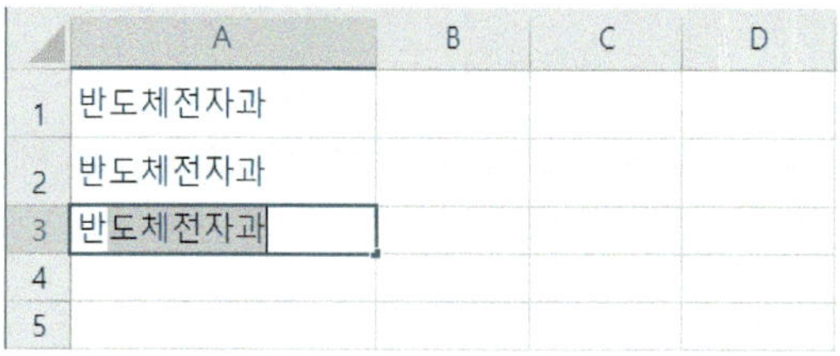

같은 데이터 한꺼번에 입력

똑같은 내용을 한꺼번에 여러 셀에 입력하고 싶다면 셀 범위를 지정한 후 데이터를 입력하고 [Ctrl] + [Enter]키를 동시에 누르면 지정된 범위에 같은 내용이 한꺼번에 입력된다.

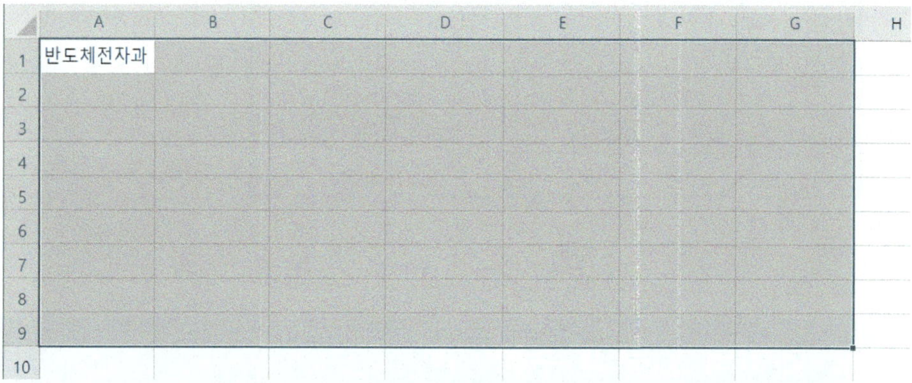

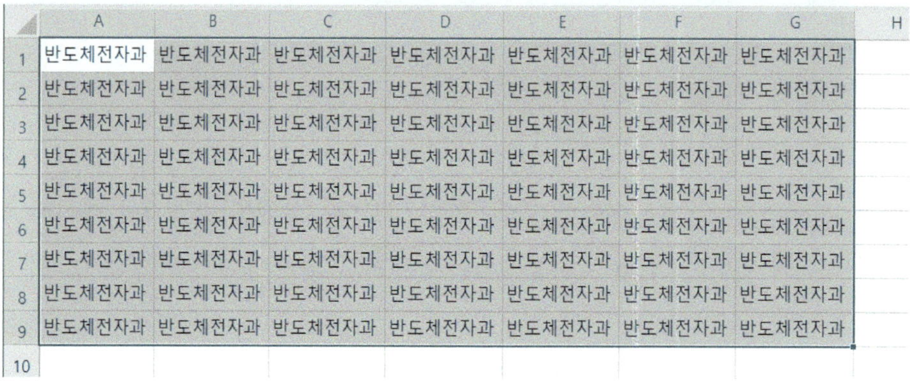

자동 채우기 기능

셀 포인트 오른쪽 아래의 채우기 핸들에 마우스 커서를 올려놓으면 커서가 + 형태로 변한다. + 형태의 커서를 아래방향으로 드래그하면 선택될 셀 데이터가 단순 복사된다. 마지막 셀의 오른쪽 하단에 빨간 원으로 표시된 곳을 클릭하고 [연속데이터 채우기]를 체크하면 숫자가 2007부터 2011까지 자동으로 1씩 증가하여 바뀐다.

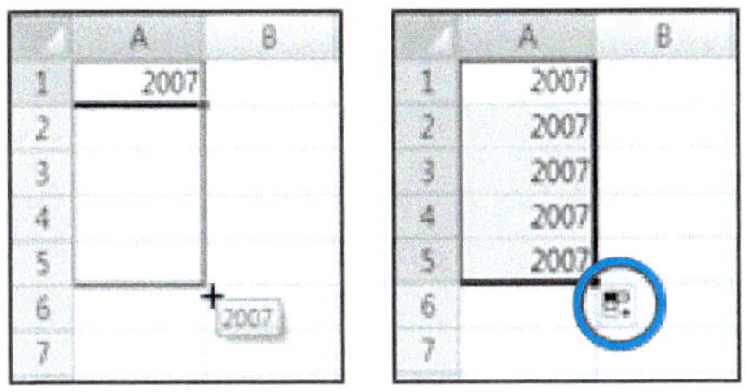

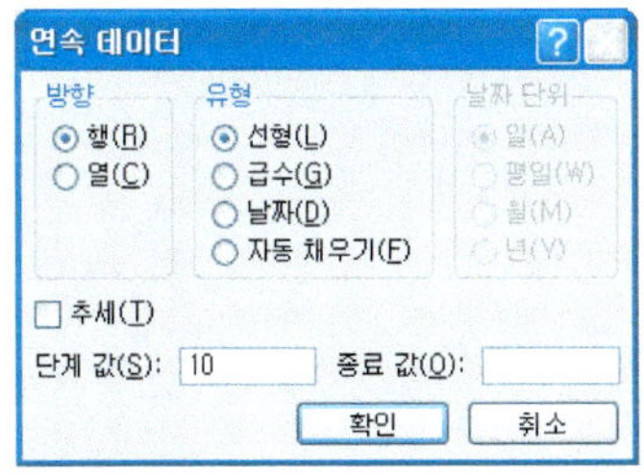

연속 데이터를 1씩 증가가 아닌 증가 값을 달리해서 입력할 경우는 [홈] 메뉴 탭 → [편집] 그룹 → [채우기] → [계열] 클릭하면 오른쪽 그림과 같은 대화상자에서 단계 값을 조정하면 된다.

또한 날짜를 입력한 후에 유형에서 날짜를 선택하고 날짜 단위에서는 평일 선택하면 토요일, 일요일을 제외한 평일 단위로 날짜가 채워진다.

특정 순서에 따라 자주 입력하는 목록이 있다면 사용자 지정 목록에 미리 등록해 두고 자동 채우기 기능을 이용해서 언제든지 데이터를 빠르게 입력할 수 있다. [파일] 메뉴 탭 → [옵션]을 클릭하면 아래 그림과 같은 대화상자가 나타난다. [고급]을 선택하고 [사용자 지정 목록 편집]을 클릭한다.

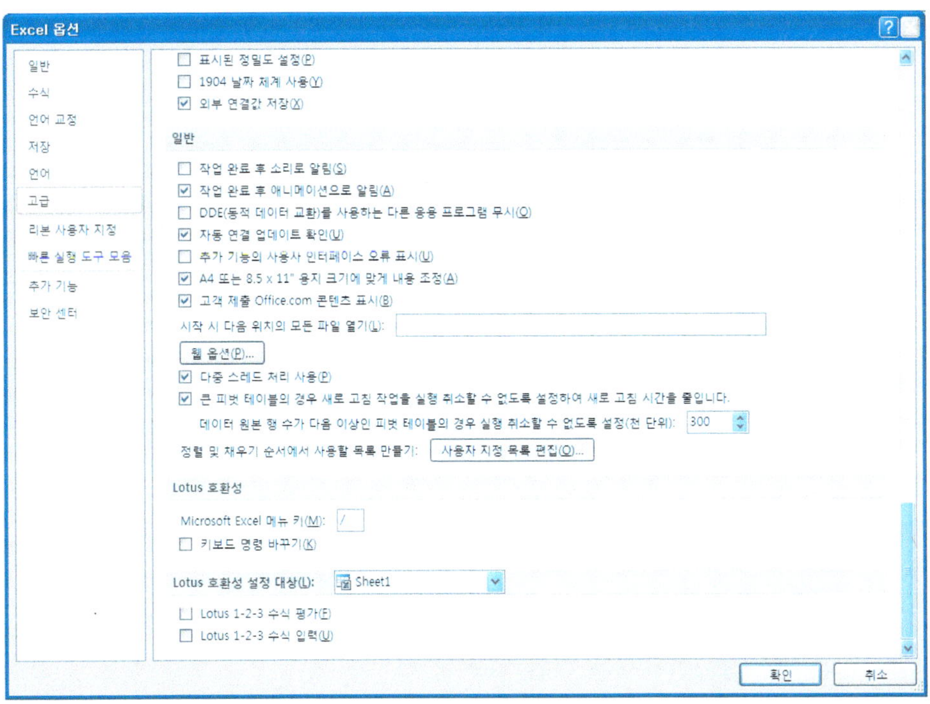

사용자 지정 목록 대화상자에서 [목록항목 :] 부분에 아래 그림과 같이 "반도체전자과"를 쓰고 [Enter]키를 누르고, "경찰행정과"를 쓰고 [Enter]키를 누르고, "호텔제과음료과"를 쓰고 [Enter]키를, "의료재활과학과"를 쓰고 [Enter]키를 누르고 추가 버튼을 클릭하고 확인버튼을 계속 클릭한다.

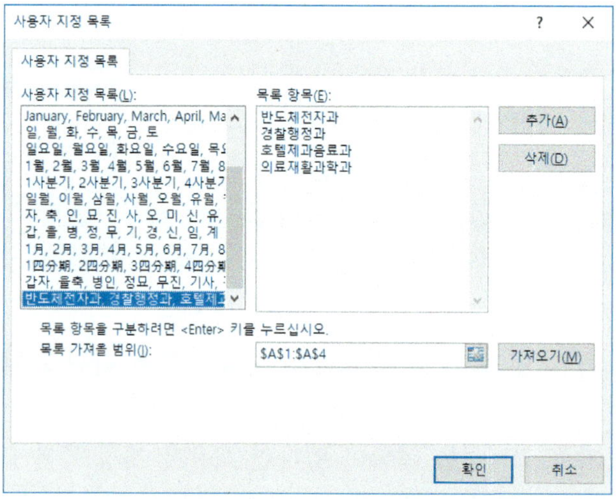

이제 원하는 셀에 "반도체전자과"를 입력하고 채우기 핸들로 드래그 해보자. 사용자 지정 목록이 자동으로 채워진다.

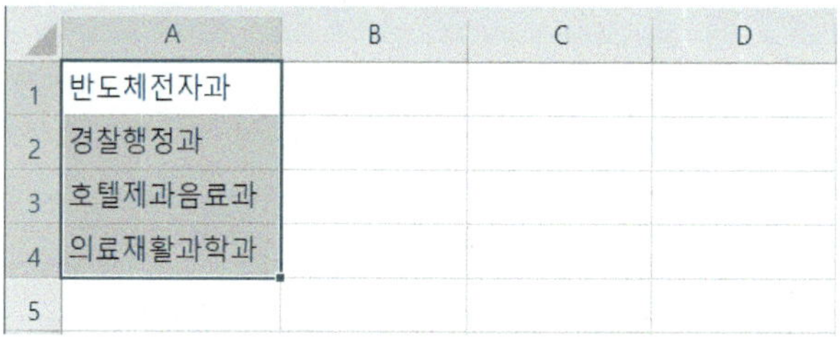

1.5 연산자 유형

엑셀에서 제공하는 연산자에는 **산술, 비교, 텍스트 연결, 참조** 등 네 가지 유형이 있다.

산술 연산자는 더하기, 빼기, 곱하기와 같은 기본적인 수학 연산을 의미한다. 엑셀에서 제공하는 기본적인 산술연산자는 다음 표와 같다.

산술연산자(이름)	의미	예
+ (플러스)	더하기	3 + 3
– (마이너스)	빼기 음수	3 – 1 –1
* (애스터리스크)	곱하기	3 * 3
/ (슬래시)	나누기	3 / 3
% (퍼센트)	백분율	10%
^ (캐럿)	거듭제곱	3 ^ 2

비교 연산자는 다음과 같은 연산자로 두 개의 값을 비교할 수 있다. 이러한 연산자로 두 값을 비교하면 논리 값 TRUE 또는 FALSE가 결과 값으로 반환된다.

비교연산자	의미	예제
= (등호)	같음	A1 = B1
〉 (보다 큼 기호)	보다 큼	A1 〉 B1
〈 (보다 작음 기호)	보다 작음	A1 〈 B1
〉= (크거나 같음 기호)	크거나 같음	A1 〉= B1
〈= (작거나 같음 기호)	작거나 같음	A1 〈= B1
〈〉 (같지 않음 기호)	같지 않음	A1 〈〉 B1

텍스트 연결 연산자는 여러 텍스트 문자열을 연결하여 하나의 텍스트로 만들려면 엠퍼샌드 (&)를 사용한다.

텍스트 연산자	의미	예제
&(엠퍼센트)	두 개의 값을 연결하여 하나의 연속된 텍스트 값을 만든다.	“대한” & “민국”

참조 연산자는 다음과 같은 연산자를 사용하여 계산에 필요한 셀 범위를 결합한다.

참조연산자	의미	예제
: (콜론)	연속된 데이터 범위 참조	=SUM(A1:B15)
, (쉼표)	떨어진 데이터 범위 참조	=SUM(B5:B15, D5:D15)
(공백)	교차된 데이터 범위 참조	=SUM(C4:C8 C5:E5)

예를 들어 아래 그림과 같이 작성된 시트에서 강태양의 반도체 성적을 표시하기 위해 반도체 성적 전체 범위(C4:C8)와 강태양의 전체 성적범위(C5:E5)를 공백 연산자로 참조하면 다음 그림과 같다.

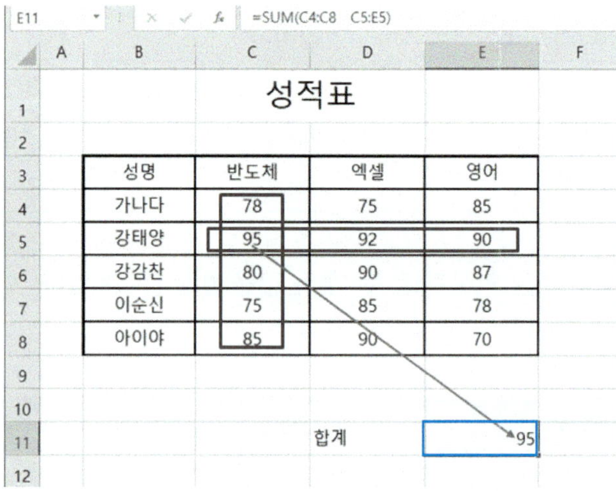

일부 경우에는 계산이 수행되는 순서에 따라 수식의 결과 값이 달라진다. 엑셀에서 수식은 항상 등호(=) 기호로 시작한다. 등호는 다음에 오는 내용이 수식임을 나타낸다. 엑셀에서는 수식의 각 연산자에 대해 정해진 순서에 따라 수식이 왼쪽에서 오른쪽 순서로 계산된다.

연산자 우선순위는 하나의 수식에서 여러 개의 연산자를 사용하면 아래 표에 표시된 순서대로 연산이 수행된다. 곱하기와 나누기 연산자가 모두 있는 경우와 같이 수식에 동일한 우선순위를 가진 연산자가 여러 개 있으면 연산자는 왼쪽에서 오른쪽으로 계산된다.

연산자	설명
:(콜론) (하나의 공백) ,(쉼표)	참조 연산자
–	음수(예: –1)
%	백분율
^	거듭제곱
* 및 /	곱하기와 나누기
+ 및 –	더하기와 빼기
&	두 개의 텍스트 문자열 연결
=, <>, <=, >=, <>	비교

혼합된 수식에서 연산자의 우선순위에 상관없이 가장 먼저 계산하려면 해당 부분을 괄호로 묶는다. 예를 들어 다음 수식에서는 곱하기가 더하기보다 먼저 계산되므로 11이 구해진다. 2와 3을 먼저 곱한 다음 그 결과에 5를 더한다.

= 5 + 2 * 3

괄호를 사용하여 순서를 바꾸면 5와 2를 더한 결과에 3을 곱하여 21이 구해진다.

= (5 + 2) * 3

엑셀에서 수식을 작성하다 보면 오류가 뜨는 경우가 있다. 예를 들어 #N/A, #NAME? 등등 오류의 의미를 알아본다.

오류 메세지	원 인
####	입력된 데이터의 길이가 셀의 너비 보다 길다
#DIV/0!	사용한 수식이나 함수를 0이나 빈 셀로 나누었다.
#N/A	수식에 부적절한 값을 사용 하였다.
#NAME?	수식에 인식할 수 없는 텍스트가 있다.
#NULL	수식이 논리적으로 맞지 않다.
#NUM!	수식에 사용한 숫자에 문제가 있다.
#REF!	참조한 셀이 잘못되었다.
#VALUE!	수식에 사용한 값의 데이터 형식이 잘못 되었다.

1.6 상대참조/절대참조/혼합참조

참조방식에 대해 이해하기 전에 먼저 알아야 할 내용은 다음과 같다.

- 엑셀의 셀 주소는 열(A, B, ...)과 행(1, 2, ...) 주소가 결합한 형태이다.
- 열과 행 주소가 바뀌지 않도록 할 때 절대참조 ($) 기호를 사용한다.

상대참조

상대참조는 절대참조 기호($)를 사용하지 않으며 셀의 위치에 따라 참조할 값의 위치가 바뀐다. 예를 들어 A1 셀을 참조하는 수식을 행(아래쪽) 방향으로 복사하면 A2, A3, …과 같이 수식의 행주소가 바뀐다. 열(오른쪽) 방향으로 복사하면 B1, C1, …과 같이 수식의 열주소가 바뀐다.

절대참조

절대참조는 행, 열 값 앞에 절대참조 기호($)를 붙인 형태로 결과 셀의 위치가 바뀌어도 참조값의 위치는 바뀌지 않는다. 예를 들어 셀을 참조할 때 $A$1을 입력하면 수식을 복사해도 항상 A1 셀만 참조한다. 절대기호를 직접 입력해도 되지만 [F4]키를 눌러 참조 방식을 변경하여도 된다. [F4]키를 누를 때마다 아래와 같은 참조방식을 순환하면서 변경된다.

상대참조 → 절대참조 → 혼합참조(행) → 혼합참조(열) → 상대참조

혼합참조

혼합참조는 열주소 또는 행주소에만 절대참조 기호($)를 사용하며, $ 기호가 사용된 주소만 변경되지 않는다.

1.7 다른 위치의 값 참조하기

엑셀에서 입력된 값을 참조하는 방식으로 다른 곳에서도 사용할 수 있다. 참조는 같은 시트에 있는 다른 셀과 다른 시트에 있는 셀 그리고 다른 파일에 있는 셀에서 사용할 수 있다.

위 치	참조 수식
같은 워크시트에 있는 다른 셀	= 셀주소
다른 워크시트에 있는 셀	= 워크시트명! 셀주소
다른 파일 워크시트에 있는 셀	= [파일명.xlsx] 워크시트명! 셀주소

제 2 장

간단한 문서 작성

2.1 주간식단표 만들기

1 [파일] 메뉴 탭 → [새로 만들기] → [새 통합 문서] 더블 클릭하고, 아래와 같은 주간식단표를 작성해보자.

2 [삽입] 메뉴 탭 → [일러스트레이션] 그룹 → [도형] → [모서리가 둥근 사각형]을 클릭한 후에 적당한 위치에 마우스를 드래그하여 그려준다. 사각형을 클릭한 후에 오른쪽 마우스를 클릭 → [텍스트 편집]을 클릭하고 "주간식단표"를 입력한다.

3 "주간식단표 " 텍스트를 드래그한 후에 [홈] 메뉴 탭 → [글꼴] 그룹에서 글꼴과 글꼴크기를 설정하고 [맞춤] 그룹에서 가운데 맞춤을 클릭한다.

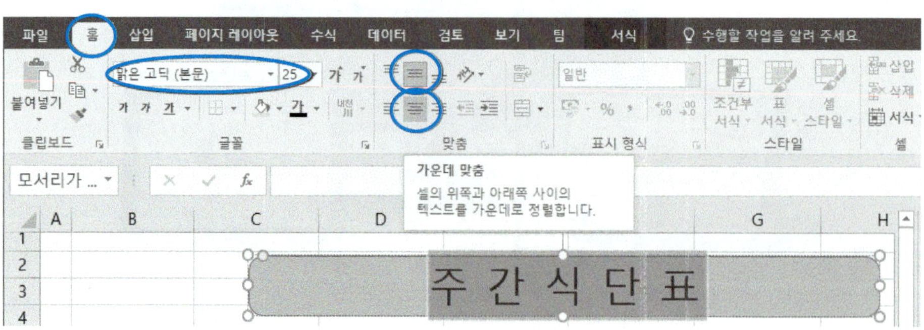

4 "주간식단표 " 도형을 클릭한 후에 오른쪽 마우스를 클릭하고 [도형 서식]을 클릭한 후에 [채우기] → [단색 채우기]를 선택하고 적당한 색을 선택한다. 또한 [선] → [실선]을 선택하고 적당한 색과 너비를 선택한다.

5 C5 셀에서 H5 셀까지 드래그하고 [홈] 메뉴 탭 → [맞춤] 그룹 → [병합하고 가운데 맞춤]을 클릭하고 " 2018년 6월 18일(월)~2018년 6월 24일(일) " 을 입력한다.

6 B7 셀에서 B8 셀까지 드래그하고 [홈] 메뉴 탭 → [맞춤] 그룹 → [병합하고 가운데 맞춤]을 클릭하고 "구분" 을 입력한다.

6 C7 셀에 "6월 18일" 을 입력한 후에 I7 셀까지 드래그해서 자동 채우기를 한다.

7 C8 셀에 "월요일" 을 입력하고 I8 셀까지 드래그해서 자동 채우기를 한다.

8 B9 셀을 선택하고 "아" 를 입력하고 한 셀에 두 줄로 입력하기 위해서 [Alt] + [Enter]키를 누른 후 "침" 을 입력하고, B9~B11셀까지 드래그하고 [셀병합]을 수행한다.

9 B12셀, B17셀, B18셀에 그림과 같이 입력하자.

10 B7~I21 셀까지 드래그한 후에 오른쪽 마우스를 클릭하고 [셀 서식]을 클릭한다. [셀 서식] 대화상자가 나타나면 [테두리]를 클릭한 후에 각자 취향에 맞게 설정하자.

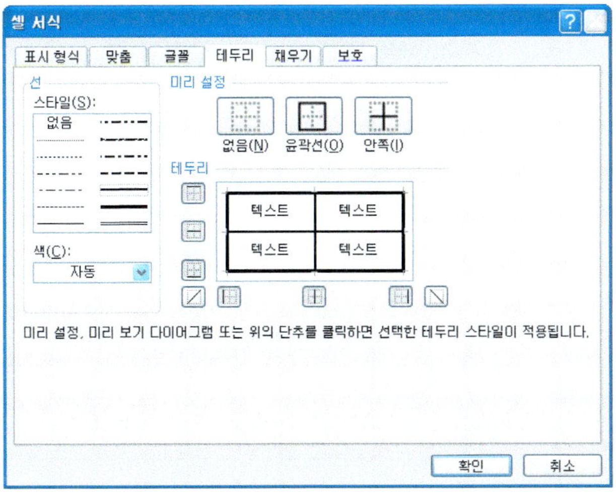

11 B9 셀을 클릭하고 오른쪽 마우스를 클릭하고 [셀 서식]을 클릭한다. [셀 서식] 대화상자가 나타나면 [채우기]를 클릭한 후에 각자 취향에 맞게 설정하자. 나머지도 채우기를 해본다.

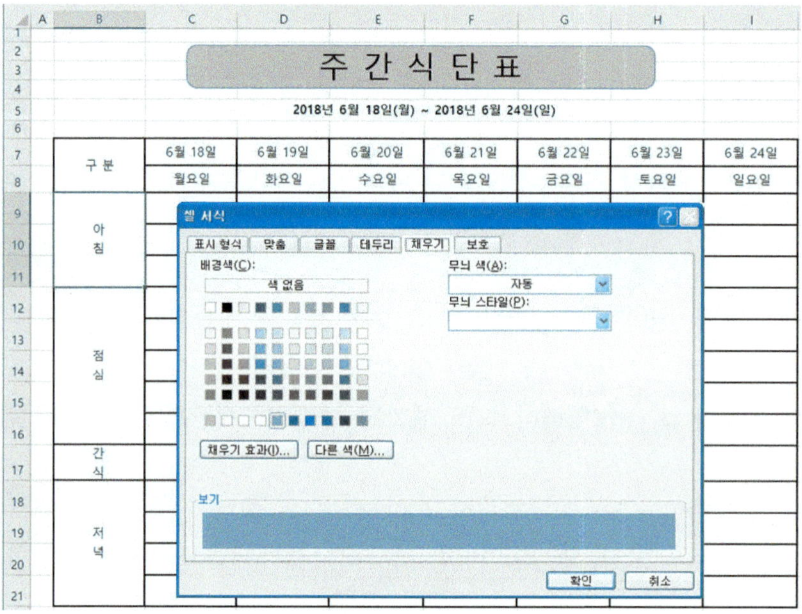

12 행 머리글 5~8까지 드래그를 한 후에 오른쪽 마우스를 클릭하고 [행 높이]를 선택하면 아래 그림과 같은 [행 높이] 대화상자가 나타난다. 적당한 행 높이 값을 입력하고 확인 버튼을 클릭하면 행 높이가 설정한 값으로 변경된다.

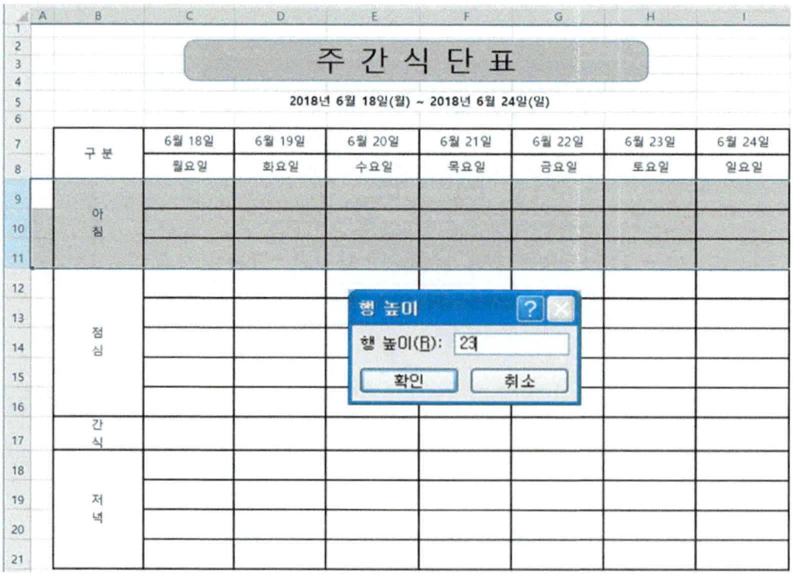

2.2 문서 만들기(결재문서)

1 아래와 같은 결재문서를 작성해보자. 셀 서식(글꼴, 테두리 등)과 이미지 삽입 및 인쇄 설정을 배울 수 있다.

<table>
<tr><td>반 명</td><td></td><td colspan="3" rowspan="2">개선요청서(안전, 품질, 생산성, 기타)</td><td>담당</td><td>팀장</td><td>소장</td></tr>
<tr><td>개선자</td><td></td><td rowspan="2"></td><td rowspan="2"></td><td rowspan="2"></td></tr>
<tr><td>제 목</td><td colspan="2"></td><td>작성일</td><td></td></tr>
<tr><td colspan="2">개선전</td><td colspan="3">개선후</td></tr>
<tr><td>문제점</td><td></td><td>조치
내용</td><td colspan="2"></td></tr>
<tr><td colspan="2"></td><td colspan="3"></td></tr>
</table>

2 A2 셀에 “반명”, A3 셀에 “개선자”, A4 셀에 “제목” 을 각각 입력한다.

3 E2 셀에서 J3 셀까지 드래그하고 [홈] 메뉴 탭 → [맞춤] 그룹 → [병합하고 가운데 맞춤]을 클릭하고 “개선요청서(안전, 품질, 생산성, 기타)” 을 입력한다.

4 I4 셀을 선택하고 “작성일” 을 입력한다.

5 A5~H5 셀까지 드래그하고 [병합하고 가운데 맞춤]을 수행하고 “개선전” 을 입력

6 I5~M5 셀까지 드래그하고 [병합하고 가운데 맞춤]을 수행하고 “개선후” 을 입력

7 A6 셀을 선택하고 “문제점” 을 입력, B6~H6 셀까지 드래그하고 [셀병합] 수행

8 I6 셀을 선택하고 "조치"를 입력하고 한 셀에 두 줄로 입력하기 위해서 [Alt] + [Enter]키를 누르고 "내용"을 입력하고, J6 ~ M6 셀까지 드래그하고 [셀병합]을 수행한다.

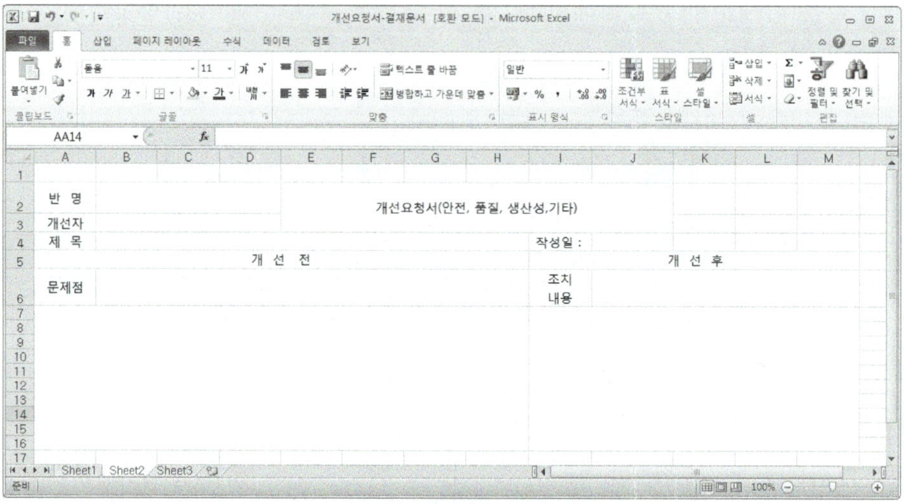

9 E2 셀을 선택하고 오른쪽 마우스 클릭 후 [셀서식] 선택하면 아래 그림과 같은 대화상자에서 [글꼴] 선택하고 글꼴은 휴먼옛체, [크기]는 22, [글꼴 스타일]은 굵게 설정한다. 나머지 셀도 본인의 선호하는 글꼴로 바꾸어 본다.

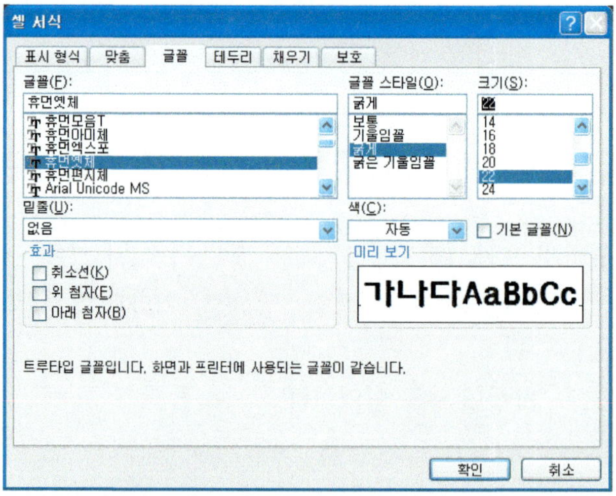

10 Sheet2 시트를 선택하고 B4셀에 "담당", C4셀에 "팀장", D4셀에 "소장"을 각각 입력한다.

11 B4~D5 셀까지 드래그하고 마우스 오른쪽 클릭 후 [셀서식] 대화상자에서 테두리 클릭 후 아래 그림과 같이 테두리를 지정한다.

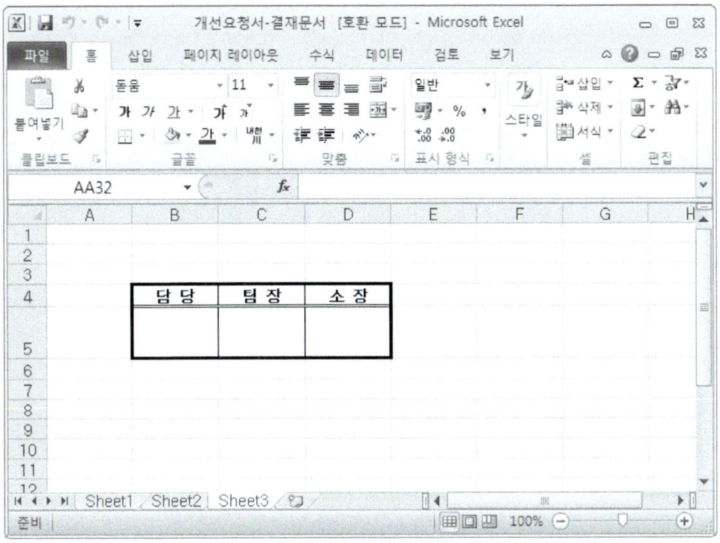

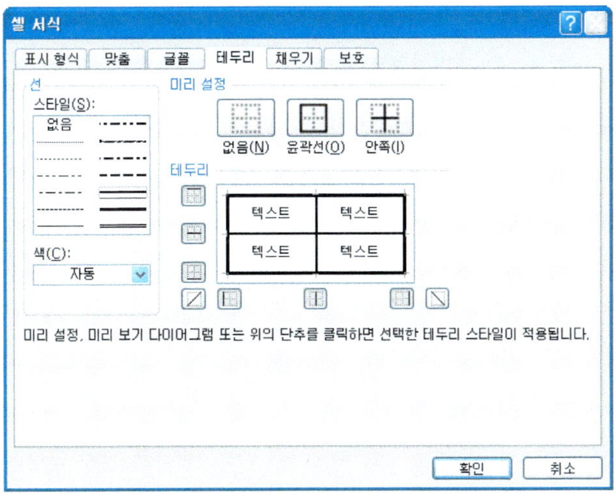

12 B4~D5 셀까지 드래그하고 복사하기(Ctrl + C)하여 Sheet1으로 이동하여 원하는 위치에 붙여넣기(Ctrl + V) 한 후에 옵션으로 그림으로 붙여넣기를 수행하고 이미지의 크기에 맞추어 조정한다.

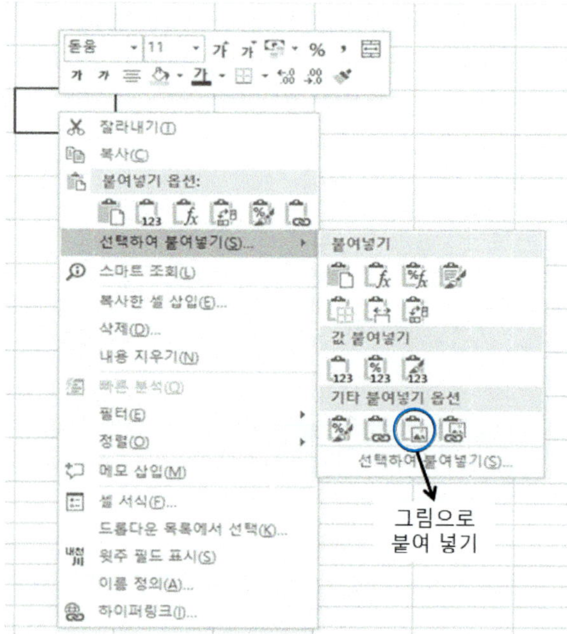

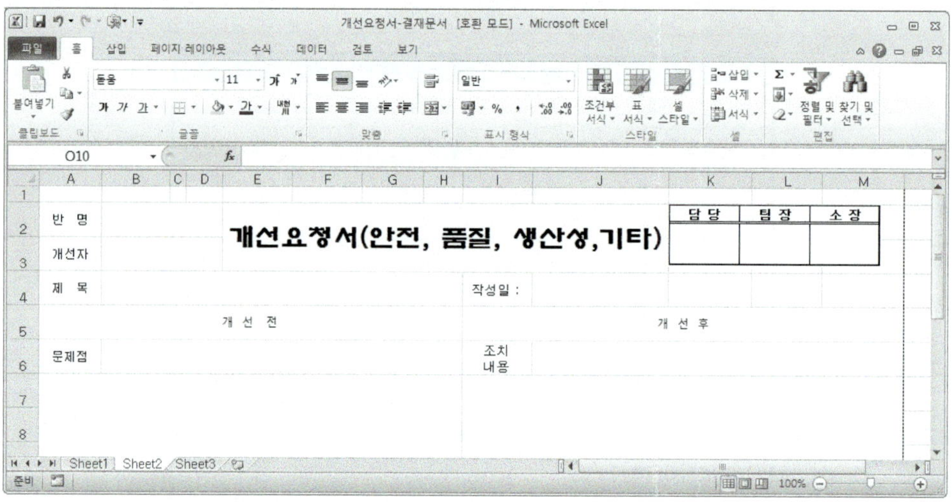

13 A2~J4까지 셀을 드래그 한 후에 우측 마우스를 클릭한다. [셀서식] → [테두리]에서 아래와 같이 꾸민다.

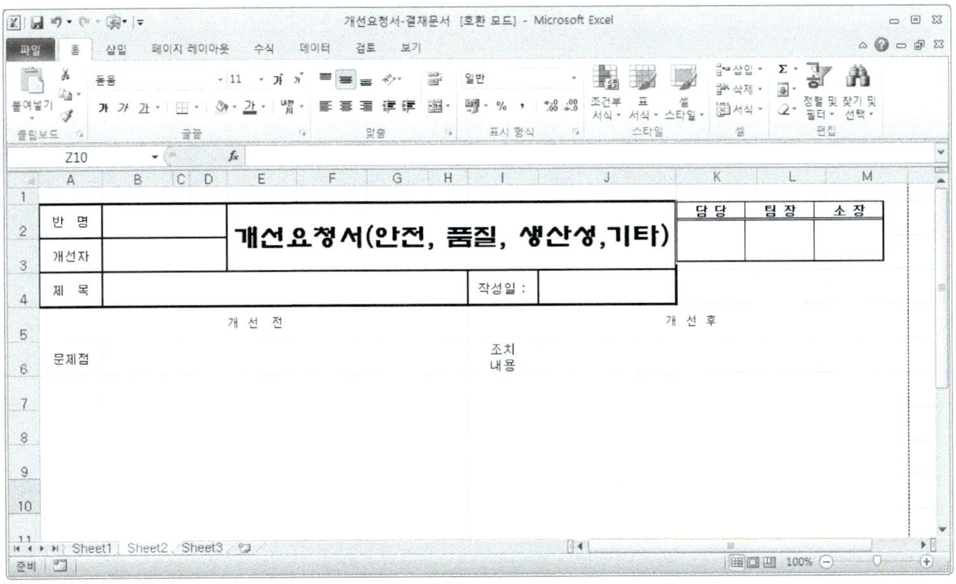

14 A5~M16 셀까지 선택하고 [셀서식] → [테두리] 또는 [글꼴]에서 아래 그림과 같이 설정한다.

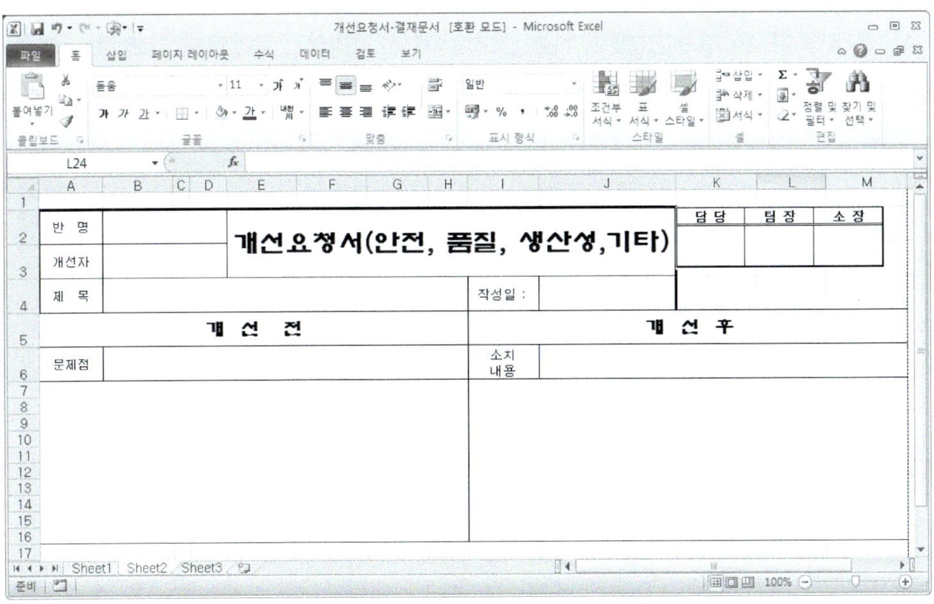

15 [파일] 메뉴 탭 → [인쇄]를 누르면 미리보기 화면이 나온다. 문서 전체가 한 장에 출력되지 않는다. 2007 버전인 경우 OFFICE 메뉴 클릭 후 [인쇄] → [인쇄 미리보기] 클릭하면 된다.

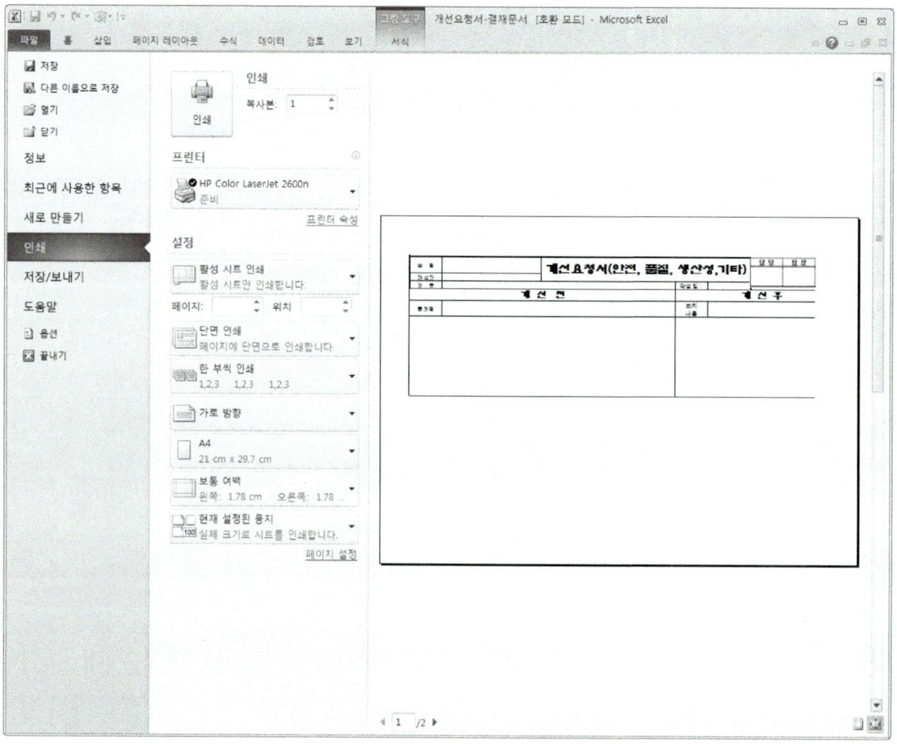

16 [홈] 메뉴 클릭 후 행과 열의 크기를 조정하여 한 화면에 출력되도록 크기를 조정한다.

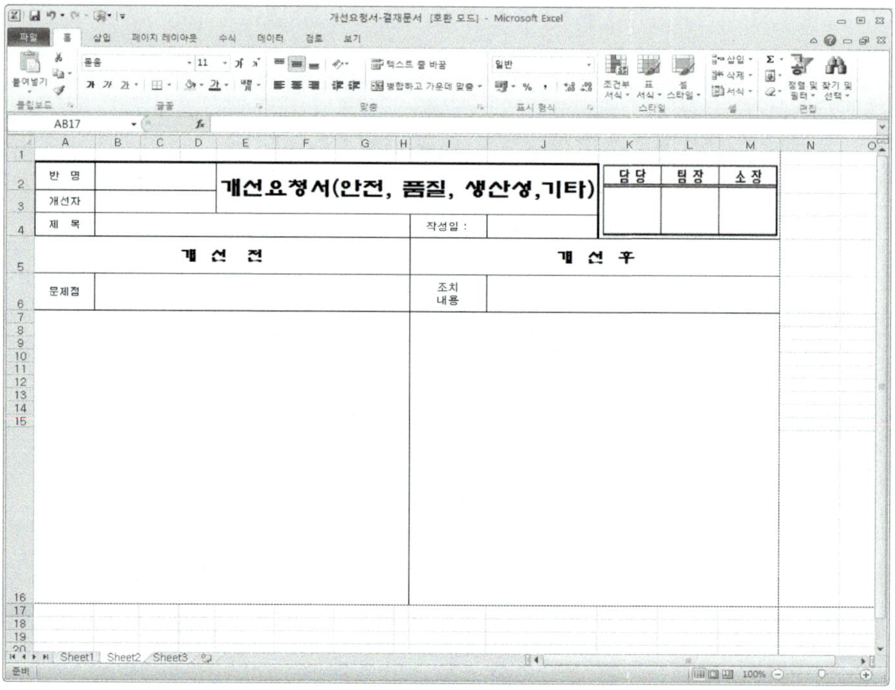

17 [파일] 메뉴 탭 → [인쇄] 클릭 후 아래와 같은 화면에서 오른쪽 하단에 첫 번째 아이콘 [여백표시]를 클릭하면 아래 그림과 같은 화면으로 바뀐다. 검은색 사각형 점을 마우스로 드래그하여 세부 조정을 하고 저장한다. 2007 버전인 경우 OFFICE 메뉴 클릭 후 [인쇄] → [인쇄 미리보기] → [여백표시]를 클릭하면 된다.

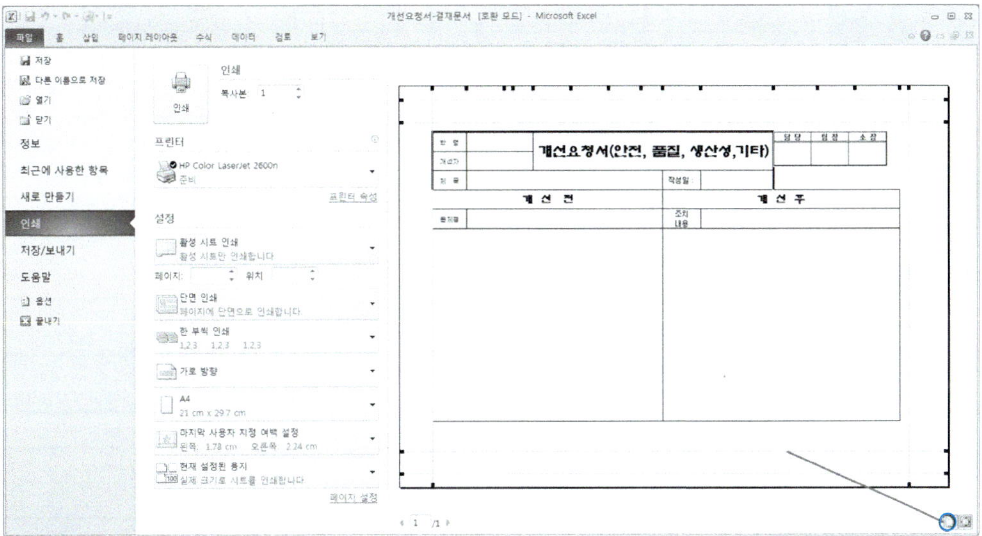

문제1 아래와 같은 회의록을 작성하시오.

재 발 방 지 대 책 회 의 록

(PREVENTIVE ACTION PLAN)

담 당	검 토	검 토	승 인

문서번호		공정명		발생일자		회의일자		작성자	
MDR No	-	부품명		발생부서		참석자(Attendant)/회의주관자(*) :			
Proj. No		DWG NO/		발생공정					
Proj. Name		SPEC		원인부서					
부적합사항 (Nonconformance)		발생수량 (Q'TY)		원인공정 유첨여부					

1.사고내용(Problem)	2. 현상파악(Facts)	3. 원인분석(Root Cause)

4.조치사항(Corrective Action)	QA확인	5. 재발방지대책(Preventive Action)	교육참석자명단			
			이름	서명	이름	서명

문제2 아래와 같은 이력서를 본인에 맞게 작성하시오.

이 력 서

성명	한 글	강 태 양	생 년 월 일	1993년 3월 1일	◉ 남○ 여
	한 자	姜 太 陽	주민등록번호	930301-1234567	
주 소		충북 청주시 가경동 1234번지		Tel 043-210-1234	

학력	기 간			학 교 명		전 공 분 야
	2003	~	2009	충북 도 청주시 시 가나	초등학교(☑졸☐ 중퇴)	
	2009	~	2011	충북 도 청주시 시 가나	중학교(☑졸☐ 중퇴)	
	2011	~	2014	충북 도 청주시 시 가나	고등학교(☑졸☐ 중퇴)	
	2014	~	현재	충북보건과학	대학교 (☐졸☑ 예정)	반도체전자
		~			대학원 (☐졸☐ 중퇴)	

경력	기 간		근 무 처	직 위	업 무 내 용
	2000	~			
		~			
		~			

자격및면허	취 득 년 월 일	자 격 면 허 명	시 행 처
	. . .		
	. . .		
	. . .		

병역	복 무 기 간	군 별	계 급	병 과	미 필 또 는 면 제 사 유
	~				

신 장	cm	체 중	kg	취 미		특 기		종 교	

가족사항	관 계	성 명	연 령	출 신 학 교	직 업	근 무 처	직 위

위에 기재한 사항은 사실과 틀림이 없습니다.

년 월 일

성 명 : 강 태 양

1 도장이미지는 (인) 이라는 글자가 나올 수 있도록 하자. 그림 삽인 후에 아래와 같이 하면 된다.

- **2010 버전** : [삽입] 메뉴 탭 → [그림] 클릭 후 삽입한 도장 이미지에서, [서식] → [색] → [투명한색 설정] → 도장 이미지의 흰색 바탕 클릭
- **2007 버전** : [삽입] 메뉴 탭 → [그림] 클릭 후, [서식] → [다시칠하기] → [투명한색 설정] → 도장 이미지의 흰색 바탕 클릭

2 체크박스, 옵션단추 입력

파일메뉴 클릭 후 왼쪽 하단에 옵션 클릭하면 아래 그림과 같은 대화상자에서 [리본 사용자 지정] 클릭 후 [개발도구]를 체크한다.

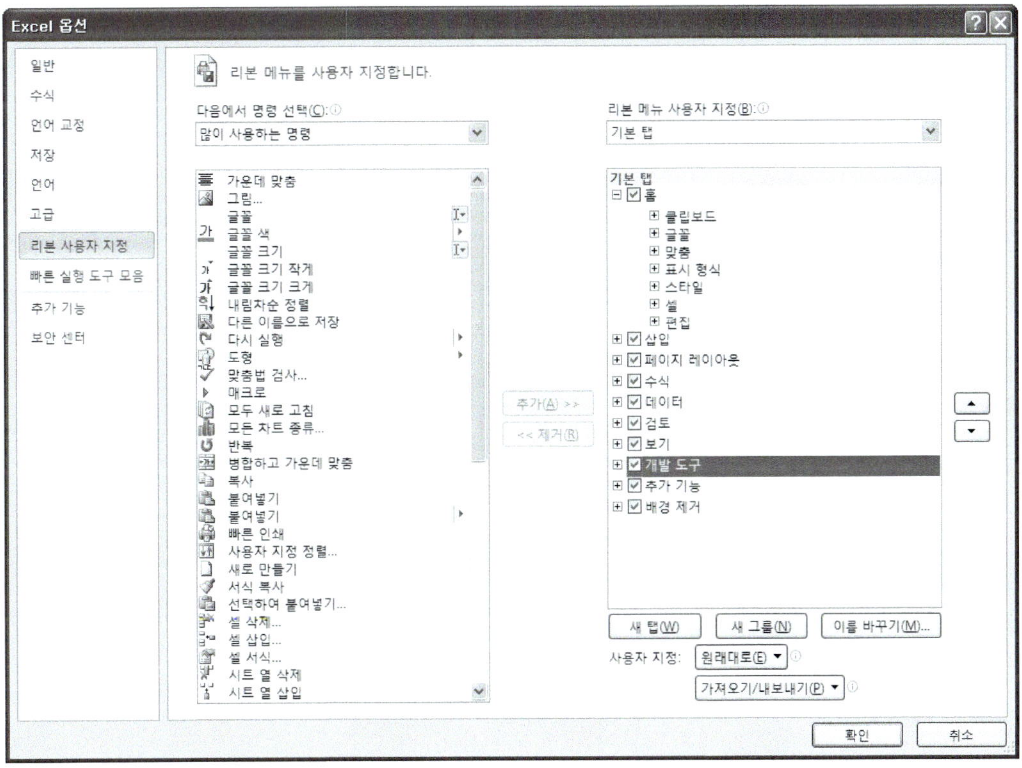

아래 그림과 같이 리본 메뉴에 개발도구 메뉴가 추가되었고 삽입을 클릭하고 해당 아이콘 클릭 후 원하는 위치에 드래그하면 된다.

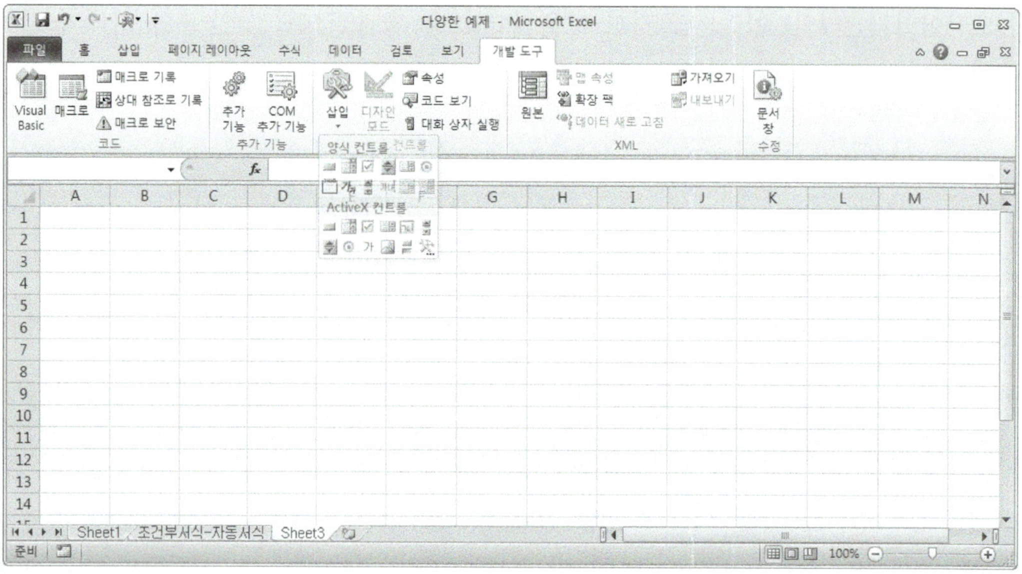

• 만든 체크박스, 옵션 단추 없애기

[홈] 메뉴 탭 —〉 [편집] 그룹 → [찾기 및 선택] → [개체선택]을 클릭하면 마우스 커서가 바뀌는데, 그 상태에서 지우고자 하는 체크박스를 클릭 후 [Delete]키를 누르면 삭제가 된다. 개체선택 상태를 끝내려면 [Esc]키를 누르면 된다.

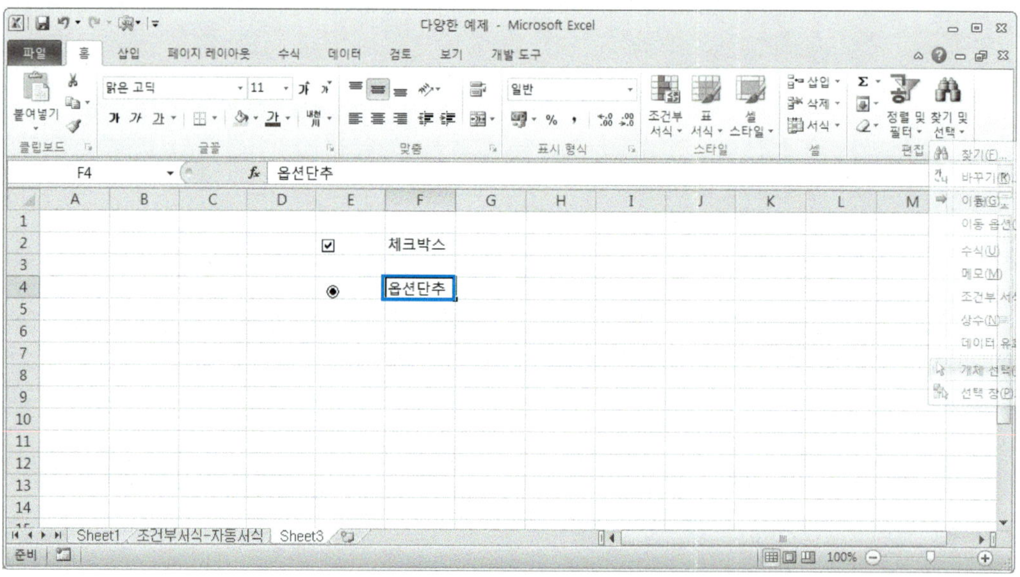

2007 버전은 OFFICE 메뉴 클릭 후 오른쪽 하단에 Excel 옵션 클릭하면 대화상자가 뜨는데 기본설정 클릭 후 [리본메뉴에 개발도구 탭 표시]에 체크하면 된다.

제 3 장

엑셀 함수

3.1 엑셀 함수란?

엑셀에서의 연산은 수식을 이용한 연산과 함수를 이용한 연산이 있다. 수식은 우리가 자주 사용하는 계산식(수식)을 말하고, 함수는 자주 쓰거나 복잡한 수식을 함수라는 명령어를 통해 간략화 하여 편리하게 사용하는 것이다.

즉, 엑셀함수란 반복적이고 복잡한 일련의 계산과정을 엑셀에서 미리 정해진 함수(명령어)에 의해 연산되도록 작성한 하나의 약속이다.

> 수식(Formula)
>
> : 등호(=)로 시작하는 모든 계산식. 셀에서 작성하는 모든 계산식은 수식이다.
>
> 함수(Function)
>
> : 자주 쓰는 계산식을 미리 정해진 명령어에 의해 연산되도록 작성한 약속

일반적으로 " 15 + 20 " 라는 더하기 연산에서 " + " 라는 기호는 15와 20의 값을 서로 더하라는 세계적인 공통의 약속이라면 엑셀에서는 함수인 "=SUM(15, 20)" 을 사용하면 15와 20의 합계를 구하라는 엑셀의 약속인 것이다.

실제 엑셀에서 제공하고 있는 함수는 단순한 합계를 계산하는 함수부터 약 300여 종류가 넘는다. 이러한 엑셀함수는 각종 계산과 분석을 위하여 단독으로 사용될 수도 있고, 중첩해서 사용할 수도 있다.

기본적인 함수 구조

엑셀에서 사용하는 모든 함수는 반드시 "= 함수이름(인수1, 인수2, …)" 의 형태로 시작한다. 함수에서 ( )가 빠지면 안 된다.

함수는 등호, 함수 이름, 괄호, 인수들로 구성되어 있다.

= 함수 이름(인수1, 인수2, . . . , 인수n)

등호(=) : 수식을 선언하는 표시. 등호가 있어야 수식으로 인식
함수 이름 : 엑셀에서 제공하는 계산식이 약속되어 있는 함수 이름
괄호( ) : 인수를 표시할 수 있는 영역.
함수 이름 뒤에는 반드시 괄호를 넣어서 함수를 표시.
인 수 : 인수는 콤마(,)로 구분되는 함수의 요소.
인수는 상수, 수식, 셀 참조 또는 다른 함수가 될 수도 있다.
인수는 최대 255개까지 사용 가능

함수마법사

함수마법사는 엑셀에서 사용할 수 있는 함수를 목록으로 보여주고 함수를 작성하기 편하게 도와준다. 사용할 함수를 선택하거나 함수에 필요한 인수를 쉽게 입력할 수 있고 함수에 필요한 인수와 조건을 알려주는 도움을 받을 수 있다.

[수식] 메뉴 탭 → [함수삽입]을 클릭하면 아래와 같은 함수마법사가 실행된다.

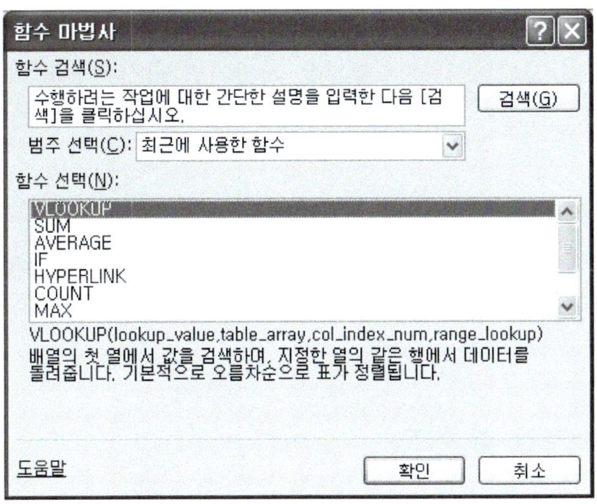

사용하고자하는 함수를 선택하고 그 함수에 필요한 인수를 입력한다. 인수는 숫자, 수식, 함수, 텍스트, 논리값, 배열, 셀 참조 등이 사용 가능하며 텍스트를 인수로 사용할 때는 쌍따옴표(" ")로 해당 텍스트를 묶어서 사용한다. 인수는 함수에 따라 다르지만, 최대 255개까지 지정이 가능하다.

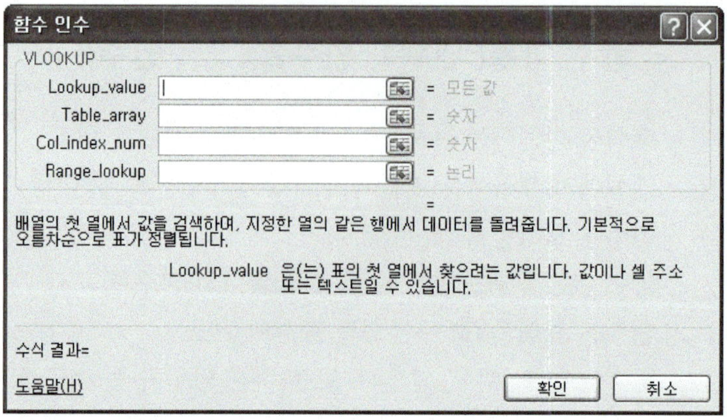

함수중첩

함수 중첩은 논리적으로 생각하면 쉽다. 먼저 적용할 함수는 안쪽에 그리고 나중에 적용할 함수는 바깥쪽에 써주면 된다. 이때 주의해야 할 점은 함수 이름 뒤에는 괄호를 넣어야 되므로 마지막에 닫는 괄호 ") " 로 잘 마무리를 해야 한다.

= IF(SUM(G1:G20) > 100 , MAX(A1:A5) , 0)

위 예는 함수 중첩 사용의 예를 보여준다. 해석을 하면 IF( ) 함수의 조건에 해당하는 부분을 먼저 해석하여 참이면 참에 해당하는 부분을 거짓이면 거짓에 해당하는 부분을 수행하면 된다.

조건에 해당하는 부분은 SUM( ) 함수가 사용되어 있는데 SUM 함수를 사용하여 G1에서 G20까지 셀의 합계를 구한 후에 합계가 100을 초과하면 참에 해당하는 부분 즉, A1에서 A5까지 셀들 값 중에 최대값으로 반환하고 100 이하이면 0을 반환한다.

IF(조건, 참, 거짓)

조건 체크하여 참이면 참에 해당하는 인수 수행
거짓이면 거짓에 해당하는 인수 수행

= IF(SUM(G1:G20) > 100 , MAX(A1:A5) , 0)

조건	참	거짓
SUM(G1:G20) > 100	MAX(A1:A5)	0

중첩 함수가 인수로 사용되면 인수가 사용하는 것과 똑같은 유형의 값을 반환해야 한다. 그렇지 않으면 오류를 발생시킨다. 유효하지 않은 값을 반환하면 #Value! 오류값이 표시된다. 최대 64까지 중첩 가능하다.

함수 능숙하게 사용하기

엑셀 실무능력 판단은 데이터분석, 차트, 함수 등 여러 가지 기준이 있겠지만 저자가 생각할 때에는 엑셀 함수를 잘 응용해서 적절한 계산식을 구현할 수 있느냐에 있다고 생각한다.

즉, 엑셀의 실력은 함수의 사용 및 응용 능력이라고 해도 과언이 아니다. 엑셀에서 제공하는 함수는 분량이 많아서 꾸준한 학습과 다양한 함수 응용문제를 많이 풀어봐야 실력이 향상된다. 함수의 기본형식을 학습하고, 실무에서 활용되는 함수를 파악해 차근차근 함수 관련 문제들을 많이 풀다보면 자연스럽게 함수를 마스터하게 된다.

또한 엑셀에서의 계산 및 함수 작업은 간편하고 편리하다고 [함수마법사]를 사용해 학습하는 것보다는 수식 입력줄이나 해당 셀에 키보드로 직접 입력하면서 연습하는 것이 좋다고 생각한다. 처음에는 불편하다고 생각이 되겠지만 진도를 나가다 보면 자연스럽게 알게 된다.

3.2 자주 사용하는 함수 정리

논리 함수

엑셀의 논리(판단)함수는 내부적으로 특정조건이나 값을 판단하여 TRUE 또는 FALSE를 생성하고, 이 판단 결과에 따라 서로 다른 작업을 수행할 수 있는 함수이다.

예를 들어 학생의 성적표가 입력된 엑셀 표에서 평균점수가 90점 이상이 되는 학생에게만 표시를 하고자 할 경우, 논리함수(예를 들어 IF( )함수 등)를 이용하면 편리하고 빠르게 처리할 수 있다. 물론 이러한 작업은 엑셀에서 기본으로 제공하는 각종 기능(정렬기능이나 조건부 서식기능 등)을 이용해도 되지만 논리함수를 이용하면 다른 함수나 수식과 조합하여 더 다양하고 강력하게 작업을 수행할 수 있다.

[ ] 안에 있는 인수는 생략 가능

함수명	함수구문	함수 설명
IF	IF(조건식, [값1], [값2])	조건식이 참이면 값1, 거짓이면 값2 표시
AND	AND(논리식1, 논리식2, ...)	논리식이 모두 참이면 TRUE, 하나라도 거짓이면 FALSE
OR	OR(논리식1, 논리식2, ...)	논리식 중에 하나라도 참이면 TRUE, 모두 거짓이면 FALSE
NOT	NOT(논리식)	논리식이 TRUE이면 FALSE 논리식이 FALSE이면 TRUE
IFERROR	IFERROR(인수, 오류 시 표시할 값)	인수로 지정한 수식이나 셀에서 오류가 발생했으면 "오류 시 표시할 값"을 표시하고 그렇지 않으면 결과값을 표시

예) =IF(A1>=80, "합격", "불합격")

A1셀 값이 80 이상이면 합격 그렇지 않으면 불합격

예) =AND(A1>=80, B1="남")

A1셀 값이 80 이상이고 B1 셀이 "남"이면 TRUE, 그렇지 않으면 FALSE

예) =OR(A1>=80, B1="남")

A1셀 값이 80 이상이거나 B1 셀이 "남"이면 TRUE, 그렇지 않으면 FALSE

예) =IF(AND(A1>=80, B1="남"), "합격", "불합격")

A1셀 값이 80 이상이고 B1 셀이 "남"이면 합격, 그렇지 않으면 불합격

예) =IF(OR(A1>=80, B1="남"), "합격", "불합격")

A1셀 값이 80 이상이거나 B1 셀이 "남"이면 합격, 그렇지 않으면 불합격

예) =IF(A1>89, "A", IF(A1>79, "B", IF(A1>69, "C", IF(A1>59, "D", "F"))))

A1셀 값이 90 이상이면 "A", 89에서 80이면 "B", 79에서 70이면 "C", 69에서 60이면 " D ", 59 이하이면 "F"

텍스트/데이터 함수

입력된 문자 데이터에서 특정 위치의 문자열을 추출하거나 다른 문자로 교체 또는 서로 다른 문자끼리 결합시키는데 사용되는 함수이다. 아래와 같이 대소문자의 변환이나 텍스트의 일부를 다른 내용으로 변환하는 등의 작업을 수행할 수 있다.

[ ] 안에 있는 인수는 생략 가능

함수명	함수구문	함수설명
LEFT	LEFT(문자열, 추출할 문자수)	주어진 문자열에서 추출할 숫자만큼 왼쪽에서 추출
RIGHT	RIGHT(문자열, 추출할 문자수)	주어진 문자열에서 추출할 숫자만큼 오른쪽에서 추출
MID	MID(문자열, 시작위치, 추출할 문자수)	주어진 문자열에서 시작위치부터 추출할 숫자만큼 문자 추출
LOWER	LOWER(문자열)	영어 문자열을 소문자로 변환
UPPER	UPPER(문자열)	영어 문자열을 대문자로 변환
PROPER	PROPER(문자열)	영어 문자열의 각 단어의 첫 문자만 대문자로 나머지는 소문자로 표시
LEN	LEN(문자열)	주어진 문자열의 길이를 표시
TEXT	TEXT(숫자, 형태)	숫자를 사용자 지정의 표시형식에 따라 텍스트로 표시
TRIM	TRIM(문자열)	영어 문자열의 각 단어 사이의 공백을 한 칸으로 변경
CONCATENATE	CONCATENATE(문자열1, ... , 문자열n)	주어진 문자열을 모두 연결
REPLACE	=REPLACE(변환하고 싶은 문자, 시작숫자, 자릿수, 대체문자)	텍스트의 일부를 다른 내용으로 바꾸기

예) =LEFT("ABCDEFG", 5) → ABCDE

예) =RIGHT("ABCDEFG", 3) → EFG

예) =MID("ABCDEFG", 2, 4) → BCDE

예) =LOWER("aBCdeFG") → abcdefg

예) =UPPER("aBCdeFG") → ABCDEFG

예) =PROPER("I love YOU") → I Love You

예) =TRIM("   I am   Very Happy   ") → I am Very Happy

예) =LEN("나는 한국인!") → 7 한글 한 글자는 1로 계산된다.

예) =CONCATENATE("I ", "am ", "A BOY") → I am A BOY
예) =TEXT(123456, "###,###") → 123,456
예) =REPLACE("700301-1234567" , 9, 6, "******") → 700301-1******

정보함수

정보함수는 오류 발생이나 상황에 따라 참이나 거짓을 알려주는 함수로 특히 'IS' 로 시작하는 IS 함수는 값의 유형을 검사하고 그 결과에 따라 TRUE 또는 FALSE를 반환한다. IS 함수는 IF 함수와 함께 사용하여 계산 결과에 대한 수식 오류를 쉽게 찾도록 해주는 기능이 있다.

[ ] 안에 있는 인수는 생략 가능

함수명	함수구문	함수설명
ISBLANK	ISBLANK(검색대상셀)	검색대상 셀이 공백이면 TRUE 아니면 FALSE
ISERROR	ISERROR(검색대상)	검색대상이 에러이면 TRUE 아니면 FALSE

수학/삼각함수

숫자 데이터의 일반적인 계산(합계, 반올림, 곱하기 등)이나 삼각함수(sin, cos, tan 등)에 대한 작업에 사용한다. 자주 사용하는 함수를 표로 정리하였다.

[ ] 안에 있는 인수는 생략 가능

함수명	함수구문	함수설명
SUM	SUM(수1, 수2, ...) SUM(범위)	합계
ROUND	ROUND(수, 자릿수)	반올림
ROUNDUP	ROUNDUP(수, 자릿수)	올림
ROUNDDOWN	ROUNDDOWN(수, 자릿수)	내림
PRODUCT	PRODUCT(수1, 수2, ...) PRODUCT(범위)	곱
SUMPRODUCT	SUMPRODUCT(배열1, 배열2, ...)	배열의 해당 요소를 모두 곱하여 합한다.
SUMIF	SUMIF(조건범위, 조건, [합계범위])	조건범위에서 조건에 맞는 합계범위의 값을 합한다.
ABS	ABS(수)	절대값
INT	INT(수)	정수
MOD	MOD(수, 나누는수)	나누어서 나머지
TRUNC	TRUNC(수, [자릿수])	버림

예) =SUM(10, 20, 30) → 60

예) =ROUND(1234.5678, 1) → 1234.6
예) =ROUND(1234.5678, -2) → 1200

예) =ROUNDUP(1234.5678, 1) → 1234.6
예) =ROUNDUP(1234.5678, -2) → 1300

예) =ROUNDDOWN(1234.5678, 1) → 1234.5
예) =ROUNDDOWN(1234.5678, -2) → 1200

예) =PRODUCT(1,2,3) → 6

예) =ABS(-3) → 3

예) =INT(45.67) → 45
예) =INT(-45.67) → -46

예) =TRUNC(45.67) → 45
예) =TRUNC(-45.67) → -45

통계함수

데이터를 이용하여 여러 가지 통계를 구하는데 사용되는 함수이며, 숫자 데이터뿐만 아니라 텍스트나 논리값도 포함시킬 수 있다.

[ ] 안에 있는 인수는 생략 가능

함수명	함수구문	함수설명
AVERAGE	AVERAGE(수1, 수2, ...) AVERAGE(범위)	평균
AVERAGEA	AVERAGEA(수1, 수2, ...) AVERAGEA(범위)	문자와 FALSE는 0으로 인식하고 TRUE는 1로 취급해서 평균을 구함.
MAX	MAX(값1, 값2, ...) MAX(범위)	최대값

MIN	MIN(값1, 값2, ...) MIN(범위)	최소값
LARGE	LARGE(범위, 순위)	범위에서 순위 번째로 큰 값
SMALL	SMALL(범위, 순위)	범위에서 순위 번째로 작은 값
MEDIAN	MEDIAN(값1, 값2, ...) MEDIAN(범위)	중간값
RANK	RANK(수, 범위, [옵션])	범위에서 수의 순위를 구함 옵션 : 0 또는 생략 → 내림차순 1 → 오름차순
FREQUENCY	FREQUENCY(데이터배열, 구간배열)	빈도 분포값을 수직 배열로 구함
COUNT	COUNT(값1, 값2, ...) COUNT(범위)	수치 데이터의 개수
COUNTA	COUNTA(값1, 값2, ...) COUNTA(범위)	공백이 아닌 데이터의 개수
COUNTBLANK	COUNTBLANK(값1, 값2, ...) COUNTBLANK(범위)	공백 셀의 개수
COUNTIF	COUNTIF(조건범위, 조건)	조건에 맞는 셀의 개수

예) =AVERAGE(10, 20, 30) → 20

예) =AVERAGEA(10, 20, 30, TRUE) → 15.25

예) =MAX(10, 20, 30) → 30

예) =MIN(10, 20, 30) → 10

예) =LARGE(A1:A5, 3) → A1:A5 범위에서 3번째로 큰 값

예) =SMALL(A1:A5, 3) → A1:A5 범위에서 3번째로 작은 값

예) =MEDIAN(10, 20, 30, 40, 50) → 30

예) =RANK(A1, $A$1:$A$10) → A1:A10 범위에서 A1 셀의 순위를 구함

예) =FREQUENCY(A1:A5, B1:B5)

A1:A5범위에서 B1:B5 간격에 해당하는 분포수를 구함

예) =COUNT(10, 20, 30) → 3

예) =COUNTA(가, 나, 다) → 3

예) =COUNTBLANK(A1:A10)

A1:A10 범위에서 공백 셀의 개수를 구함

예) =COUNTIF(A1:A10, "청주")

A1:A10 범위에서 '청주' 문자열이 입력된 셀의 개수를 구함

날짜/시간 함수

날짜/시간 함수는 날짜나 시간을 표시하거나 또는 일수, 개월 수 등을 구하고 요일을 표시하는 등의 작업에 사용된다. 날짜/시간 함수들 중에서 가장 많이 사용하는 함수를 아래와 같이 정리하였다.

[ ] 안에 있는 인수는 생략 가능

함수명	함수구문	함수설명
DATE	=DATE(year, month, day)	주어진 year, month, day 숫자를 연결해서 날짜 데이터로 변환
TODAY	=TODAY( )	컴퓨터 상의 오늘 날짜를 가져온다.
NOW	=NOW( )	컴퓨터 상의 오늘 날짜와 현재 시간을 가져 온다.
YEAR	=YEAR(date)	날짜 데이터에서 년도만 추출
MONTH	=MONTH(date)	날짜 데이터에서 월만 추출
DAY	=DAY(date)	날짜 데이터에서 일만 추출
WEEKNUM	=WEEKNUM(date, [return_type])	지정한 날짜(date)가 일년 중 몇 번째 주인지를 구한다. return_type : 1 또는 생략 → 일요일부터 주가 시작 2 → 월요일부터 주가 시작
TIME	=TIME(hour, minute, second)	주어진 hour, minute, second 숫자를 연결해서 시간 데이터로 변환
HOUR	=HOUR( )	시간 데이터에서 시간만 추출
MINUTE	=MINUTE( )	시간 데이터에서 분만 추출
SECOND	=SECOND( )	시간 데이터에서 초만 추출
DATEDIF	=DATEDIF(date1, date2, mode)	이전날짜 (date1)와 나중날짜(date2)와의 경과 기간을 표시한다. mode : Y(년수), M(월수), D(일수) MD(1개월 미만의 일수) YM(1년 미만의 월수) YD(1년 미만의 일수)

예) =TODAY() → 2024-08-01
컴퓨터 상의 오늘 날짜

예) =NOW() → 2024-08-01 12:18
컴퓨터 상의 늘 날짜와 현재 시간

예) =YEAR(TODAY()) → 2024
예) =YEAR(NOW()) → 2024
컴퓨터 상의 오늘 날짜에서 년도만 추출

예) =MONTH(TODAY()) → 8
컴퓨터 상의 오늘 날짜에서 월만 추출

예) =DAY(TODAY()) → 1
컴퓨터 상의 오늘 날짜에서 일만 추출

예) =HOUR(NOW()) → 21
컴퓨터 상의 오늘 날짜에서 시간만 추출

예) =MINUTE(NOW()) → 32
컴퓨터 상의 오늘 날짜에서 분만 추출

예) =DATE(2024, 8, 19) → 2024-08-19
주어진 year, month, day 숫자를 연결해서 날짜 데이터로 변환

예) =TIME(12,30,43) → 12:30 PM
주어진 hour, minute, second 숫자를 연결해서 시간 데이터로 변환

예) =DATEDIF("2013-12-25", TODAY( ), "D")
2013년 12월 25일에 만난 연인이 오늘까지 만난 지 며칠일이 지났는지 구한다.

만약에 A1셀이 2010-01-12이고 A2셀이 2012-04-24인 경우

경과년도 : =DATEDIF(A1, A2, "Y") → 2 (년)
경과개월 : =DATEDIF(A1, A2, "M") → 27 (개월)
경과일수 : =DATEDIF(A1, A2, "D") → 833 (일)

찾기/참조 함수

특정 셀의 위치를 찾거나 셀 범위를 참조하여 계산에 필요한 인수로 사용되는 찾기/참조 함수는 셀 범위 또는 배열식을 이용하여 참조 영역에서 원하는 결과를 얻거나 다른 셀 범위와 비교하여 일치되는 값을 반환할 수 있다.

[ ] 안에 있는 인수는 생략 가능

함수명	함수구문	함수설명
HLOOKUP	HLOOKUP(검색값, 참조범위, 행번호, [옵션])	참조범위의 첫 행을 검사하여 지정한 행에서 검색값에 해당하는 열의 셀 값을 구함 옵션 TRUE 또는 생략 : 검색값과 유사한 값을 찾음 FALSE : 검색값과 정확히 일치하는 값을 찾음
VLOOKUP	VLOOKUP(검색값, 참조범위, 열번호, [옵션])	참조범위의 첫 열을 검사하여 지정한 열에서 검색값에 해당하는 행의 셀 값을 구함 옵션 값의 의미는 HLOOKUP() 함수와 동일
LOOKUP	LOOKUP(검사값, 검사범위, 대응범위)	벡터나 배열에서 값을 검색
CHOOSE	CHOOSE(인덱스, 값1, 값2, ...)	값들 중에서 인덱스에 해당하는 값 선택
INDEX	INDEX(범위, 행번호, [열번호])	범위나 배열에서 행번호, 열 번호에 해당하는 값을 구함
OFFSET	OFFSET(기준, 행수, 열수, [높이], [폭])	기준으로부터 행 또는 열 수만큼 떨어진 곳에 있는 특정 높이와 너비의 참조 영역을 표시
MATCH	MATCH(찾을값, 범위, [옵션])	검사 범위에서 검사값에 해당하는 값의 위치를 구함 옵션 : 1 또는 생략 → 범위의 값이 오름차순으로 정렬되어 있다고 생각하고 찾는다. 0 → 정렬방법은 상관없이 정확하게 일치하는 값을 찾는다. −1 → 내림차순으로 정렬되어 있다고 생각하고 찾는다.
TRANSPOSE	TRANSPOSE(배열)	배열이나 범위의 행과 열을 바꾼다.

예) =HLOOKUP("강태양", A1:E10, 3, FALSE)

지정범위 A1:E10 셀에서 강태양을 찾아서 지정범위에서 찾을 값이 적힌 3번째 행에서 정확히 일치하는 값을 찾아라.

예) =VLOOKUP("강태양", A1:E10, 3, FALSE)
→ 지정범위 A1:E10 셀에서 강태양을 찾아서 지정범위에서 찾을 값이 적힌 3번째 열에서 정확히 일치하는 값을 찾아라.

예) =LOOKUP(A1, B1:B10, C1:C10)
→ A1 셀의 값을 B1:B10 범위에서 검색하고 동일한 행에 위치한 C1:C10의 값을 결과로 표시

예) =CHOOSE(3, "가", "각", "강", "갓")
→ 강

예) =INDEX(A1:E10, 4, 3)
→ A1:E10 범위에서 4번째 행과 3번째 열에 위치한 값을 찾아 표시

예) =OFFSET(A1, 3, 2)
→ A1 셀에서 3행 아래로 이동하고 2열 이동하라. 즉 C4 셀의 값을 표시

예) =MATCH("강", { "가", "각", "강", "갓" }, 0)
→ 3

예) =TRANSPOSE(A1:E10)
→ A1:E10 배열의 행과 열을 바꾸어 표시

데이터베이스 함수

엑셀의 데이터베이스 함수란 그림과 같은 데이터 원본이 있을 때 사용자가 정한 조건을 만족하는 데이터베이스의 필드의 값들을 연산하고 추출하는 함수이다. 데이터베이스 함수는 12가지가 있는데 이들 모두 인수가 database, field, criteria로 같다. 여기서 field는 데이터베이스 테이블상의 필드의 번호 또는 필드이름을 의미한다.

12가지 함수 중 DGET() 함수는 레코드를 출력하는 함수이고, 나머지 함수는 연산하는 함수이다.

데이터베이스(원본데이터)

필드이름

레코드

필드

성적표

성명	반	반도체	엑셀	영어	총점	평균	석차
가나다	A반	78	75	85			
강태양	A반	95	92	90			
강감찬	A반	80	결석	87			
이순신	B반	75	85	78			
아이야	B반	85	90	70			
나다라	B반	98	80	80			
우나라	C반	82	90	76			
마박사	C반	60	77	67			
이인용	C반	결석	70	65			
최배달	C반	95	75	85			

함수명	함수구문	함수설명
DSUM	함수명(database, field, criteria) database : 데이터베이스범위 field : 필드번호 필드번호는 필드명이나 문자열로 대체 가능 criteria : 조건범위	조건에 맞는 값의 합계
DAVERAGE		조건에 맞는 값의 평균
DCOUNT		조건에 맞는 값의 개수
DCOUNTA		조건에 맞는 값의 개수
DMAX		조건에 맞는 값의 최대값
DMIN		조건에 맞는 값의 최소값
DSTDEV		조건에 맞는 값의 표준편차
DVAR		조건에 맞는 값의 분산
DPRODUCT		조건에 맞는 값의 곱
DGET		조건에 맞는 값 추출

제 4 장

엑셀 실전 함수

4.1 기초 함수

엑셀 함수에서 가장 많이 쓰는 기초적인 함수가 SUM( ), AVERAGE (), MAX( ), MIN ( ), COUNT( ) 함수이다. 이 함수들은 자동합계(∑)가 되기 때문에 그 값을 간편하게 구할 수 있다. 또한 이 함수들은 다른 함수에서 중첩하여 많이 사용한다. [수식] 메뉴 탭 → [자동합계]를 클릭하면 기초함수를 확인할 수 있다.

1 아래 그림과 같이 데이터를 입력하시오.

성적표

성명	반도체	엑셀	영어	총점	평균	석차
가나다	78	75	85			
강태양	95	92	90			
강감찬	80	결석	87			
이순신	75	85	78			
아이야	85	90	70			
나다라	98	80	80			
우나라	82	90	76			
마박사	60	77	67			
이인용	결석	70	65			
최배달	95	75	85			

과목합계			
과목평균			

최고총점	
최저총점	
엑셀시험 응시생수	
액셀시험 미응시생수	
평균 90점 이상인 학생수	

2 F4 셀에 가나다 학생의 총점을 구하기 위해 인수들의 합을 구할 수 있는 SUM( ) 함수를 사용한다. F4셀에 " =SUM(" 을 입력하면 자동으로 오른쪽 그림과 같이 나타난다. 가나다 학생의 총점은 C4셀에서 E4 셀까지 값이므로 C4셀에서 E4셀까지 드래그(자동채우기)를 하고 괄호를 닫아준다. 셀 대신에 숫자를 입력해도 상관없고 셀과 숫자를 함께 사용해도 된다.

=sum(

SUM(**number1**, [number2], ...)

인수들의 합 구하기

= 78 + 75 + 85

= C4 + D4 + E4

= SUM(78, 75, 85)

= SUM(C4, D4, E4)

= SUM(C4 : E4)

	A	B	C	D	E	F	G	H	I	J	K
1					성적표						
2											
3		성명	반도체	엑셀	영어	총점	평균	석차			
4		가나다	78	75	85	=SUM(C4:E4)				최고총점	
5		강태양	95	92	90					최저총점	
6		강감찬	80	결석	87					엑셀시험 응시생수	
7		이순신	75	85	78					액셀시험 미응시생수	
8		아이야	85	90	70					평균 90점 이상인 학생수	
9		나다라	98	80	80						
10		우나라	82	90	76						
11		마박사	60	77	67						
12		이인용	결석	70	65						
13		최배달	95	75	85						
14											
15		과목합계									
16		과목평균									
17											

3 각 학생들의 총점을 구하기 위해 F4 셀에서 F13 셀까지 자동 채우기를 한다.

4 G4 셀에 평균을 구하기 위해서 다음과 같이 직접 입력을 하고 [Enter]키를 친다.

인수들의 평균 구하기

= (78 + 75 + 85) / 3

= (C4 + D4 + E4) / 3

= AVERAGE(78, 75, 85)

= AVERAGE(C4, D4, E4)

= AVERAGE(C4 : E4)

성명	반도체	엑셀	영어	총점	평균	석차
가나다	78	75	85	238	=AVERAGE(C4:E4)	
강태양	95	92	90	277		
강감찬	80	결석	87	167		
이순신	75	85	78	238		
아이야	85	90	70	245		
나다라	98	80	80	258		
우나라	82	90	76	248		
마박사	60	77	67	204		
이인용	결석	70	65	135		
최배달	95	75	85	255		

과목합계			
과목평균			

최고총점	
최저총점	
엑셀시험 응시생수	
액셀시험 미응시생수	
평균 90점 이상인 학생수	

5 G4~G13 셀까지 자동 채우기를 하기 전에 강감찬 학생과 이인용 학생은 시험에 결석한 과목이 있다. 이 학생들에 대한 평균을 구하기 위해 G6 셀에 다음과 같이 입력한다.

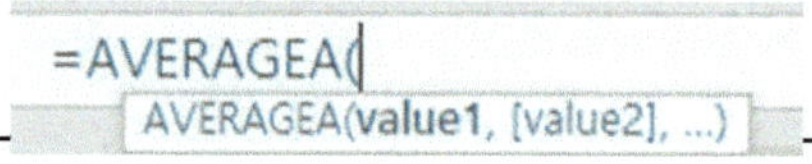

AVERAGEA 함수는 문자나 FALSE 값을 0으로 놓고 평균 계산

= AVERAGEA(C6 : E6)

의미는 범위 안에서 문자나 FALSE를 만나면 0으로 인식을 해서 평균을 구한다. TRUE를 만나면 숫자 1로 인식을 해서 평균을 구한다.

혹시나 평균의 소숫점 자릿수가 많이 나온다면 2자리로 만들어 보자. G4~G13 셀까지 드래그한 후에 [홈] 메뉴 탭 → [표시형식] 그룹에서 대화상자를 표시하는 아이콘을 클릭한다.

6 셀 서식 대화상자에서 [표시형식] → [범주 :]를 숫자로 클릭하고 소수 자릿수를 2로 선택한다.

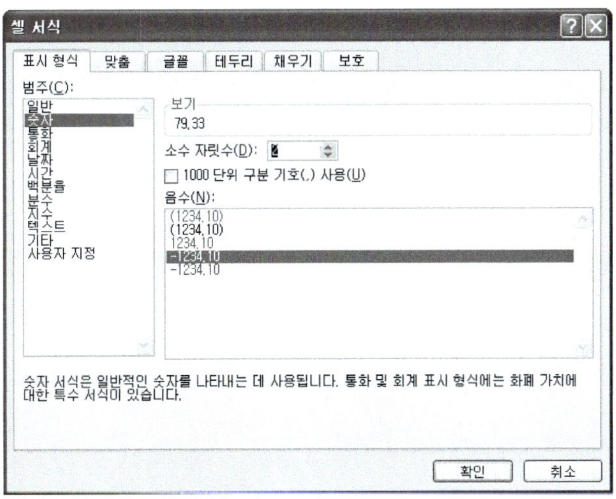

7 아래 그림과 같이 나올 것이다.

G13 =AVERAGE(C13:E13)

성적표

성명	반도체	엑셀	영어	총점	평균	석차
가나다	78	75	85	238	79.33	
강태양	95	92	90	277	92.33	
강감찬	80	결석	87	167	55.67	
이순신	75	85	78	238	79.33	
아이야	85	90	70	245	81.67	
나다라	98	80	80	258	86.00	
우나라	82	90	76	248	82.67	
마박사	60	77	67	204	68.00	
이인용	결석	70	65	135	45.00	
최배달	95	75	85	255	85.00	

과목합계			
과목평균			

최고총점	
최저총점	
엑셀시험 응시생수	
액셀시험 미응시생수	
평균 90점 이상인 학생수	

8 과목합계와 과목평균도 구해보자.

9 최고총점을 구하기 위해 K4 셀을 클릭한 후에 아래와 같이 입력하고 [Enter]키를 친다.

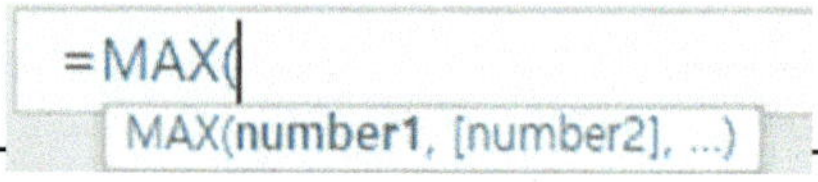

인수 값들 중에 최대값 구하기

= MIN(F4 : F13)

10 최소총점을 구하기 위해 K5 셀을 클릭하고 아래와 같이 입력하고 [Enter]키를 친다.

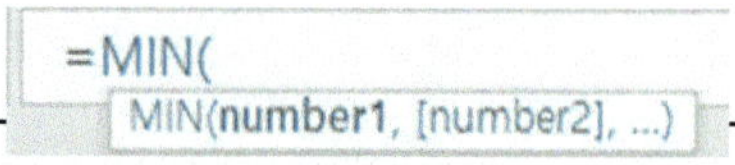

인수 값들 중에 최소값 구하기

= MIN(F4 : F13)

11 엑셀시험 응시생 수를 구하기 위해 K6 셀을 클릭한 후에 아래와 같이 입력하고 [Enter] 키를 친다. COUNT( ) 함수는 범위 내에서 숫자로 된 셀의 개수를 센다.

=COUNT(

COUNT(**value1**, [value2], ...)

범위 내에서 숫자가 포함되어 있는 셀의 개수 구하기

= COUNT(D4 : D13)

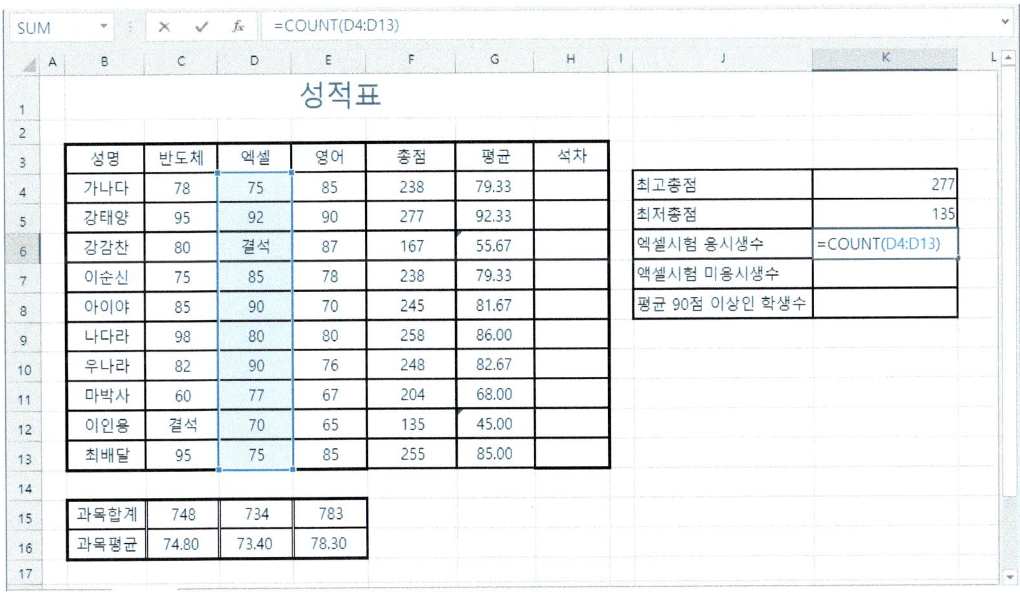
SUM | =COUNT(D4:D13)

성적표

성명	반도체	엑셀	영어	총점	평균	석차
가나다	78	75	85	238	79.33	
강태양	95	92	90	277	92.33	
강감찬	80	결석	87	167	55.67	
이순신	75	85	78	238	79.33	
아이야	85	90	70	245	81.67	
나다라	98	80	80	258	86.00	
우나라	82	90	76	248	82.67	
마박사	60	77	67	204	68.00	
이인용	결석	70	65	135	45.00	
최배달	95	75	85	255	85.00	

과목합계	748	734	783
과목평균	74.80	73.40	78.30

최고총점	277
최저총점	135
엑셀시험 응시생수	=COUNT(D4:D13)
액셀시험 미응시생수	
평균 90점 이상인 학생수	

참고로 COUNTA( ) 함수는 빈 셀은 제외하고 숫자와 문자가 들어있는 셀의 개수를 센다.

=COUNTA(

COUNTA(**value1**, [value2], ...)

범위 내에서 빈 셀을 제외하고 숫자와 문자가 포함되어 있는 셀의 개수 구하기

= COUNTA(D4 : D13)

COUNTBLANK( ) 함수는 범위 중에서 빈 셀의 개수를 세는 함수이다.

=COUNTBLANK(

COUNTBLANK(**range**)

범위 내에서 빈 셀의 개수 구하기

= COUNTBLANK(D4 : D13)

12 엑셀시험 미응시생수를 구하기 위해 K7 셀을 선택하고 수식 입력줄에 아래 그림과 같이 직접 입력해보자. COUNTIF( ) 함수는 조건에 따라 개수를 세는 함수이다.

COUNT + IF 로서 범위 내에서 조건에 맞는 셀의 개수 구하기

range : 셀의 개수를 구할 범위

criteria : 조건

= COUNTIF(D4 : D13, "결석")

의미는 범위 D4~D13 셀 안에서 조건인 "결석" 이라는 문자가 있는 셀의 개수를 구한다.

13 평균 90점 이상인 학생 수를 구하기 위해 K8 셀을 클릭한 후에 수식 입력줄에 아래 그림과 같이 직접 입력해 보자. 의미는 G4셀에서 G13셀까지의 범위 안에서 조건이 90보다 큰 셀의 개수를 구하라는 의미이다. 이때 조건 내용은 쌍따옴표(" ")를 묶어 준다.

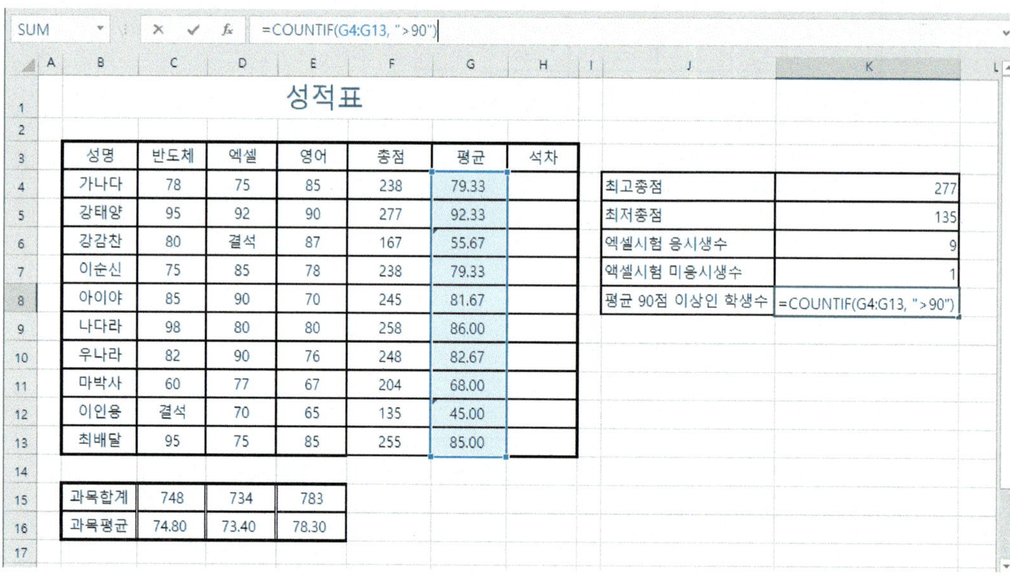

SUM | =COUNTIF(G4:G13, ">90")

성적표

성명	반도체	엑셀	영어	총점	평균	석차
가나다	78	75	85	238	79.33	
강태양	95	92	90	277	92.33	
강감찬	80	결석	87	167	55.67	
이순신	75	85	78	238	79.33	
아이야	85	90	70	245	81.67	
나다라	98	80	80	258	86.00	
우나라	82	90	76	248	82.67	
마박사	60	77	67	204	68.00	
이인용	결석	70	65	135	45.00	
최배달	95	75	85	255	85.00	

과목합계	748	734	783
과목평균	74.80	73.40	78.30

최고총점	277
최저총점	135
엑셀시험 응시생수	9
액셀시험 미응시생수	1
평균 90점 이상인 학생수	=COUNTIF(G4:G13, ">90")

14 H4 셀에 석차를 구하기 위해 아래 그림과 같이 입력한다. 첫 번째 인수는 가나다 학생의 총점이고 두 번째 인수는 전체 학생들 성적이 입력되어 있는 F4 셀에서 F13 셀까지의 범위가 해당 범위가 된다. 이때 범위는 반드시 절대 참조를 해야 된다. 왜냐하면 다른 학생들의 등수도 구해야 되기 때문이다.

=RANK(

RANK(**number**, ref, [order])

목록 내에서 지정한 수의 상대적인 크기 순위를 구하는 함수

number : 순위를 구하고자 하는 수

ref : 수와 상대적으로 비교할 목록

[order] : 생략 가능, 생략하면 내림차순

0 : 내림차순(큰 값에서 작은 값 순으로)

1 : 오름차순(작은 값에서 큰 값 순으로)

= RANK(F4, $F$4:$F$13)

성명	반도체	엑셀	영어	총점	평균	석차
가나다	78	75	85	238	79.33	=RANK(F4,$F$4:$F$13)
강태양	95	92	90	277	92.33	
강감찬	80	결석	87	167	55.67	
이순신	75	85	78	238	79.33	
아이야	85	90	70	245	81.67	
나다라	98	80	80	258	86.00	
우나라	82	90	76	248	82.67	
마박사	60	77	67	204	68.00	
이인용	결석	70	65	135	45.00	
최배달	95	75	85	255	85.00	

과목합계	748	734	783
과목평균	74.80	73.40	78.30

최고총점	277
최저총점	135
엑셀시험 응시생수	9
액셀시험 미응시생수	1
평균 90점 이상인 학생수	1

15 마지막으로 석차 같은 경우에는 민감한 정보이기 때문에 3등 이하는 등수를 표시하고 싶지 않을 수 있다. 숨기고 싶은 셀들을 [Ctrl]키를 누른 상태에서 클릭한 후에 오른쪽 마우스를 클릭하여 [셀서식] 클릭한 후 [셀 서식] 대화상자를 불러온다. [표시형식]에서 [사용자 지정] 클릭 후 형식 값으로 아래 그림과 같이 세미콜론 세 개(;;;)를 입력한 후에 확인 버튼을 클릭한다.

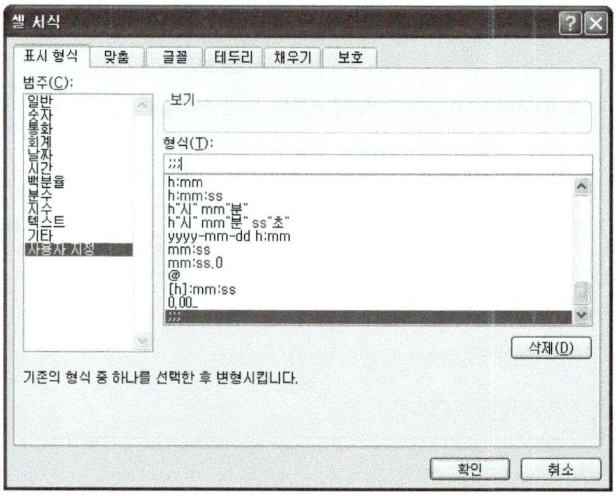

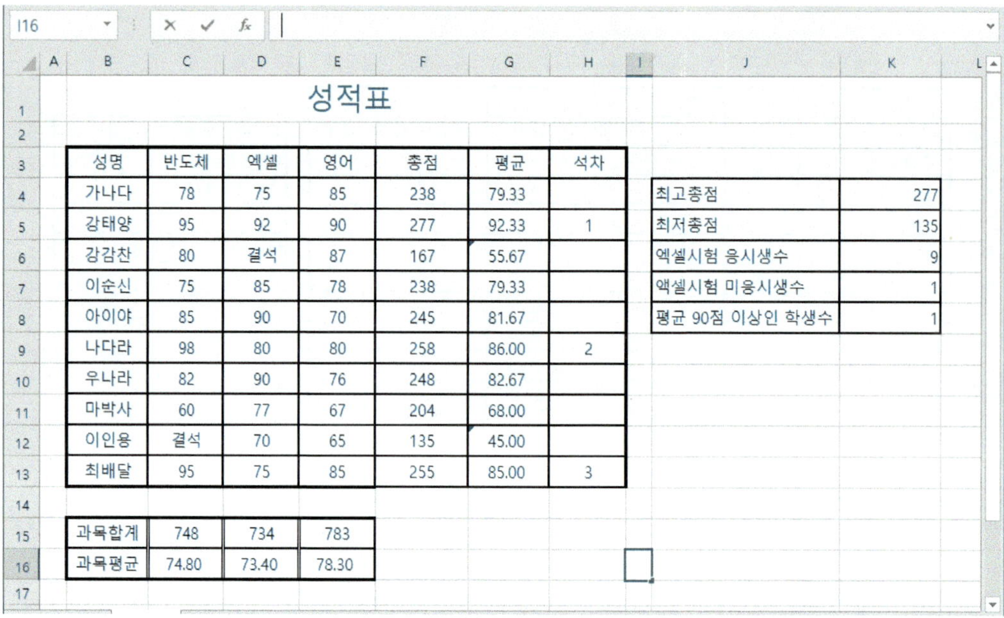

성적표

성명	반도체	엑셀	영어	총점	평균	석차
가나다	78	75	85	238	79.33	
강태양	95	92	90	277	92.33	1
강감찬	80	결석	87	167	55.67	
이순신	75	85	78	238	79.33	
아이야	85	90	70	245	81.67	
나다라	98	80	80	258	86.00	2
우나라	82	90	76	248	82.67	
마박사	60	77	67	204	68.00	
이인용	결석	70	65	135	45.00	
최배달	95	75	85	255	85.00	3

과목합계	748	734	783
과목평균	74.80	73.40	78.30

최고총점	277
최저총점	135
엑셀시험 응시생수	9
액셀시험 미응시생수	1
평균 90점 이상인 학생수	1

16 다시 보이게 하려면 [Ctrl]키를 누른 상태에서 해당 셀들을 클릭한 후에 [셀 서식] 대화상자를 불러온 후 [표시형식]에서 [사용자 지정] 클릭 후 세미콜론 세 개를 삭제하면 된다.

4.2 조건부 서식을 이용한 데이터 시각화

1 시트에 많은 데이터들이 단순하게 나열되어 있다면 데이터로서의 기능은 있지만 그 데이터를 보는 사람은 쉽게 이해하기가 어렵다. 이때 데이터를 일정한 조건에 맞게 분석하여 표현하는 것이 조건부 서식이다. 조건부 서식은 단순한 데이터를 통계적으로 나타내서 누구나 빠르고 쉽게 이해할 수 있도록 한다. 위에서 만든 데이터는 단순하게 총점과 평균이 나와 있어서 데이터가 눈에 잘 띄지 않는다. 조건부 서식을 이용하여 시각화해보자.

2 조건부 서식으로 표현하고자 하는 해당 셀(F4:F13)을 드래그한 후에 [홈] 메뉴 탭 → [스타일] 그룹 → [조건부서식] → [데이터막대] → 원하는 막대표 선택한다.

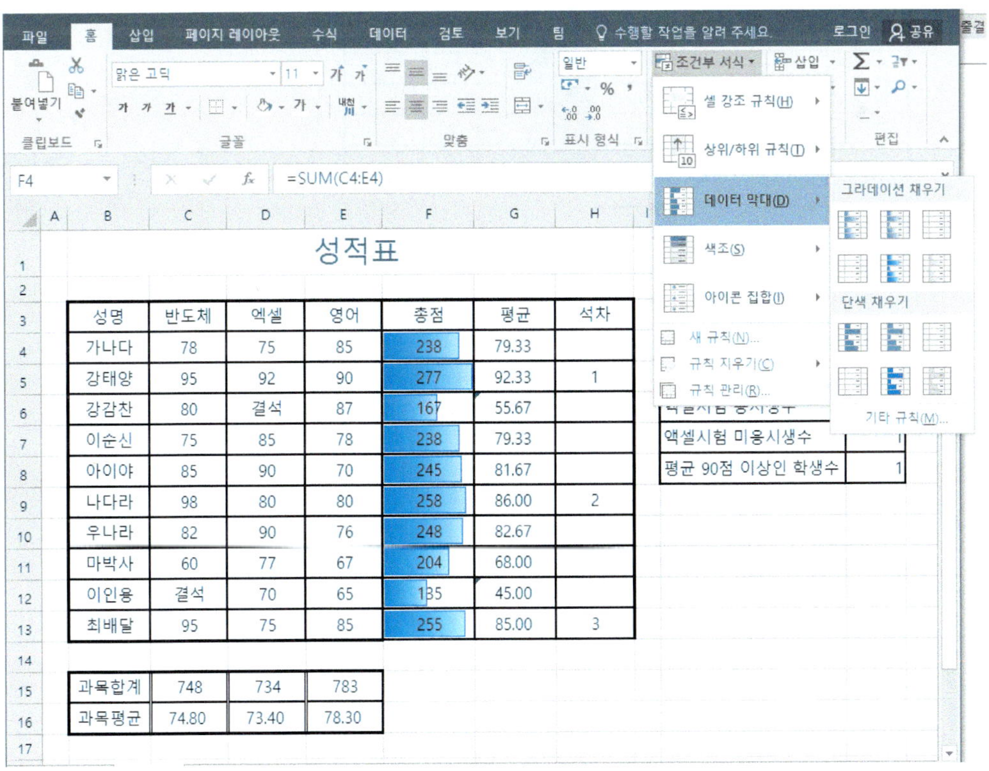

3 조건부 서식으로 표현하고자 하는 해당 셀(F4:F13)을 선택한 후에 [홈] 메뉴 탭 → [스타일] 그룹 → [조건부 서식] → [셀 강조규칙] → [보다 큼] 선택을 하면 아래 그림과 같은 대화상자가 나타난다. 교재에서는 총점이 240점 이상일 경우 [적용할 서식]을 [사용자 지정 서식]을 선택하여 글꼴을 굵게, 색을 빨강색으로 지정하였다.

아래 그림과 같이 시각화된 결과가 나타난다.

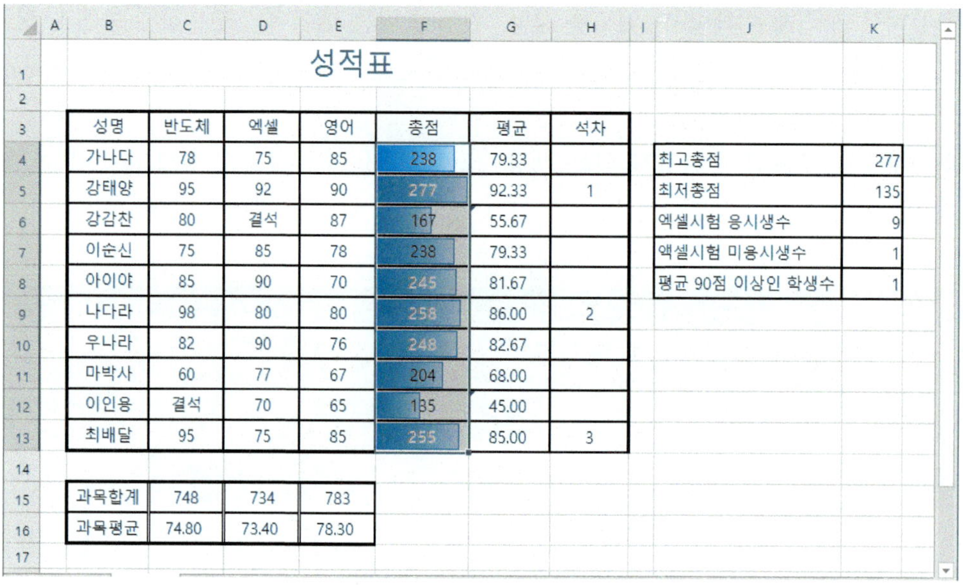

성적표

성명	반도체	엑셀	영어	총점	평균	석차
가나다	78	75	85	238	79.33	
강태양	95	92	90	277	92.33	1
강감찬	80	결석	87	167	55.67	
이순신	75	85	78	238	79.33	
아이야	85	90	70	245	81.67	
나다라	98	80	80	258	86.00	2
우나라	82	90	76	248	82.67	
마박사	60	77	67	204	68.00	
이인용	결석	70	65	135	45.00	
최배달	95	75	85	255	85.00	3

과목합계	748	734	783
과목평균	74.80	73.40	78.30

최고총점	277
최저총점	135
엑셀시험 응시생수	9
액셀시험 미응시생수	1
평균 90점 이상인 학생수	1

4 이번에는 평균 점수를 바탕으로 색조로 만들어 보자. 조건부 서식으로 표현하고자 하는 해당 셀(G4:G13)을 선택한 후에 [홈] 메뉴 탭 → [스타일] 그룹 → [조건부 서식] → [색조] → [빨강-흰색 색조] 선택을 하면 아래 그림과 같이 2~3가지의 색조를 통해서 데이터의 크기를 비교할 수 있다.

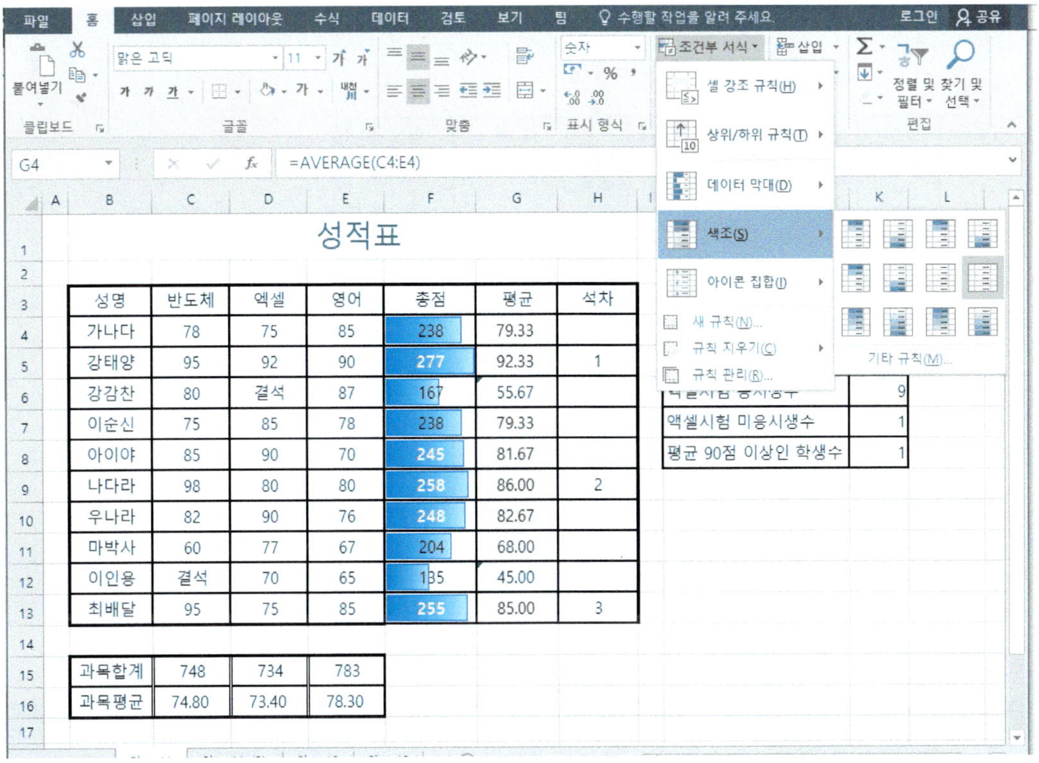

5 반도체 교과목 점수 중에 최고점인 98점을 '진한 빨강 텍스트가 있는 연한 빨강 채우기'로 표시하는 걸 해보겠다. 조건부 서식으로 표현하고자 하는 해당 셀(C4:C13)을 선택한 후에 [홈] 메뉴 탭 → [스타일] 그룹 → [조건부 서식] → [상위/하위 규칙] → [상위 10개 항목] 선택을 하면 아래 그림과 같이 상위 10개 항목 대화상자가 나타난다. 여기에서 1개로 조건을 설정해주면 최댓값을 구할 수 있다. 나머지 교과목도 설정해보자.

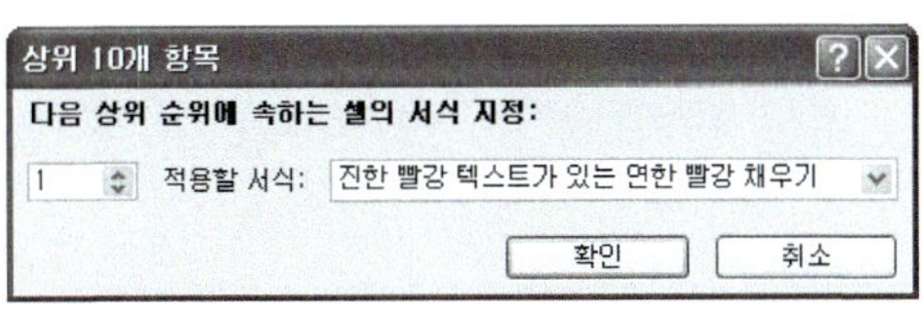

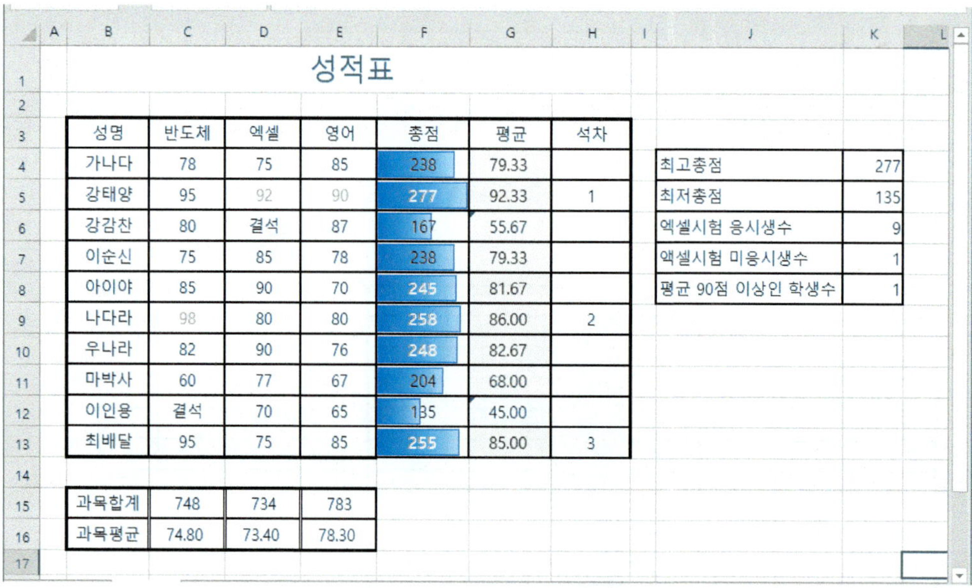

	A	B	C	D	E	F	G	H	I	J	K
1				성적표							
2											
3		성명	반도체	엑셀	영어	총점	평균	석차			
4		가나다	78	75	85	238	79.33			최고총점	277
5		강태양	95	92	90	277	92.33	1		최저총점	135
6		강감찬	80	결석	87	167	55.67			엑셀시험 응시생수	9
7		이순신	75	85	78	238	79.33			액셀시험 미응시생수	1
8		아이야	85	90	70	245	81.67			평균 90점 이상인 학생수	1
9		나다라	98	80	80	258	86.00	2			
10		우나라	82	90	76	248	82.67				
11		마박사	60	77	67	204	68.00				
12		이인용	결석	70	65	135	45.00				
13		최배달	95	75	85	255	85.00	3			
14											
15		과목합계	748	734	783						
16		과목평균	74.80	73.40	78.30						
17											

4.3 주민등록번호로 성별 구하는 방법
MID(), MOD(), CHOOSE(), ISEVEN(), ISODD()

주민등록번호는 총 14자리("–" 포함)로 구성된 텍스트로 되어 있으며 아래 그림과 같이 앞 2글자(자릿수 1, 2)는 년도, 다음 2글자(자릿수 3, 4)는 월, 이어서 오는 2글자(자릿수 5, 6)는 일을 의미한다.

" – " 이후에 첫 글자(자릿수 8)가 1, 2는 1900년대에 출생한 사람이고 3, 4는 2000년 이후에 출생한 사람이다. 또한 남자(1, 3)와 여성(2, 4)을 구분할 수 있다.

자릿수	1	2	3	4	5	6	7	8	9	10	11	12	13	14
1900년대	8	2	1	1	2	3	-	1	2	3	4	5	6	7
	7	0	0	3	0	1	-	2	4	6	8	0	2	4
2000년대	0	0	0	1	0	1	-	3	1	2	4	3	5	2
	0	3	0	6	0	2	-	4	6	4	2	2	2	4
자릿수 의미	년도		월		일			남 여	2000년 이전에 출생하면 남자 1, 여자는 2 2000년 이후에 출생하면 남자 3, 여자는 4					

1 아래 그림과 같이 데이터를 입력하시오.

	A	B	C	D	E	F
1						
2		성명	주민번호	성별	주민번호 뒷자리 보이지 않기	
3		가나다	700301-2468024			
4		강태양	621123-1234567			
5		강감찬	850125-1357913			
6		이순신	651102-2345678			
7		아이야	030602-4864222			
8		나다라	010228-3693693			
9		우나라	520313-1666666			
10		마박사	621010-1456789			
11		이인용	880203-2987654			
12		최배달	880304-1357913			
13						

2 IF( ), MOD( ), MID( ) 함수에 대해서 알아보자.

=IF(

IF(logical_test, [value_if_true], [value_if_false])

logical 조건이 참이면 true를 아니면 false를 반환하는 함수

logical : 함수, 비교 연산자 등을 이용한 조건

true : logical이 맞을 경우 true 값 반환

false : logical이 틀릴 경우 false 값 반환

= IF(C3 >= 80 , "합격" , "불합격") → C3셀의 값이 80이상이면 합격

조건 ↑ 참 ↑ 거짓 ↑ **→ 80미만이면 불합격**

=MOD(

MOD(number, divisor)

나누어서 나머지를 정수로 반환하는 함수

number : 나눠는 수

divisor : 나누는 수

= MOD(2, 2) → 2를 2로 나누면 나머지는 0

문자열에서 입력된 시작위치부터 입력된 위치까지의 글자를 반환하는 함수

text : 텍스트, 셀 주소

start_num : 시작 위치

num_chars : 가져올 숫자

= MID("ABCDEFG", 2, 4)

➔ ABCDEFG 문자열에서 2번째에서 시작하여 4개의 문자를 반환하면 BCDE

3 D3 셀을 클릭한 후에 = IF(MOD(MID(C3, 8, 1), 2) = 1, "남자", "여자")와 같이 입력하시오.

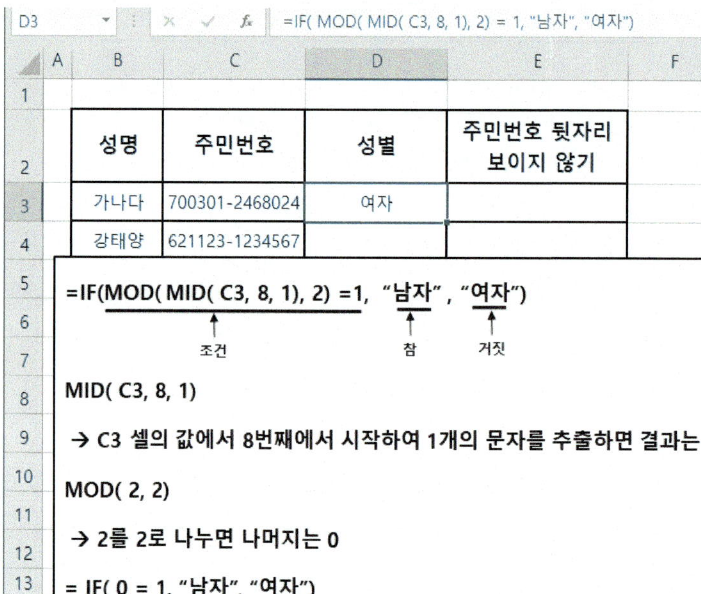

=IF(MOD(MID(C3, 8, 1), 2) =1, "남자", "여자")

조건 / 참 / 거짓

MID(C3, 8, 1)

→ C3 셀의 값에서 8번째에서 시작하여 1개의 문자를 추출하면 결과는 2

MOD(2, 2)

→ 2를 2로 나누면 나머지는 0

= IF(0 = 1, "남자", "여자")

→ 0과 1은 같지 않으므로 거짓에 해당하는 여자 반환

함수가 중첩되어있는 경우는 안쪽에 있는 함수부터 해석하면 좀 더 쉽게 이해할 수 있다. MID(C3, 8, 1) 함수는 C3 셀에 있는 700301-2468024 값에서 8번째 1개의 데이터를 추출하는 함수이다. 결과로 2가 추출되었다.

MOD(MID(C3, 8, 1), 2) 함수는 MOD(2, 2)함수와 같다. MOD(2, 2)함수는 2를 2로 나누어서 나머지를 구하는 함수이다. 결과 값은 0이다.

= IF(0 = 1, "남자", "여자") 함수는 거짓이므로 여자를 돌려준다. 참고로 주민등록번호에서 남자는 1 아니면 3이므로 항상 2로 나누면 나머지가 1이 된다.

4 D4 셀을 클릭한 후에 = CHOOSE(MID(C4, 8, 1), "남자", "여자", "남자", "여자")와 같이 입력하시오.

=CHOOSE(

CHOOSE(**index_num**, value1, [value2], ...)

index_num 의 값에 따라 목록 중에서 하나를 고르는 함수

index_num : 숫자 값

value1 : index_num의 값이 1이면 value1

value2 : index_num의 값이 2이면 value2

= CHOOSE(1, "①남자", "②여자", "③남자", "④여자", "⑤남자", "⑥여자")

→ index_num의 값이 1, 3, 5 이면 남자, 2, 4, 6이면 여자

MID(C4, 8, 1) 함수는 C4 셀에 있는 621123-1234567 값에서 8번째 1개의 데이터를 추출하는 함수이다. 결과로 1이 추출되었다.

CHOOSE( ) 함수는 인수 목록 중에서 하나를 고르는 함수이다. 즉, C4 셀의 데이터 왼쪽에서 8번째의 1개의 값이 1이면 남자로, 2이면 여자로, 3이면 남자로, 4이면 여자로 변환하는 함수이다. 여기서는 1이므로 남자로 변환된다.

D4 =CHOOSE(MID(C4, 8, 1), "남자", "여자", "남자", "여자")

성명	주민번호	성별	주민번호 뒷자리 보이지 않기
가나다	700301-2468024	여자	
강태양	621123-1234567	남자	
강감찬	850125-1357913		
이순신	651102-2345678		

=CHOOSE(MID(C4, 8, 1), "남자", "여자", "남자", "여자")

MID(C4, 8, 1)

→ C4 셀의 값에서 8번째에서 시작하여 1개의 문자를 추출하면 결과는 1

=CHOOSE(1, "남자", "여자", "남자", "여자")

→ 1 이므로 첫번째인 남자

5 D5 셀을 클릭한 후에 = IF(ISEVEN(MID(C5, 8, 1)), "여자" , "남자")와 같이 입력하시오.

숫자가 짝수이면 TRUE를 반환하고 홀수이면 FALSE를 반환하는 함수

number : 숫자, 셀주소

= ISEVEN(1)

→ 1은 홀수 이므로 결과값은 FALSE

MID(C5, 8, 1) 함수는 C5 셀에 있는 850125-1357913 값에서 8번째 1개의 데이터를 추출하는 함수이므로 결과로 1이 추출되었다.

ISEVEN( ) 함수는 숫자가 짝수이면 TRUE를 반환하는 함수이다. ISEVEN(1) 함수에 숫자 1이 홀수이므로 결과 값은 FALSE이다.

IF( ) 함수의 조건에서 FALSE이므로 거짓에 해당하는 남자가 출력된다.

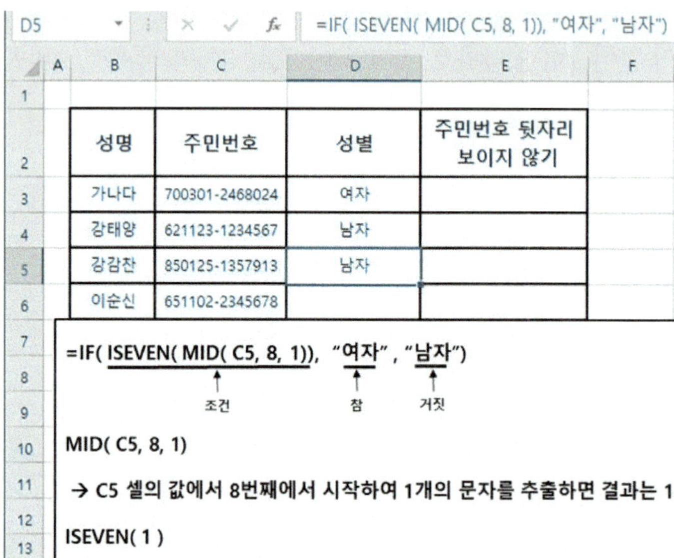

성명	주민번호	성별	주민번호 뒷자리 보이지 않기
가나다	700301-2468024	여자	
강태양	621123-1234567	남자	
강감찬	850125-1357913	남자	
이순신	651102-2345678		

=IF(ISEVEN(MID(C5, 8, 1)), "여자" , "남자")

조건 / 참 / 거짓

MID(C5, 8, 1)

→ C5 셀의 값에서 8번째에서 시작하여 1개의 문자를 추출하면 결과는 1

ISEVEN(1)

→ 1은 홀수이므로 결과값은 FALSE

= IF(FALSE, "여자", "남자")

→ 거짓에 해당하는 남자 반환

6 D6 셀을 클릭한 후에 = IF(ISODD(MID(C6, 8, 1)), "남자" , "여자")와 같이 입력하시오.

숫자가 홀수이면 TRUE를 반환하고 짝수이면 FALSE를 반환하는 함수

number : 숫자, 셀주소

= ISODD(2)

➔ 2은 짝수 이므로 결과값은 FALSE

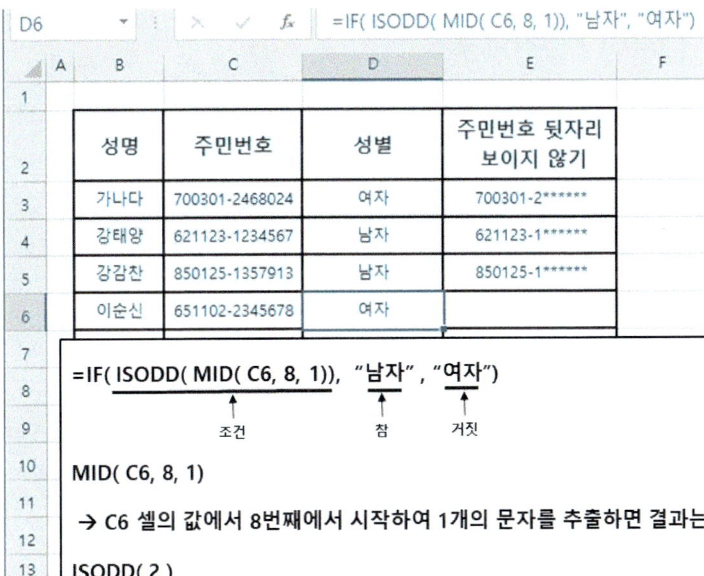

=IF(ISODD(MID(C6, 8, 1)), "남자" , "여자")

조건 / 참 / 거짓

MID(C6, 8, 1)

→ C6 셀의 값에서 8번째에서 시작하여 1개의 문자를 추출하면 결과는 2

ISODD(2)

→ 2는 짝수이므로 결과값은 FALSE

= IF(FALSE, "남자", "여자")

→ 거짓에 해당하는 여자 반환

MID(C6, 8, 1) 함수는 C6 셀에 있는 651102-2345678 값에서 8번째 1개의 데이터를 추출하는 함수이므로 결과로 2가 추출되었다.

ISODD( ) 함수는 숫자가 홀수이면 TRUE를 반환하는 함수이다. ISODD(2) 함수에 숫자 2가 짝수이므로 결과 값은 FALSE이다.

IF( )함수의 조건에서 FALSE이므로 거짓에 해당하는 여자가 출력된다.

7 민감한 개인정보는 보호할 필요가 있다. 이에 주민등록번호 뒷자리 6자리 정보를 보이지 않게 하고 싶다.

E3 셀에 = LEFT(C3, 8) & "******" 와 같이 입력하면 된다.

=LEFT(

LEFT(text, [num_chars])

문자열에서 왼쪽부터 입력된 숫자만큼 글자를 반환하는 함수

text : 텍스트, 셀 주소

num_chars : 가져올 숫자

= LEFT("ABCDEFG", 4)

➔ ABCDEFG 문자열에서 왼쪽부터 4개의 문자를 반환하면 ABCD

E3 =LEFT(C3, 8) & "******"

성명	주민번호	성별	주민번호 뒷자리 보이지 않기
가나다	700301-2468024	여자	700301-2******
강태양	621123-1234567	남자	

=LEFT(C3, 8) & "****"**

LEFT(C3, 8)

→ C3 셀의 값 왼쪽부터 8번째까지 문자 추출

→ 결과값 : 700313-2

& "****"**

→ & : 연결 연산자

→ "****"**

=LEFT(C3, 8) & "****"**

→ 700313-2****"**

LEFT(C3, 8) 함수는 C3 셀에 있는 700301-2468024 값에서 왼쪽부터 8개의 문자열을 추출하는 함수이다. 결과로 700301-2가 추출되었다.

&의 의미는 연결연산자로 원하는 함수와 문자를 같이 사용하고자 할 때 사용할 수 있다. 문자일 경우는 " " 로 감싸 준다.

8 다른 방법으로는 E4 셀에 = LEFT(C4, 8) & REPT("*" , 6) 와 같이 입력하면 된다. C4 셀의 주민등록번호에서 8글자를 가져오고 이어서 "*" 을 6번 반복해라 라는 의미이다.

=REPT(

REPT(**text**, number_times)

특정 내용을 원하는 횟수만큼 반복하는 함수

text : 반복할 문자(열)

number_times : 반복할 숫자

= REPT("*", 6) ➔ * 문자를 6번 반복

E4 =LEFT(C4,8) & REPT("*",6)

성명	주민번호	성별	주민번호 뒷자리 보이지 않기
가나다	700301-2468024	여자	700301-2******
강태양	621123-1234567	남자	621123-1******
강감찬	850125-1357913	남자	

=LEFT(C4, 8) & REPT("*", 6)

LEFT(C4, 8)

→ C4 셀의 값 왼쪽부터 8번째까지 문자 추출

→ 결과값 : 621123-1

& REPT("*", 6)

→ & : 연결 연산자

REPT("*", 6)

→ "****"**

=LEFT(C4, 8) & REPT("*", 6)

→ 621123-1****

9 또 다른 방법으로는 E5 셀에 = REPLACE(C5, 9, 6, “******”)와 같이 입력하면 된다.

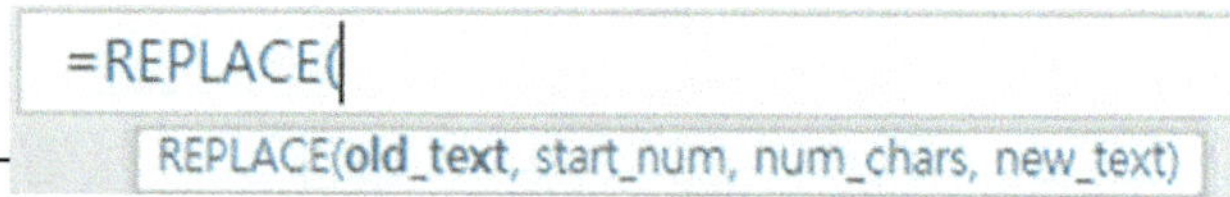

특정 위치의 문자열을 다른 문자열로 바꾸는 함수

old_text : 문자를 바꿀 문자열

start_num : old_text에서 new_text로 바꿀 문자의 위치

num_chars : old_text에서 사라질 문자의 수

new_text : old_text에 바꿔 넣을 새 문자열

= REPLACE(“ABCDEFG”, 3, 2, “XYZ”)

➔ ABCDEFG 문자열에서 3번째 문자부터 2개의 문자, 즉 “CD”를 “XYZ”로 바꾸면 ABXYZEFG

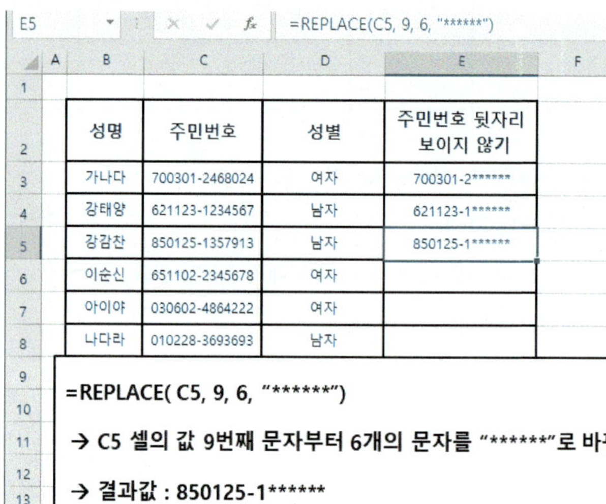

성명	주민번호	성별	주민번호 뒷자리 보이지 않기
가나다	700301-2468024	여자	700301-2******
강태양	621123-1234567	남자	621123-1******
강감찬	850125-1357913	남자	850125-1******
이순신	651102-2345678	여자	
아이야	030602-4864222	여자	
나다라	010228-3693693	남자	

=REPLACE(C5, 9, 6, “****”)**

→ C5 셀의 값 9번째 문자부터 6개의 문자를 “****”로 바꿔라**

→ 결과값 : 850125-1******

4.4 주민등록번호로 생년월일, 나이, 가입기간 등 구하기 LEFT(), DATA(), MID()

1 아래 그림과 같은 회원명부 시트를 작성하시오.

회원 명부

성명	주민번호	가입일자	생년월일	나이	가입년수	가입개월수	가입일수	가입기간1	가입기간2
가나다	700301-2468024	2009-11-04							
강태양	621123-1234567	1987-10-02							
강감찬	850125-1357913	2013-06-23							
이순신	651102-2345678	2014-04-04							
아이야	030602-4864222	2014-03-04							
나다라	010228-3693693	2013-10-20							
우나라	520313-1666666	1980-10-20							
마박사	621010-1456789	2000-01-01							
이인용	880203-2987654	2007-01-15							
최배달	880304-1357913	2014-03-06							

2 주민등록번호를 이용하여 생년월일을 만들어 보자.

DATE( )함수는 아래 그림과 같이 인수로 주어진 년, 월, 일 정보로 날짜를 생성하는 함수이다.

=DATE(

DATE(year, month, day)

인수로 주어진 year, month, day 인수로 날짜를 생성하는 함수

year : 년

year : 월

day : 일

= DATE(2018, 6, 20) ➔ 2018 – 06 - 20

3 E4 셀에 = DATE(LEFT(C4, 2), MID(C4, 3, 2), MID(C4, 5, 2))와 같이 입력하시오.

```
=DATE(LEFT(C4, 2), MID(C4, 3, 2), MID(C4, 5, 2))
        ↑              ↑               ↑
        년             월              일

LEFT( C4, 2) → 70

MID( C4, 3, 2) → 03

MID( C4, 5, 2) → 01

= DATE( 70, 03, 01) → 1970-03-01
```

C4 셀의 주민등록번호에서 앞 2글자 년도는 LEFT( ) 함수를 이용해서 추출하고, 다음 3번째부터 2글자 월은 MID( ) 함수를 이용해서 추출한다. 이어서 오는 5번째부터 2글자 일은 MID( ) 함수를 이용하여 추출한다.

이렇게 추출한 70, 03, 01 값을 DATE( ) 함수의 인수로 이용하면 1970-03-01이 표시된다. 이를 [셀 서식] 대화상자를 이용하여 yyyy년 mm월 dd일 형태로 바꾼다.

이렇게 추출한 정보 중에 년도 정보인 70은 엑셀이 알아서 1900을 더해서 1970으로 만들어준다. 그러나 C8 셀에 있는 2000년 이후 출생자는 주민번호 앞에 두 자리를 추출해서 1900을 더하면 1903년 되어 버린다. 어떻게 해야 할까? 추출한 두 자리에 2000을 더해주면 된다.

그럼 1900년대와 2000년대 구분은 어떻게 할까? 주민번호에서 앞에서 자릿수(- 포함)를 세면 8 번째에 있는 1, 2는 1900년대이고 3, 4는 2000년대이다. 즉 주민번호 8 번째에 있는 글자를 추출해서 2보다 크면 2000을 더해주면 된다. 이를 함수로 표현하면 아래와 같다. E4 셀에 다음과 같이 입력하자.

```
=IF( MID(C4, 8, 1) <= "2",
            ↑
           조건

    DATE( LEFT(C4, 2), MID(C4, 3, 2), MID(C4, 5, 2)),
                         ↑
                         참

    DATE( LEFT(C4, 2) + 2000, MID(C4, 3, 2), MID(C4, 5, 2)))
                         ↑
                        거짓
```

E4 =IF(MID(C4,8,1)<="2", DATE(LEFT(C4,2),MID(C4,3,2),MID(C4,5,2)), DATE(LEFT(C4,2)+2000,MID(C4,3,2),MID(C4,5,2)))

회원 명부									
성명	주민번호	가입일자	생년월일	나이	가입년수	가입개월수	가입일수	가입기간1	가입기간2
가나다	700301-2468024	2009-11-04	1970년 3월 1일						
강태양	621123-1234567	1987-10-02							
강감찬	850125-1357913	2013-06-23							
이순신	651102-2345678	2014-04-04							
아이야	030602-4864222	2014-03-04							
나다라	010228-3693693	2013-10-20							
우나라	520313-1666666	1980-10-20							
마박사	621010-1456789	2000-01-01							
이인용	880203-2987654	2007-01-15							
최배달	880304-1357913	2014-03-06							

4 주민등록번호로 나이 구하기

1. 년, 월, 일 구하기 위해서 DATE( )함수 사용

=DATE(LEFT(C4, 2), MID(C4, 3, 2), MID(C4, 5, 2))

2. 년도만 구하기 의해서 YEAR( )함수 사용

=YEAR(DATE(LEFT(C4, 2), MID(C4, 3, 2), MID(C4, 5, 2)))

3. 나이는 현재년도에서 출생년도를 빼면 됨

=YEAR(TODAY( )) - YEAR(DATE(LEFT(C4, 2), MID(C4, 3, 2), MID(C4, 5, 2)))

그러나 2000년도 이후에 출생한 사람은 오류가 생긴다. 앞에서 설명한대로 연도를 추출하면 1900이 자동으로 붙어서 2003년생은 주민등록번호에서 03으로 시작하고 03에다가 1900을 더해서 1903년생이 되어 버린다.

현재 연도가 2024년이라면 2024−1903이 되므로 나이 계산이 올바르지 않다. 즉, 여기에서 다시 100을 빼주어야만 된다.

다시 말하면 2000년도 이후에 출생한 사람은 결과에서 100만큼 빼 주어야 한다. 2000년 이후에 태어난 사람은 주민등록번호에서 여덟 번째 숫자가 3 또는 4에 해당한다.

그러므로 여덟 번째 숫자가 1 또는 2이면

=YEAR(TODAY( )) – YEAR(DATE(LEFT(C4,2), MID(C4,3,2), MID(C4,5,2)))

그렇지 않으면(즉, 여덟 번째 숫자가 3 또는 4이면)

=YEAR(TODAY( )) – YEAR(DATE(LEFT(C4,2),MID(C4,3,2),MID(C4,5,2))) – 100

이를 함수로 만들면 아래 그림과 같다.

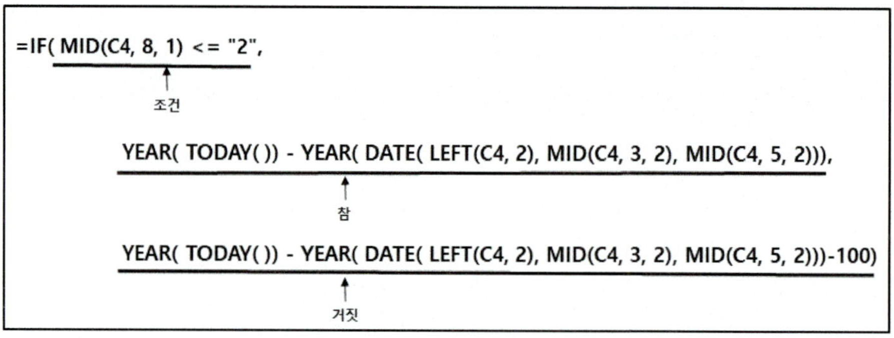

그러나 생년월일을 구해 놓았으면 아주 쉽게 구할 수가 있다. 오늘 날짜에서 연도 정보만 추출하고 생년월일에서 연도만 추출해서 빼주면 된다.
F4 셀에 아래와 같이 입력하자.

= YEAR(TODAY( )) – YEAR(E4)

F4 =YEAR(TODAY()) - YEAR(E4)

회원 명부

성명	주민번호	가입일자	생년월일	나이	가입년수	가입개월수	가입일수	가입기간1	가입기간2
가나다	700301-2468024	2009-11-04	1970년 3월 1일	48					
강태양	621123-1234567	1987-10-02	1962년 11월 23일						
강감찬	850125-1357913	2013-06-23	1985년 1월 25일						
이순신	651102-2345678	2014-04-04	1965년 11월 2일						
아이야	030602-4864222	2014-03-04	2003년 6월 2일						
나다라	010228-3693693	2013-10-20	2001년 2월 28일						
우나라	520313-1666666	1980-10-20	1952년 3월 13일						
마박사	621010-1456789	2000-01-01	1962년 10월 10일						
이인용	880203-2987654	2007-01-15	1988년 2월 3일						
최배달	880304-1357913	2014-03-06	1988년 3월 4일						

5 가입년수와 가입개월수, 가입일수는 DATEDIF( ) 함수로 쉽게 구할 수 있다.
G4 셀에 = DATEDIF(D4, TODAY( ), "Y")
H4 셀에 = DATEDIF(D4, TODAY( ), "M")
I4 셀에 = DATEDIF(D4, TODAY( ), "D")와 같이 입력하자.

DATEDIF(시작날짜, 종료날짜, 옵션)

두 날짜의 차이 값을 구하는 함수

DATEDIF(D4, TODAY( ), "Y") → 총 년수

DATEDIF(D4, TODAY( ), "M") → 총 월수

DATEDIF(D4, TODAY( ), "D") → 총 일수

DATEDIF(D4, TODAY( ), "YM") → 1년내 월수

DATEDIF(D4, TODAY( ), "YD") → 1년내 일수

DATEDIF(D4, TODAY( ), "MD") → 1개월내 일수

이를 가지고 J4 셀에 입력할 수식은 다음과 같다.

```
=DATEDIF(D4, TODAY(), "Y") & " 년 "
 & DATEDIF(D4, TODAY(), "YM") & " 개월 "
 & DATEDIF(D4, TODAY(), "MD") & " 일 "
```

J4 =DATEDIF(D4, TODAY(), "Y") & " 년 " & DATEDIF(D4, TODAY(), "YM") & " 개월 " & DATEDIF(D4, TODAY(), "MD")

회원 명부

성명	주민번호	가입일자	생년월일	나이	가입년수	가입개월수	가입일수	가입기간1	가입기간2
가나다	700301-2468024	2009-11-04	1970년 3월 1일	48	8	103	3152	8 년 7 개월 18 일	
강태양	621123-1234567	1987-10-02	1962년 11월 23일	56	30	368	11221		
강감찬	850125-1357913	2013-06-23	1985년 1월 25일	33	4	59	1825		
이순신	651102-2345678	2014-04-04	1965년 11월 2일	53	4	50	1540		
아이야	030602-4864222	2014-03-04	2003년 6월 2일	15	4	51	1571		
나다라	010228-3693693	2013-10-20	2001년 2월 28일	17	4	56	1706		
우나라	520313-1666666	1980-10-20	1952년 3월 13일	66	37	452	13759		
마박사	621010-1456789	2000-01-01	1962년 10월 10일	56	18	221	6747		
이인용	880203-2987654	2007-01-15	1988년 2월 3일	30	11	137	4176		
최배달	880304-1357913	2014-03-06	1988년 3월 4일	30	4	51	1569		

우선 DATEDIF(D4, TODAY( ), "Y") 함수를 사용해서 오늘 날짜의 연도와 가입일의 년도를 계산한다. &는 문자열을 연결하는 부호이다. 즉 계산된 년수와 "년"이라는 문자를 연결시킨다. 다음 DATEDIF(D4, TODAY( ), "YM") 함수를 사용해서 1년 내의 월수를 계산한다. 그 뒤는 해석해 보기 바란다.

6 만약에 가입 일자가 최근이어서 가입 기간 중에 "0년 1개월 7일" 과 같이 보기가 썩 좋지 않다.

K4 셀에 다음과 같이 입력하자. 만약에 구한 값이 0이면 공백으로 출력하면 문제가 해결될 수 있다.

```
=IF( DATEDIF(D4, TODAY( ), "Y") = 0, " ", DATEDIF(D4, TODAY( ), "Y") & "년")
          ↑                              ↑          ↑
         조건                            참         거짓
 & IF( DATEDIF(D4, TODAY( ), "YM") = 0, " ", DATEDIF(D4, TODAY( ), "YM") & "월")
 & IF( DATEDIF(D4, TODAY( ), "MD") = 0, " ", DATEDIF(D4, TODAY( ), "MD") & "일")
```

K4 =IF(DATEDIF(D4,TODAY(),"Y")=0," ",DATEDIF(D4,TODAY(),"Y")&"년")&IF(DATEDIF(D4,TODAY(),"YM")=0," ",DATEDIF(D4,TODAY(),

회원 명부

성명	주민번호	가입일자	생년월일	나이	가입년수	가입개월수	가입일수	가입기간1	가입기간2
가나다	700301-2468024	2018-06-04	1970년 3월 1일	48	0	0	18	0 년 0 개월 18 일	18일
강태양	621123-1234567	1987-10-02	1962년 11월 23일	56	30	368	11221	30 년 8 개월 20 일	
강감찬	850125-1357913	2013-06-23	1985년 1월 25일	33	4	59	1825	4 년 11 개월 30 일	
이순신	651102-2345678	2014-04-04	1965년 11월 2일	53	4	50	1540	4 년 2 개월 18 일	
아이야	030602-4864222	2014-03-04	2003년 6월 2일	15	4	51	1571	4 년 3 개월 18 일	
나다라	010228-3693693	2013-10-20	2001년 2월 28일	17	4	56	1706	4 년 8 개월 2 일	
우나라	520313-1666666	1980-10-20	1952년 3월 13일	66	37	452	13759	37 년 8 개월 2 일	
마박사	621010-1456789	2000-01-01	1962년 10월 10일	56	18	221	6747	18 년 5 개월 21 일	
이인용	880203-2987654	2007-01-15	1988년 2월 3일	30	11	137	4176	11 년 5 개월 7 일	
최배달	880304-1357913	2014-03-06	1988년 3월 4일	30	4	51	1569	4 년 3 개월 16 일	

4.5 조건에 맞는 수량이나 합계, 평균 COUNTIF(), SUMIF(), AVERAGEIF()

1 아래 그림과 같이 작성하고, 생년월일, 나이 부분은 함수를 사용하여 구하시오.

	A	B	C	D	E	F	G	H	I
1									
2		회 원 정 보							
3		성명	주소	주민번호	입사일자	생년월일	나이	신장	몸무게
4		가나다	서울	700301-2468024	2009-11-04			182	89
5		강태양	충북	621123-1234567	1987-10-02			176	76
6		강감찬	전남	850125-1357913	2013-06-23			165	74
7		이순신	강원	651102-2345678	2014-04-04			162	185
8		아이야	대구	030602-4864222	2014-03-04			156	54
9		나다라	충북	010228-3693693	2013-10-20			168	71
10		우나라	강원	520313-1666666	1980-10-20			188	95
11		마박사	충북	621010-1456789	2000-01-01			174	69
12		이인용	서울	880203-2987654	2007-01-15			157	77
13		최배달	대구	880304-1357913	2014-03-06			191	85
14									
15		지역	인원	나이합계	평균나이	평균신장	평균몸무게		
16									

2 지역의 데이터를 주소를 보고 하나하나 입력할 것인가? C4 셀에서 C13 셀까지 드래그하고 복사를 한 후에 B16 셀에 마우스를 클릭하고 붙여넣기를 한다.

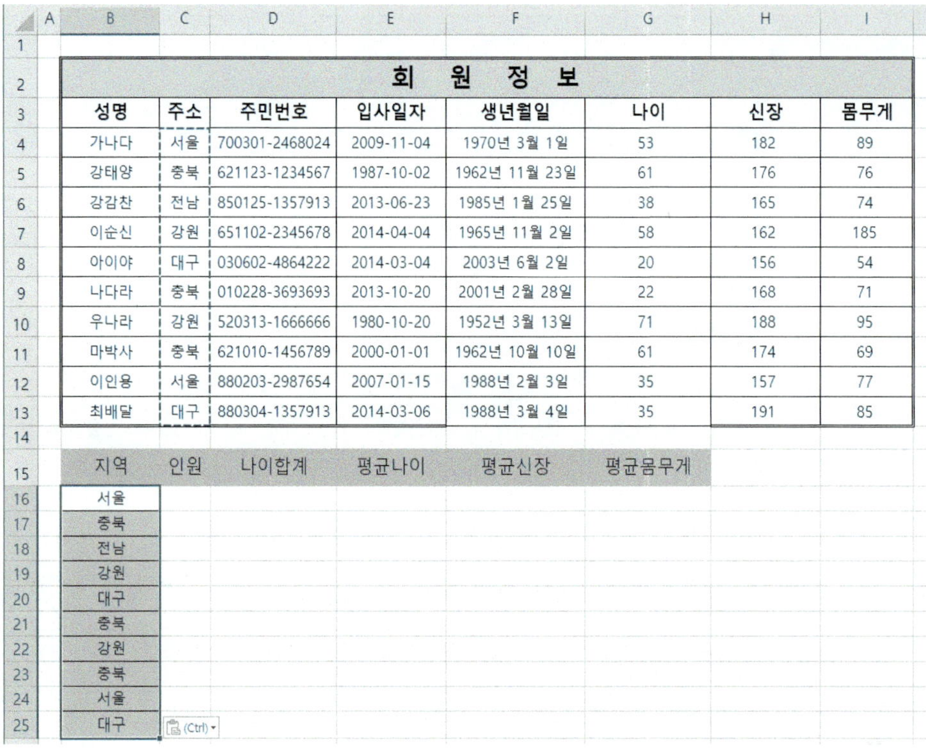

회 원 정 보							
성명	주소	주민번호	입사일자	생년월일	나이	신장	몸무게
가나다	서울	700301-2468024	2009-11-04	1970년 3월 1일	53	182	89
강태양	충북	621123-1234567	1987-10-02	1962년 11월 23일	61	176	76
강감찬	전남	850125-1357913	2013-06-23	1985년 1월 25일	38	165	74
이순신	강원	651102-2345678	2014-04-04	1965년 11월 2일	58	162	185
아이야	대구	030602-4864222	2014-03-04	2003년 6월 2일	20	156	54
나다라	충북	010228-3693693	2013-10-20	2001년 2월 28일	22	168	71
우나라	강원	520313-1666666	1980-10-20	1952년 3월 13일	71	188	95
마박사	충북	621010-1456789	2000-01-01	1962년 10월 10일	61	174	69
이인용	서울	880203-2987654	2007-01-15	1988년 2월 3일	35	157	77
최배달	대구	880304-1357913	2014-03-06	1988년 3월 4일	35	191	85

지역	인원	나이합계	평균나이	평균신장	평균몸무게
서울					
충북					
전남					
강원					
대구					
충북					
강원					
충북					
서울					
대구					

3 이제 중복된 데이터를 제거해 보자. 먼저 B16 셀에서 B25 셀까지 드래그해서 선택한 후에 [데이터] 탭 메뉴 → [데이터도구] 그룹 → [중복된 항목 제거]를 클릭한다.

4 아래와 같은 [중복된 항목제거 경고]대화상자가 나타난다. [현재 선택 영역으로 정렬]을 클릭한 후에 [중복된 항목 제거] 버튼을 클릭한다. 이후 나타난 대화상자에서 확인 버튼을 누른다. 예제에서는 5개의 중복 항목을 제거하고 5개의 고유한 값을 유지한다는 메시지가 나온다.

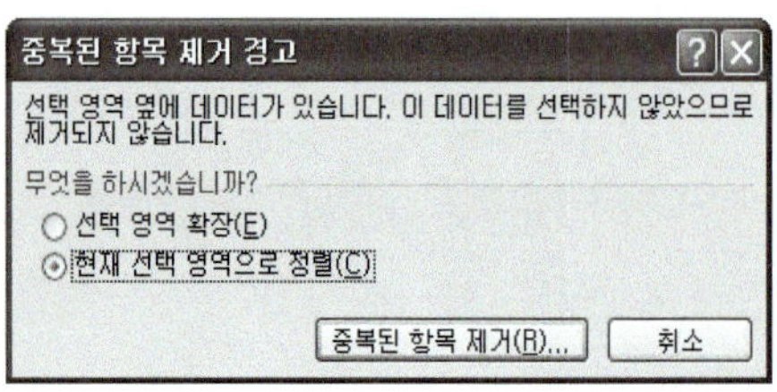

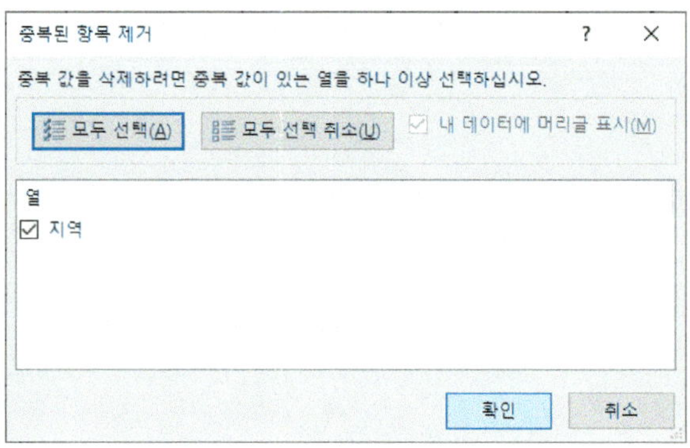

5 이제 각 지역별 인원과 나이 합계 그리고 평균 신장과 평균 몸무게를 구하고자 하는데 이때 쓰이는 함수가 COUNTIF( ), SUMIF( ), AVERAGEIF( ) 함수가 된다. 우선 서울 사는 사람의 인원을 구하려면 C4 셀에서 C13 셀까지의 데이터 중에 B16 셀과 같은 것만 찾으면 될 것이다. C16 셀에 다음과 같이 입력한다. 나머지 지역의 인원도 구해보자.

=COUNTIF(

COUNTIF(range, criteria)

지정한 범위 내에서 조건에 맞는 셀의 개수 구하는 함수

range : 조건에 맞는지를 검사할 셀 범위

criteria : 숫자, 식, 텍스트 형태의 조건

= COUNTIF(C4:C13, B16)

➔ C4:C13 범위에서 B16셀에 있는 값과 같은 셀의 개수 즉, 2

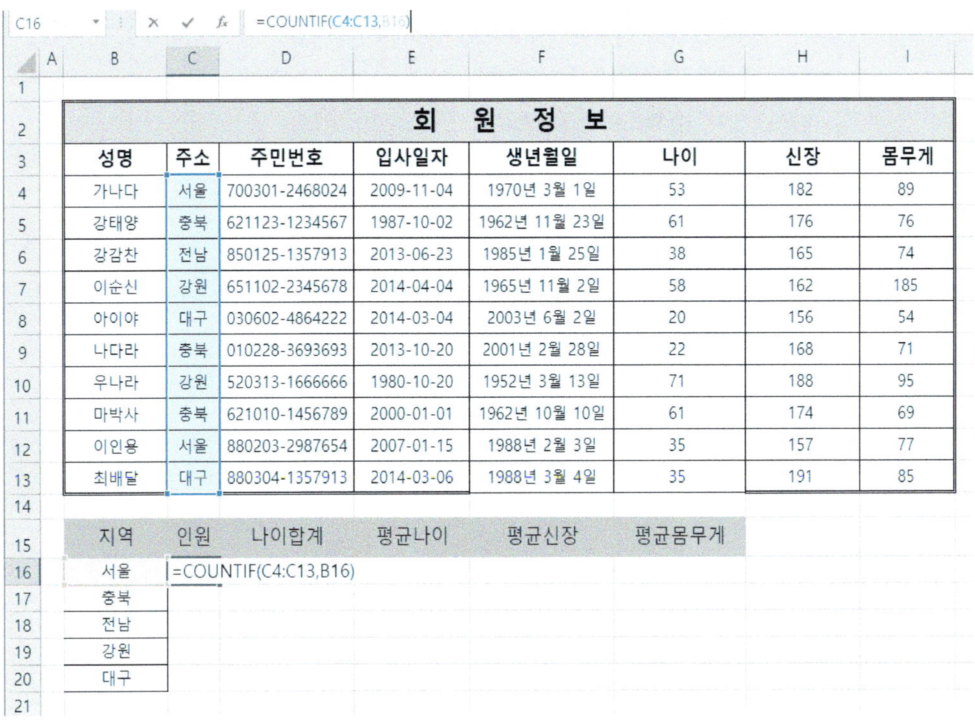

C16 =COUNTIF(C4:C13,B16)

회 원 정 보							
성명	주소	주민번호	입사일자	생년월일	나이	신장	몸무게
가나다	서울	700301-2468024	2009-11-04	1970년 3월 1일	53	182	89
강태양	충북	621123-1234567	1987-10-02	1962년 11월 23일	61	176	76
강감찬	전남	850125-1357913	2013-06-23	1985년 1월 25일	38	165	74
이순신	강원	651102-2345678	2014-04-04	1965년 11월 2일	58	162	185
아이야	대구	030602-4864222	2014-03-04	2003년 6월 2일	20	156	54
나다라	충북	010228-3693693	2013-10-20	2001년 2월 28일	22	168	71
우나라	강원	520313-1666666	1980-10-20	1952년 3월 13일	71	188	95
마박사	충북	621010-1456789	2000-01-01	1962년 10월 10일	61	174	69
이인용	서울	880203-2987654	2007-01-15	1988년 2월 3일	35	157	77
최배달	대구	880304-1357913	2014-03-06	1988년 3월 4일	35	191	85

지역	인원	나이합계	평균나이	평균신장	평균몸무게
서울	=COUNTIF(C4:C13,B16)				
충북					
전남					
강원					
대구					

6 이번에는 나이 합계를 구해보자. C16 셀에 다음과 같이 입력한다.

=SUMIF(

SUMIF(**range**, criteria, [sum_range])

주어진 조건에 의해 지정된 셀들의 합을 구하는 함수

range : 조건에 맞는지를 검사할 셀 범위

criteria : 숫자, 식, 텍스트 형태의 조건

sum_range : 조건이 맞을 때 합을 구할 셀 범위

= SUMIF(C4:C13, B16, G4:G16)

➔ C4:C13 범위에서 B16셀에 있는 값과 같으면 G4:G13 셀에서 합을 구함

7 평균나이를 구하기 위해서 D16 셀에 다음과 같이 입력한다.

=AVERAGEIF(

AVERAGEIF(**range**, criteria, [average_range])

주어진 조건에 의해 지정된 셀들의 평균을 구하는 함수

range : 조건에 맞는지를 검사할 셀 범위

criteria : 숫자, 식, 텍스트 형태의 조건

average_range : 조건이 맞을 때 평균을 구할 셀 범위

= AVERAGEIF(C4:C13, B16, G4:G16)

➔ C4:C13 범위에서 B16셀에 있는 값과 같으면 G4:G13 셀에서 평균을 구함

8 평균 신장은 E16 셀에, 평균 몸무게는 F16 셀에 구해보자. 아래 그림과 같이 보일 것이다.

회 원 정 보							
성명	주소	주민번호	입사일자	생년월일	나이	신장	몸무게
가나다	서울	700301-2468024	2009-11-04	1970년 3월 1일	53	182	89
강태양	충북	621123-1234567	1987-10-02	1962년 11월 23일	61	176	76
강감찬	전남	850125-1357913	2013-06-23	1985년 1월 25일	38	165	74
이순신	강원	651102-2345678	2014-04-04	1965년 11월 2일	58	162	185
아이야	대구	030602-4864222	2014-03-04	2003년 6월 2일	20	156	54
나다라	충북	010228-3693693	2013-10-20	2001년 2월 28일	22	168	71
우나라	강원	520313-1666666	1980-10-20	1952년 3월 13일	71	188	95
마박사	충북	621010-1456789	2000-01-01	1962년 10월 10일	61	174	69
이인용	서울	880203-2987654	2007-01-15	1988년 2월 3일	35	157	77
최배달	대구	880304-1357913	2014-03-06	1988년 3월 4일	35	191	85

지역	인원	나이합계	평균나이	평균신장	평균몸무게
서울	2	88	44	169.5	83
충북	3	144	48	172.6666667	72
전남	1	38	38	165	74
강원	2	129	64.5	175	140
대구	2	55	27.5	173.5	69.5

9 아래 그림과 같이 K3 셀부터 L9 셀까지 내용을 작성하자.

회 원 정 보							
성명	주소	주민번호	입사일자	생년월일	나이	신장	몸무게
가나다	서울	700301-2468024	2009-11-04	1970년 3월 1일	48	182	89
강태양	충북	621123-1234567	1987-10-02	1962년 11월 23일	56	176	76
강감찬	전남	850125-1357913	2013-06-23	1985년 1월 25일	33	165	74
이순신	강원	651102-2345678	2014-04-04	1965년 11월 2일	53	162	185
아이야	대구	030602-4864222	2014-03-04	2003년 6월 2일	15	156	54
나다라	충북	010228-3693693	2013-10-20	2001년 2월 28일	17	168	71
우나라	강원	520313-1666666	1980-10-20	1952년 3월 13일	66	188	95
마박사	충북	621010-1456789	2000-01-01	1962년 10월 10일	56	174	69
이인용	서울	880203-2987654	2007-01-15	1988년 2월 3일	30	157	77
최배달	대구	880304-1357913	2014-03-06	1988년 3월 4일	30	191	85

연령대	빈도
19	
30	
40	
50	
60	
70	

지역	인원	나이합계	평균나이	평균신장	평균몸무게
서울	2	78	39	169.5	83
충북	3	129	43	172.6666667	72
전남	1	33	33	165	74
강원	2	119	59.5	175	140
대구	2	45	22.5	173.5	69.5

10 FREQUENCY( ) 함수는 셀 범위에 대한 빈도를 계산해주는 함수이다.

=FREQUENCY(

FREQUENCY(data_array, bins_array)

구간별 포함되는 자료의 개수 구하기 함수

data_array에서 bins_array의 간격에 해당하는 개수가 몇 개인지 구할 수 있음

data_array : 값이 입력되어 있는 범위

예제에서는 연령대를 구하기 때문에 나이에 해당하는 G4 ~ G13 셀에 해당

bins_array : 각 구간의 최댓값이 입력되어 있는 범위, 반드시 세로로 배열되어 있어야 함.

FREQUENCY 함수 작성 순서

1. **결과값을 구할 범위를 미리 드래그한다.**
2. **수식 입력줄에 함수식을 작성한다.**
3. **배열 함수이므로 반드시 입력한 뒤 [Ctrl] + [Shift] + [Enter] 키를 누른다.**

= FREQUENCY(G4:G13, K4:K9)

먼저 함수 작성 순서에 의해 결과 값을 나타낼 L4 셀에서 L9 셀까지 드래그하고 나서
수식 입력줄에 = FREQUENCY(G4:G13, K4:K9)와 같이 입력하고 [Ctrl] + [Shift] +
[Enter]키를 누른다. 연령대 시작 구간을 19로 하면 19보다 적은 수와 19까지 포함한다.

L4 | {=FREQUENCY(G4:G13,K4:K9)}

회 원 정 보							
성명	주소	주민번호	입사일자	생년월일	나이	신장	몸무게
가나다	서울	700301-2468024	2009-11-04	1970년 3월 1일	53	182	89
강태양	충북	621123-1234567	1987-10-02	1962년 11월 23일	61	176	76
강감찬	전남	850125-1357913	2013-06-23	1985년 1월 25일	38	165	74
이순신	강원	651102-2345678	2014-04-04	1965년 11월 2일	58	162	185
아이야	대구	030602-4864222	2014-03-04	2003년 6월 2일	20	156	54
나다라	충북	010228-3693693	2013-10-20	2001년 2월 28일	22	168	71
우나라	강원	520313-1666666	1980-10-20	1952년 3월 13일	71	188	95
마박사	충북	621010-1456789	2000-01-01	1962년 10월 10일	61	174	69
이인용	서울	880203-2987654	2007-01-15	1988년 2월 3일	35	157	77
최배달	대구	880304-1357913	2014-03-06	1988년 3월 4일	35	191	85

연령대	빈도
19	0
29	2
39	3
49	0
59	2
69	2

지역	인원	나이합계	평균나이	평균신장	평균몸무게
서울	2	88	44	169.5	83
충북	3	144	48	172.6666667	72
전남	1	38	38	165	74
강원	2	129	64.5	175	140
대구	2	55	27.5	173.5	69.5

4.6 문자와 함수를 같이 사용하기

내가 원하는 문자와 함수를 같이 사용하고 싶을 때는 문자는 쌍따옴표(“해당문자”)로 감싸준다. 그리고 반드시 엠퍼센트(&) 기호를 사용하여 함수와 문자가 같이 사용될 수 있도록 연결시켜 준다. " "와 &를 사용하지 않으면 오류가 발생한다.

1 아래 그림과 같이 문서를 작성하시오. 총점, 평균, 석차는 함수를 이용하여 구하시오.

성적표

성명	반	반도체	학점	엑셀	학점	영어	학점	총점	평균	석차
가나다	A반	78		75		85		238	79.33	
강태양	A반	95		92		90		277	92.33	1
강감찬	A반	80		결석		87		227	75.67	
이순신	B반	75		85		78		238	79.33	
아이야	B반	85		90		70		245	81.67	
나다라	B반	98		80		80		258	86.00	2
우나라	C반	82		90		76		248	82.67	
마박사	C반	60		77		67		204	68.00	
이인용	C반	결석		70		65		185	61.67	
최배달	C반	95		75		85		255	85.00	3

2 B2~D2 셀까지 드래그한 후에 셀 병합을 하고 다음과 같이 입력한다.

```
= YEAR(TODAY( ))
  & "년도 “
  & WEEKNUM(TODAY( ), 1)
  & " 주차"
```

B2 =YEAR(TODAY( )) & "년도 " & WEEKNUM(TODAY( ), 1) & " 주차"

성적표

2018년도 25 주차

성명	반	반도체	학점	엑셀	학점	영어	학점	총점	평균	석차
가나다	A반	78		75		85		238	79.33	

중첩된 함수에서 해석은 안쪽에 있는 함수부터 하면 된다. TODAY( )는 오늘 날짜를 추출하는 함수이고, YEAR( ) 함수는 오늘 날짜에서 년도만을 추출하는 함수다. & 연산자는 문자와 함수를 연결한다.

WEEKNUM(TODAY( ), 1)의 의미는 TODAY( ) 함수를 통해 추출한 오늘 날짜가 WEEKNUM( ) 함수를 통해 1년 중 몇 번째 주인가를 알아내는 것이다. 뒤에 있는 숫자는 옵션 번호로 1은 요일을 일요일부터 주를 시작하고, 2는 월요일부터 주를 시작한다는 것을 의미한다. &의 의미와 "주차"의 의미는 알겠죠?

=WEEKNUM(

WEEKNUM(serial_number, [return_type])

serial_number의 값으로 주는 날짜가 그해의 몇 번째 주인지 알려주는 함수

serial_number : 날짜 값

return_type : 생략 가능, 1이면 일요일에 시작, 2이면 월요일부터 시작

= WEEKNUM(TODAY( ), 1)

3 J2에서 L2 셀까지 드래그한 후에 셀 병합하고 다음과 같이 입력하자.

```
= " 작성일 : "
  & TEXT(TODAY( ), "YYYY년 M월 D일")
  & " ( "
  & CHOOSE(WEEKDAY(TODAY( ), 1), "일", "월", "화", "수, "목", "금", "토")
  & " ) "
```

= "작성일 : " 의 의미는 작성일이란 글자가 오게 쌍따옴표로 문자를 감싸줬다. 여백이 필요하면 [스페이스]키를 누르고 따옴표를 닫아준다. & 연산자로 문자와 함수를 연결한다.

TEXT(TODAY( ), "YYYY년 M월 D일")의 의미는 TODAY( ) 함수만 쓰면 숫자로 나오기 때문에 TEXT( ) 함수를 사용해서 오늘 날짜를 어떤 방식으로 설정할지 정해준다.

결과 값은 오늘 날짜인 2024년 8월 10일로 나온다. 여러분은 컴퓨터 작업을 하는 날짜가 나올 것이다.

=TEXT(

TEXT(value, format_text)

자신이 직접 지정한 서식을 적용하는 함수

value : 서식 변경을 원하는 대상이 되는 값

format_text : 사용자 서식을 지정하는 부분, 서식 값은 쌍따옴표(“ ”)사이에 넣음

= TEXT(TODAY( ), “YYYY년 M월 D일”)

CHOOSE(WEEKDAY(TODAY( ),1), "일", "월", "화", "수", "목", "금", "토")의 의미는 TODAY( ) 함수를 사용하여 오늘 날짜를 추출한 다음 WEEKDAY( )로 오늘 날짜의 요일의 번호를 나타내게 한다.

뒤에 있는 숫자는 옵션 번호로 1은 요일을 일요일로 시작해서 추출하는 것이고 2는 요일을 월요일로 시작해서 추출한다는 것을 의미한다.

=WEEKDAY(

WEEKDAY(serial_number, [return_type])

serial_number의 값으로 주는 날짜가 무슨 요일인지 판단하여 숫자로 알려주는 함수

serial_number : 날짜 값

return_type : 생략 가능, 1이면 일요일(1) ~ 토요일(7)

= WEEKDAY(TODAY( ), 1)

만일 오늘 날짜가 2024년 8월 10일은 도요일이므로 숫자 7이 결과 값이 된다. 마지막으로 CHOOSE( ) 함수가 추출된 이제 방금 추출된 숫자 7은 그 번호자리에 해당하는 문자가 나온다. 즉 7번째 문자이므로 “토”가 출력이 된다. 나머지는 각자 해석하자.

4 데이터 유효성 검사에서 데이터 유효성 조건을 설정하는 걸 배워보자. 아래 그림과 같은 시트를 작성하자.

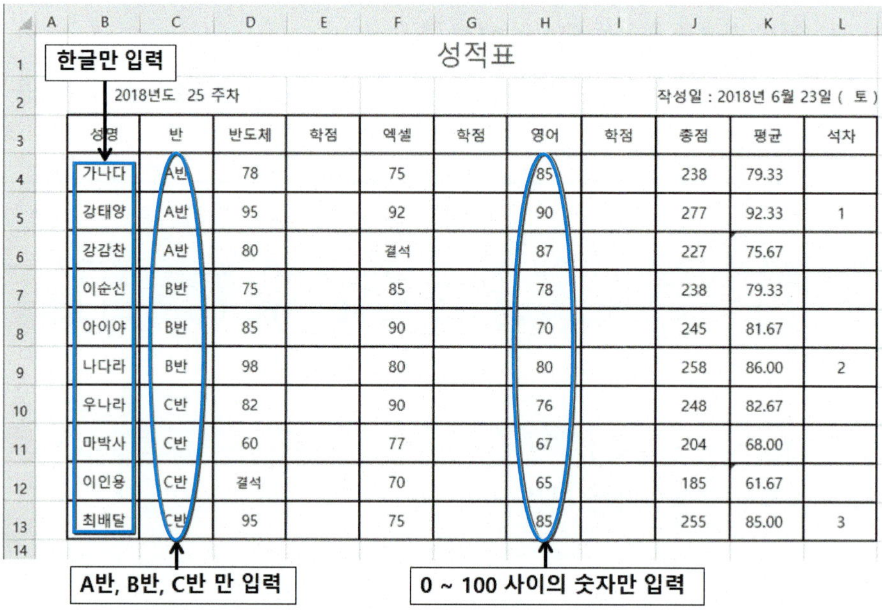

성적표

2018년도 25 주차　　작성일 : 2018년 6월 23일 (토)

성명	반	반도체	학점	엑셀	학점	영어	학점	총점	평균	석차
가나다	A반	78		75		85		238	79.33	
강태양	A반	95		92		90		277	92.33	1
강감찬	A반	80		결석		87		227	75.67	
이순신	B반	75		85		78		238	79.33	
아이야	B반	85		90		70		245	81.67	
나다라	B반	98		80		80		258	86.00	2
우나라	C반	82		90		76		248	82.67	
마박사	C반	60		77		67		204	68.00	
이인용	C반	결석		70		65		185	61.67	
최배달	C반	95		75		85		255	85.00	3

5 B열 머리글을 클릭한 후에 [데이터] 메뉴 탭 → [데이터 도구] 그룹 → [데이터 유효성 검사]를 클릭한다. 아래 그림과 같은 [데이터 유효성] 대화상자에서 [IME 모드] → [한글]로 설정하고 확인 버튼을 클릭한다.

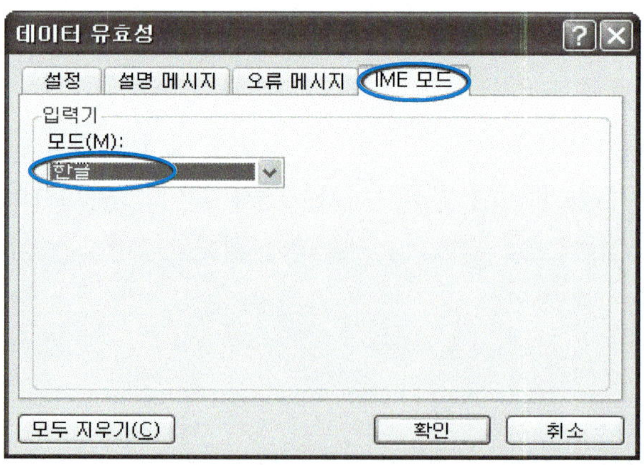

우리나라는 기본이 한글을 사용하면서 영문도 사용하고 있다. 엑셀에서 문서를 작성하다 보면 한글과 영어를 번갈아 사용하는 경우가 있다. 이때 [한/영]키를 번갈아 사용하면서 문서를 작성해야 하는데 여간 불편한 것이 아니다. 엑셀에서는 셀을 선택할 때 자동으로 한/영을 바꿔주는 기능이 바로 IME모드이다. 설정을 한 뒤 B14셀에 마우스를 클릭하면 컴퓨터의 작업표시줄에 한/영 모드가 "가"로 바뀔 것이다.

6 C열 머리글을 클릭한 후에 [데이터] 메뉴 탭 → [데이터 도구] 그룹 → [데이터 유효성 검사]를 클릭한다. 아래 그림과 같은 [데이터 유효성] 대화상자에서 [설정] → [제한대상]을 "목록"으로 → [원본]을 "A반, B반, C반"으로 설정하고 확인 버튼을 클릭한다. 적용을 취소하고 싶다면 C열을 클릭한 후에 [데이터] 메뉴 탭 → [데이터 도구] 그룹 → [데이터 유효성 검사]를 클릭하고 [모두 지우기]를 클릭하면 된다.

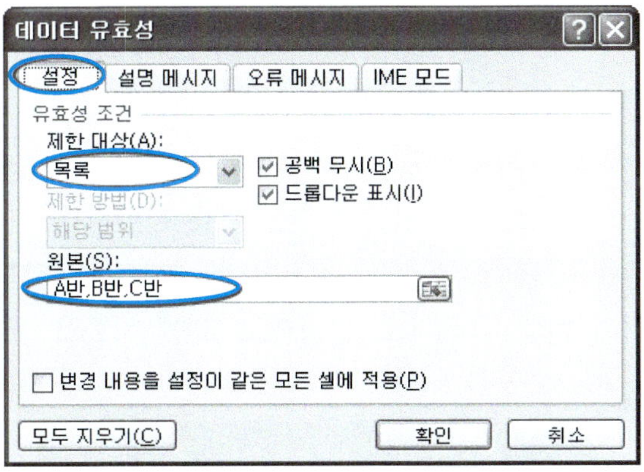

7 H 열 머리글을 클릭한 후에 [데이터] 메뉴 탭 → [데이터 도구] 그룹 → [데이터 유효성 검사]를 클릭한다. 아래 그림과 같은 [데이터 유효성] 대화상자에서 [설정] → [제한대상]을 "정수"로 → [제한 방법]을 "해당범위"로 → [최소값]을 "0"으로 → [최대값]을 "100" 설정하고 확인 버튼을 클릭한다.

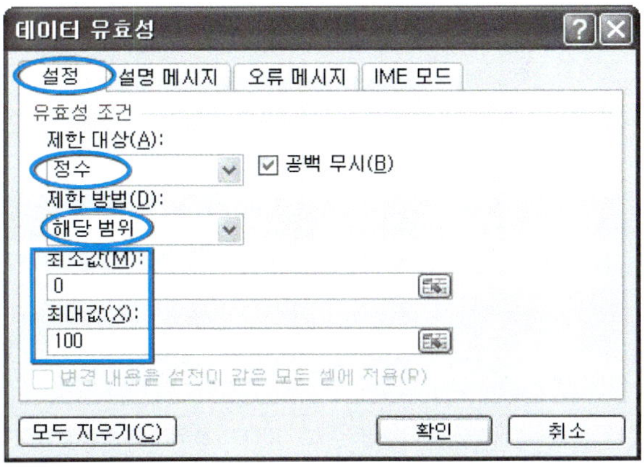

8 아래 그림과 같이 제한 대상 범위를 넘어선 120을 입력하면 "입력한 값이 잘못되었습니다."란 경고 메시지가 뜬다.

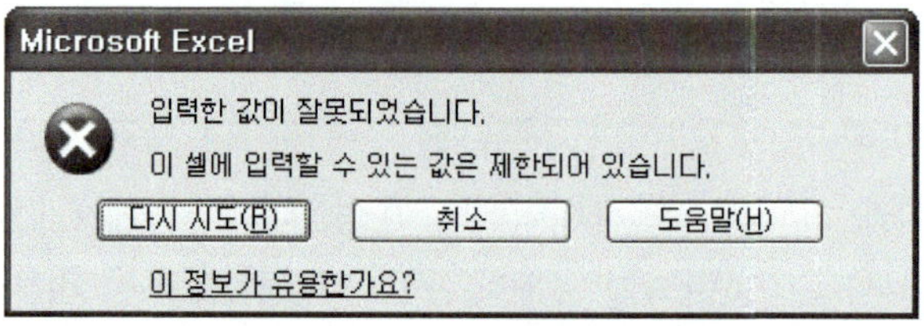

9 위와 같이 해당 열에 입력되는 값이 잘못되었을 때는 항상 "입력한 값이 잘못되었습니다."란 오류 메시지가 뜬다.

이번에는 이 오류 메시지를 좀 더 명확하게 지정하는 방법을 알아본다. H 열 머리글을 클릭한 후에 [데이터] 메뉴 탭 → [데이터 도구] 그룹 → [데이터 유효성 검사]를 클릭한다. 아래 그림과 같은 [데이터 유효성] 대화상자에서 [오류 메시지] → [스타일]을 "경고"로 → [제목]을 "과목 점수 입력 오류"로 → [오류 메시지]을 "과목점수는 0에서 100점 사이의 값을 입력하시기 바랍니다."로 설정하고 확인 버튼을 클릭한다.

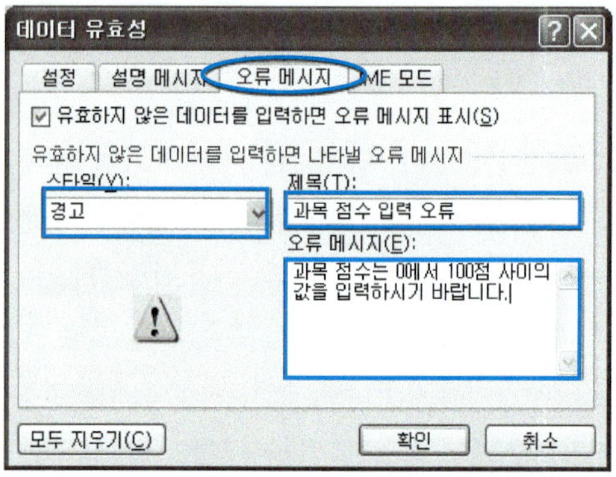

10 아래 그림처럼 셀 범위에 벗어난 값을 입력하면 오류 메시지에 입력한 대로 나타난다.

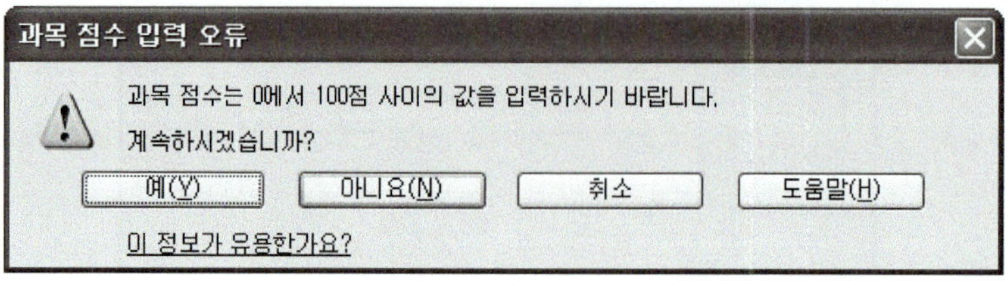

4.7 찾기/참조 함수 – HLOOKUP() 함수

1 아래 그림과 같이 문서를 작성하시오. 총점, 평균 석차 부분은 함수를 사용하여 구하세요.

성적표

성명	반	반도체	학점	엑셀	학점	영어	학점	총점	평균	석차
가나다	A반	78		75		85		238	79.33	
강태양	A반	95		92		90		277	92.33	1
강감찬	A반	80		결석		87		167	55.67	
이순신	B반	75		85		78		238	79.33	
아이야	B반	85		90		70		245	81.67	
나다라	B반	98		80		80		258	86.00	2
우나라	C반	82		90		76		248	82.67	
마박사	C반	60		77		67		204	68.00	
이인용	C반	결석		70		65		135	45.00	
최배달	C반	95		75		85		255	85.00	3

부터	0	60	65	70	75	80	85	90	95
까지	59	64	69	74	79	84	89	94	100
학점	F	D	D+	C	C+	B	B+	A	A+

2 B14 셀에서 K16 셀까지 있는 내용을 참조하여 학점을 표시하도록 하자. E3 셀에 = HLOOKUP(D3, $B$14:$K$16, 3, TRUE)와 같이 입력한다.

```
=HLOOKUP(
HLOOKUP(lookup_value, table_array, row_index_num, [range_lookup])
```

조건에 맞는 특정 값을 찾아주는 함수, H는 horizontal(가로)

look_value : 찾는 값

table_array : 찾을 범위

row_index_num : 범위에서 찾을 경우 이 값과 관련된 몇 번째 행의 값을 보여줄지 지정하는 번호

range_lookup : look_value에서 지정한 값을 찾을 때 옵션. FALSE(정확히 일치), TRUE(비슷하게 일치)

= HLOOKUP(D3, $B$14:$K$16, 3, TRUE)

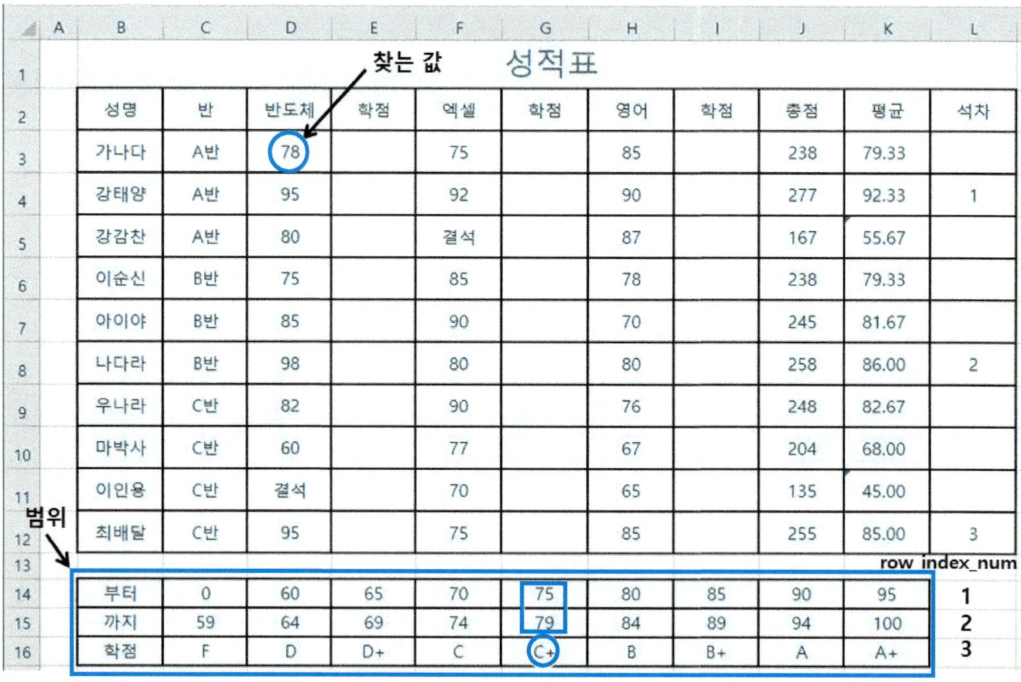

성적표

성명	반	반도체	학점	엑셀	학점	영어	학점	총점	평균	석차
가나다	A반	78		75		85		238	79.33	
강태양	A반	95		92		90		277	92.33	1
강감찬	A반	80		결석		87		167	55.67	
이순신	B반	75		85		78		238	79.33	
아이야	B반	85		90		70		245	81.67	
나다라	B반	98		80		80		258	86.00	2
우나라	C반	82		90		76		248	82.67	
마박사	C반	60		77		67		204	68.00	
이인용	C반	결석		70		65		135	45.00	
최배달	C반	95		75		85		255	85.00	3

부터	0	60	65	70	75	80	85	90	95
까지	59	64	69	74	79	84	89	94	100
학점	F	D	D+	C	C+	B	B+	A	A+

의미는 지정 범위($B$14:$K$16) 내에서 가나다 학생의 반도체 성적 78점에 가장 유사한 75~79점의 3번째 행에 값, 즉 C+를 찾아서 반환한다.

3 그러나 이인용 학생의 경우는 결석으로 인하여 학점 부분에 #N/A 로 표시된다. 이를 위해 다음과 같이 E4 셀에 입력한다.

=IF(D4="결석", "미응시", HLOOKUP(D4, $B$14:$B:$16, 3, TRUE))

조건: D4="결석" / 참: "미응시" / 거짓: HLOOKUP(D4, $B$14:$B:$16, 3, TRUE)

의미는 "D4 셀의 값이 "결석" 이면 "미응시" 로 그렇지 않으면 D4 셀에 있는 78점을 지정 범위($B$14:K$16)에서 유사한 값을 찾아서 3번째 행에 있는 값을 반환한다.

4 나머지 학점도 채워 넣어 보자.

성적표

성명	반	반도체	학점	엑셀	학점	영어	학점	총점	평균	석차
가나다	A반	78	C+	75	C+	85	B+	238	79.33	
강태양	A반	95	A+	92	A	90	A	277	92.33	1
강감찬	A반	80	B	결석	미응시	87	B+	167	33.40	
이순신	B반	75	C+	85	B+	78	C+	238	79.33	
아이야	B반	85	B+	90	A	70	C	245	81.67	
나다라	B반	98	A+	80	B	80	B	258	86.00	2
우나라	C반	82	B	90	A	76	C+	248	82.67	
마박사	C반	60	D	77	C+	67	D+	204	68.00	
이인용	C반	결석	미응시	70	C	65	D+	135	27.00	
최배달	C반	95	A+	75	C+	85	B+	255	85.00	3

부터	0	60	65	70	75	80	85	90	95
까지	59	64	69	74	79	84	89	94	100
학점	F	D	D+	C	C+	B	B+	A	A+

4.8 찾기/참조 함수 – VLOOKUP() 함수

1 아래 그림과 같은 내용을 작성한 후에 총점, 평균, 석차 부분을 다양한 함수를 사용하여 작성하시오.

성석표

성명	반	반도체	학점	엑셀	학점	영어	학점	총점	평균	석차
가나다	A반	78		75		85		238	79.33	
강태양	A반	95		92		90		277	92.33	1
강감찬	A반	80		결석		87		167	55.67	
이순신	B반	75		85		78		238	79.33	
아이야	B반	85		90		70		245	81.67	
나다라	B반	98		80		80		258	86.00	2
우나라	C반	82		90		76		248	82.67	
마박사	C반	60		77		67		204	68.00	
이인용	C반	결석		70		65		135	45.00	
최배달	C반	95		75		85		255	85.00	3

부터	까지	학점
0	59	F
60	64	D
65	69	D+
70	74	C
75	79	C+
80	84	B
85	89	B+
90	94	A
95	100	A+

2 N2 셀에서 P11 셀까지 있는 내용을 참조하여 학점을 표시하도록 하자. 이번에는 VLOOKUP( ) 함수를 사용한다.

E4 셀에 = VLOOKUP(D3, $N$2:$P$11, 3, TRUE)과 같이 입력한다.

=VLOOKUP(

VLOOKUP(**lookup_value**, table_array, col_index_num, [range_lookup])

조건에 맞는 특정 값을 찾아주는 함수, V는 vertical(세로)

look_value : 찾는 값

table_array : 찾을 범위

col_index_num : 범위에서 찾을 경우 이 값과 관련된 몇 번째 열의 값을 보여줄지 지정하는 번호

range_lookup : look_value에서 지정한 값을 찾을 때 옵션. FALSE(정확히 일치), TRUE(비슷하게 일치)

= VLOOKUP(D3, $N$2:$P$11, 3, TRUE)

의미는 가나다 학생의 반도체 성적 78점을 지정 범위($N$2:$P$11)에서 유사한 값을 찾아서 3번째 열에 있는 값을 반환한다.

찾는 값 성적표 **범위** **col_index_num 1 2 3**

성명	반	반도체	학점	엑셀	학점	영어	학점	총점	평균	석차		부터	까지	학점
가나다	A반	78		75		85		238	79.33			0	59	F
강태양	A반	95		92		90		277	92.33	1		60	64	D
강감찬	A반	80		결석		87		167	55.67			65	69	D+
이순신	B반	75		85		78		238	79.33			70	74	C
아이야	B반	85		90		70		245	81.67			75	79	C+
나다라	B반	98		80		80		258	86.00	2		80	84	B
우나라	C반	82		90		76		248	82.67			85	89	B+
마박사	C반	60		77		67		204	68.00			90	94	A
이인용	C반	결석		70		65		135	45.00			95	100	A+
최배달	C반	95		75		85		255	85.00	3				

3 그러나 이인용 학생의 경우 결석으로 인하여 학점 부분에 #N/A 로 표시된다. 이를 위해 다음과 같이 E3 셀에 입력한다.

=IF(D3="결석", "미응시", VLOOKUP(D3, $N$2:$P:$11, 3, TRUE))

조건 참 거짓

의미는 D3 셀의 값이 "결석" 이면 "미응시" 로 그렇지 않으면 D3 셀의 값 78점을 지정 범위($N$2:$P$11)에서 유사한 값을 찾아서 3번째 열에 있는 값으로 반환한다. 나머지 부분도 채워 넣어 보자.

성적표

성명	반	반도체	학점	엑셀	학점	영어	학점	총점	평균	석차
가나다	A반	78	C+	75	C+	85	B+	238	79.33	
강태양	A반	95	A+	92	A	90	A	277	92.33	1
강감찬	A반	80	B	결석	미응시	87	B+	167	33.40	
이순신	B반	75	C+	85	B+	78	C+	238	79.33	
아이야	B반	85	B+	90	A	70	C	245	81.67	
나다라	B반	98	A+	80	B	80	B	258	86.00	2
우나라	C반	82	B	90	A	76	C+	248	82.67	
마박사	C반	60	D	77	C+	67	D+	204	68.00	
이인용	C반	결석	미응시	70	C	65	D+	135	27.00	
최배달	C반	95	A+	75	C+	85	B+	255	85.00	3

부터	까지	학점
0	59	F
60	64	D
65	69	D+
70	74	C
75	79	C+
80	84	B
85	89	B+
90	94	A
95	100	A+

문제 3 재직증명서 만들기

1 아래 그림과 같은 [사원명부] 시트를 만드시오.

작성일 : 2018.6.23(토)

사원 명부

성명	주소	전화번호	주민번호	입사일자	생년월일	나이	재직기간	직급
가나다	서울시 종로구	010-2222-8888	700301-2468024	2009-11-04				대리
강태양	충청북도 흥덕구	010-3429-8889	621123-1234567	1987-10-02				전무
강감찬	전라남도 목포시	010-2672-8490	850125-1357913	2013-06-23				사원
이순신	강원도 태백시	010-8877-7891	651102-2345678	2014-04-04				사원
아이야	대구광역시 수성구	010-3344-9992	030602-4864222	2014-03-04				사원
나다라	충청북도 청원구	010-5566-4393	010228-3693693	2013-10-20				사원
우나라	경상북도 상주시	010-9876-2344	520313-1666666	1980-10-20				사장
마박사	충청북도 충주시	010-3456-6543	621010-1456789	2000-01-01				부장
이인용	서울시 동대문구	010-6543-9096	880203-2987654	2007-01-15				과장
최배달	충청남도 보령시	010-1234-6997	880304-1357913	2014-03-06				사원

2 아래 그림과 같이 생년월일, 나이, 재직기간을 함수를 사용하여 구하시오.

작성일 : 2018.6.23(토)

사원 명부								
성명	주소	전화번호	주민번호	입사일자	생년월일	나이	재직기간	직급
가나다	서울시 종로구	010-2222-8888	700301-2468024	2009-11-04	1970년 3월 1일	48	8년7개월19일	대리
강태양	충청북도 흥덕구	010-3429-8889	621123-1234567	1987-10-02	1962년 11월 23일	56	30년8개월21일	전무
강감찬	전라남도 목포시	010-2672-8490	850125-1357913	2013-06-23	1985년 1월 25일	33	5년	사원
이순신	강원도 태백시	010-8877-7891	651102-2345678	2014-04-04	1965년 11월 2일	53	4년2개월19일	사원
아이야	대구광역시 수성구	010-3344-9992	030602-4864222	2014-03-04	2003년 6월 2일	15	4년3개월19일	사원
나다라	충청북도 청원구	010-5566-4393	010228-3693693	2013-10-20	2001년 2월 28일	17	4년8개월3일	사원
우나라	경상북도 상주시	010-9876-2344	520313-1666666	1980-10-20	1952년 3월 13일	66	37년8개월3일	사장
마박사	충청북도 충주시	010-3456-6543	621010-1456789	2000-01-01	1962년 10월 10일	56	18년5개월22일	부장
이인용	서울시 동대문구	010-6543-9096	880203-2987654	2007-01-15	1988년 2월 3일	30	11년5개월8일	과장
최배달	충청남도 보령시	010-1234-6997	880304-1357913	2014-03-06	1988년 3월 4일	30	4년3개월17일	사원

3 [증명서] 시트를 만들어서 아래 그림과 같은 재직증명서를 작성하시오. 사원 이름을 적어 넣으면 주소, 주민등록번호, 전화번호 등 사각형으로 되어 있는 정보가 [사원명부] 시트에 있는 내용으로 자동 적용되도록 하시오.

9번째 행에 있는 = "상기인은" & TEXT(C9, "yyyy년 m월 d일") & " 당사에 입사하여 현재 재직 중에 있음을 증명합니다." 이 부분은 앞에서 배운 문자와 함수를 같이 사용하기에서 배운 내용을 적용하시오. TEXT( ) 함수를 같이 쓰면 될 것이다. 현재 날짜가 나오는 부분은 TODAY( ) 함수를 쓰면 된다.

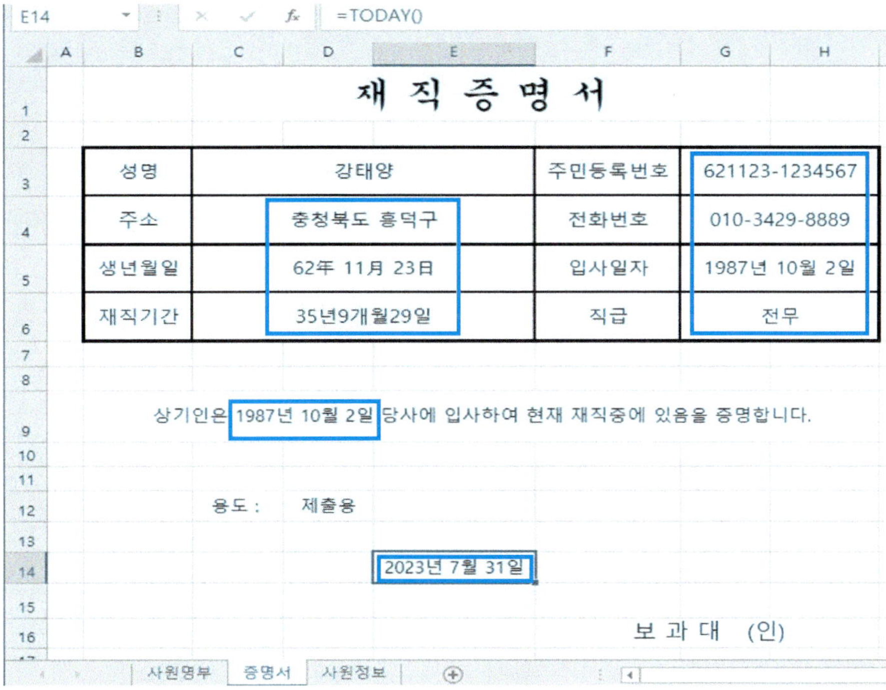

주민등록번호가 나올 셀에 다음과 같이 입력한다. 만약에 증명서 시트에서 C3 셀이 아무런 값도 없으면 공백을 그렇지 않으면 사원명부 시트의 범위 내에서 C3 셀에 있는 값과 정확히 일치하는 값 중에 4열에 해당하는 값을 찾아온다.

```
=IF(ISBLANK($C$3), " " , VLOOKUP($C$3, 사원명부!$B$4:$J$13, 4))
```

조건 / 참 / 거짓

입사일이나 근무기간에 날짜가 나와야 하는데 혹시나 숫자가 나왔다면 [셀서식]에서 [표시형식]을 날짜로 바꾸어 준다. 엑셀에서 날짜간의 차이를 구하는 방법은 기본적으로 뺄셈이고 엑셀은 1900년 1월 1일을 숫자 1로 시작해서 그 이후의 날짜를 숫자로 기억하고 있다.

4.9 찾기/참조 함수 – INDEX(), MATCH()

이번에는 찾기/참조 함수 중에 INDEX( ), MATCH( ) 함수에 대해 알아보자. INDEX( ) 함수, MATCH( ) 함수는 단독으로 사용하기에는 큰 의미가 없다. 대부분 두 함수를 중첩해서 사용한다.

1 아래 그림과 같이 작성하시오.

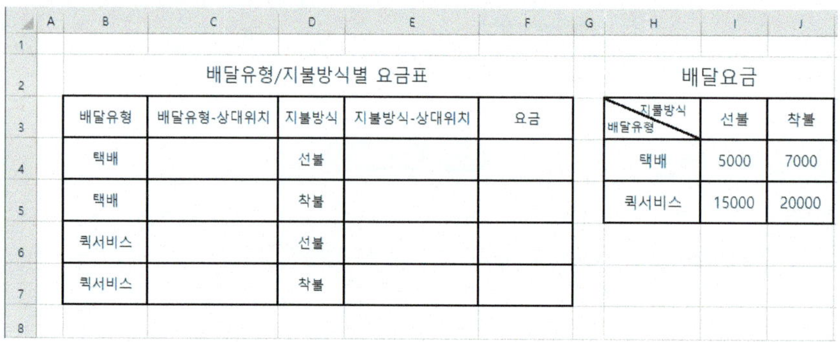

배달유형/지불방식별 요금표

배달유형	배달유형-상대위치	지불방식	지불방식-상대위치	요금
택배		선불		
택배		착불		
퀵서비스		선불		
퀵서비스		착불		

배달요금

배달유형＼지불방식	선불	착불
택배	5000	7000
퀵서비스	15000	20000

2 배달유형/지불방식별 요금표의 요금은 배달요금 테이블을 참조해서 가져오려고 한다. 먼저 MATCH( ) 함수를 사용하여 테이블에서 특정 값의 위치를 찾아보자. C4 셀에 = MATCH(B4, $H$4:$H$5, 0)와 같이 입력하자.

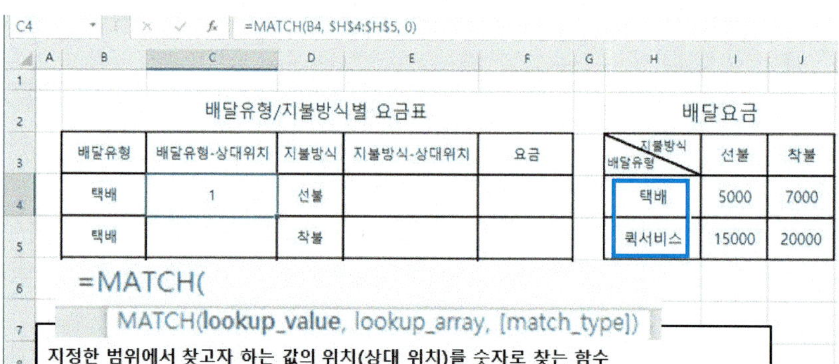

지정한 범위에서 찾고자 하는 값의 위치(상대 위치)를 숫자로 찾는 함수

lookup_value : 찾는 값

lookup_array : 범위

match_type : 찾을 옵션, 생략 가능, 생략하거나 0이면 정확히 일치

= MATCH(B4, $H$4:$H$5, 0)

➔ B4셀에 있는 "택배" 값은 범위 H4:H5에서 몇 번째. 결과값은 1

B4 셀에 있는 값을 범위(H4:H5) 내에서 정확히 일치하는 값이 몇 번째 있는지 찾고 찾을 위치 값을 반환한다. 첫 번째에 "택배" 가 있으므로 결과 값은 1이다.

3 E4 셀에는 = MATCH(D4, $I$3:$J$3, 0)와 같이 입력하자.

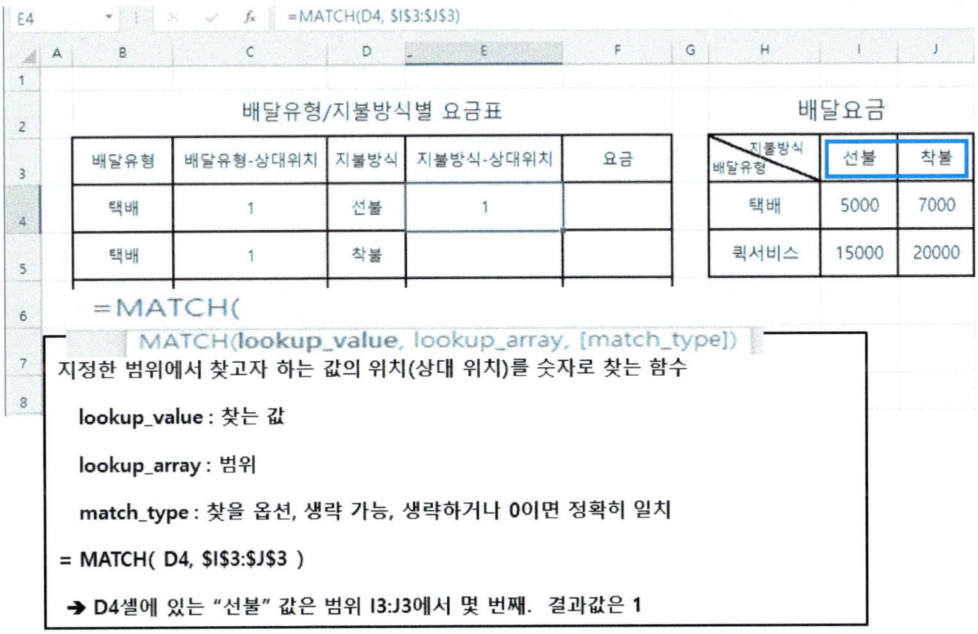

4 이제 배달요금 테이블에서 배달요금을 찾아보자.
F4 셀에 = INDEX($I$4:$J$5, C4, E4)와 같이 입력하자.

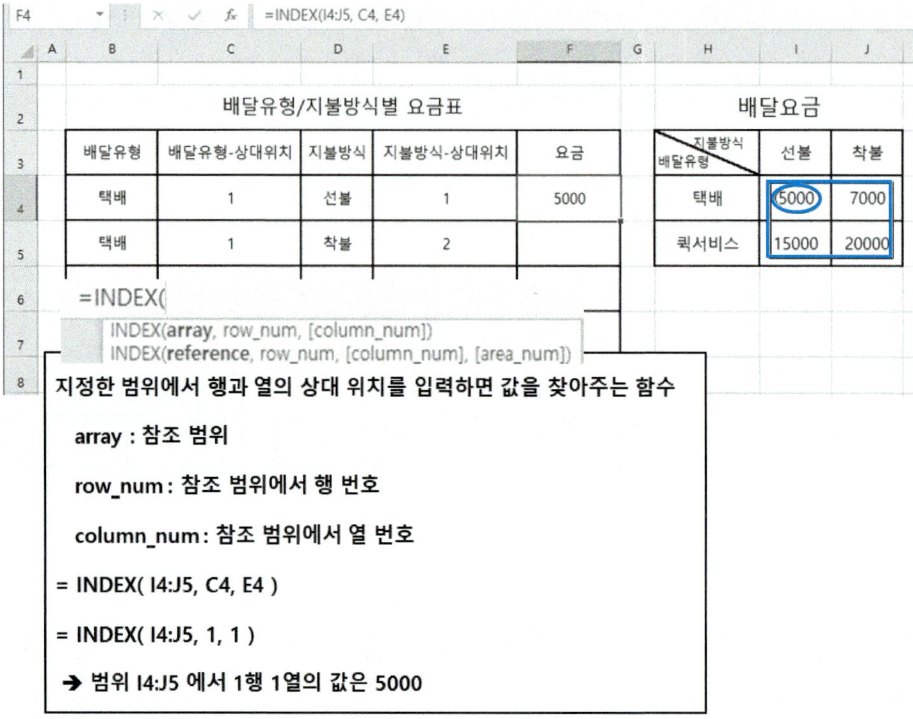

5 이제 INDEX( )와 MATCH( ) 함수를 중첩해서 바로 작성 하겠다. F5 셀에 다음과 같이 입력하자.

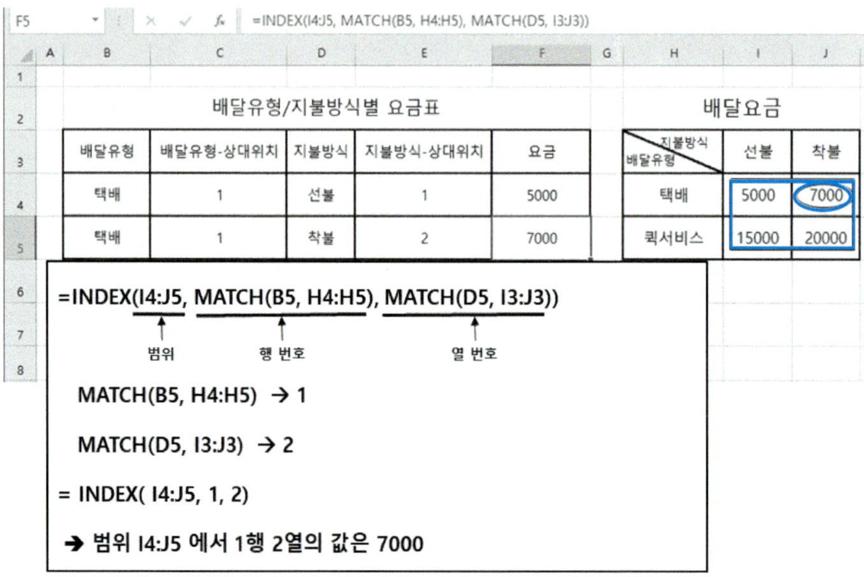

4.10 찾기/참조 함수
VLOOKUP()과 INDEX(), MATCH() 함수 비교

찾기/참조 함수에 해당하는 VLOOKUP( ), INDEX( ), MATCH( ) 함수는 모두 특정 값 또는 조건에 맞는 데이터를 범위 영역에서 찾아오는 함수이다.

하지만 어떤 경우에 VLOOKUP( ) 함수를 사용하고 또는 INDEX( ), MATCH( ) 함수를 사용해야 하는지 구분이 안 되는 경우가 있다.

1 아래 그림과 같이 작성하시오.

사원 명부								
성명	주소	전화번호	주민번호	입사일자	생년월일	나이	재직기간	직급
가나다	서울시 종로구	010-2222-8888	700301-2468024	2009-11-04	1970년 3월 1일	48	8년7개월22일	대리
강태양	충청북도 홍덕구	010-3429-8889	621123-1234567	1987-10-02	1962년 11월 23일	56	30년8개월24일	전무
강감찬	전라남도 목포시	010-2672-8490	850125-1357913	2013-06-23	1985년 1월 25일	33	5년3일	사원
이인용	서울시 동대문구	010-6543-9096	880203-2987654	2007-01-15	1988년 2월 3일	30	11년5개월11일	과장
최배달	충청남도 보령시	010-1234-6997	880304-1357913	2014-03-06	1988년 3월 4일	30	4년3개월20일	사원

VLOOKUP 함수					

INDEX, MATCH함수							

2 먼저 VLOOKUP( ) 함수를 이용하여 주민번호로 입사일자, 생년월일, 나이 재직기간, 직급을 찾아보자. VLOOKUP( ) 함수를 이용하면 성명, 주소, 전화번호는 구할 수 없다.

VLOOKUP( ) 함수는 범위의 첫 열에서 값을 검색하여 지정한 열의 값을 찾기 때문이다. 즉, 범위에서 일치하는 주민번호를 찾았다면 그 오른쪽에 있는 열의 값을 찾아오는 함수가 VLOOKUP( ) 함수이다.

D10 셀에 = VLOOKUP(E4, E4:J8, 2, FALSE)과 같이 입력하자.
의미는 E4~J8 셀 범위 내에서 E4 셀의 주민번호 값과 정확히 일치하는 값을 찾아서 그 위치로부터 오른쪽으로 2번째 열의 값을 읽어온다.

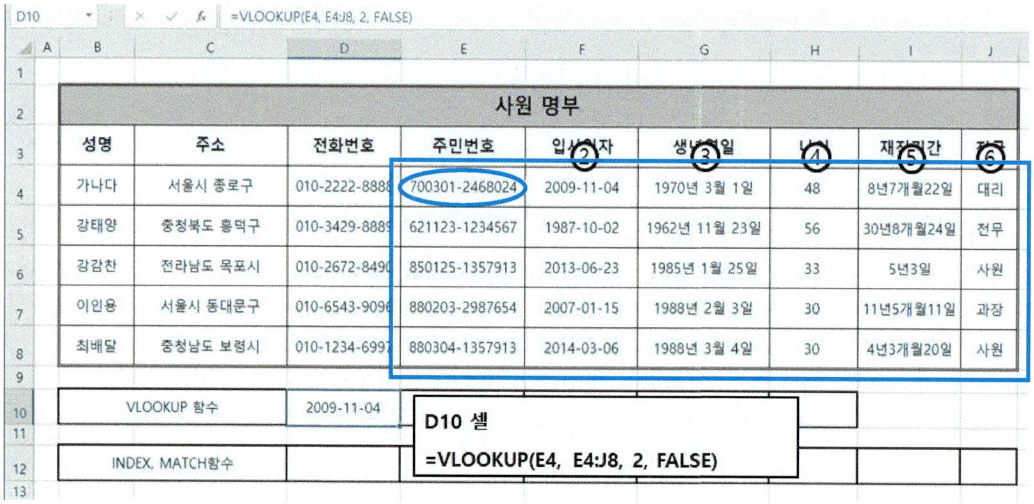

D10 =VLOOKUP(E4, E4:J8, 2, FALSE)

사원 명부								
성명	주소	전화번호	주민번호	입사일자	생년월일	나이	재직기간	직급
가나다	서울시 종로구	010-2222-8888	700301-2468024	2009-11-04	1970년 3월 1일	48	8년7개월22일	대리
강태양	충청북도 흥덕구	010-3429-8889	621123-1234567	1987-10-02	1962년 11월 23일	56	30년8개월24일	전무
강감찬	전라남도 목포시	010-2672-8490	850125-1357913	2013-06-23	1985년 1월 25일	33	5년3일	사원
이인용	서울시 동대문구	010-6543-9096	880203-2987654	2007-01-15	1988년 2월 3일	30	11년5개월11일	과장
최배달	충청남도 보령시	010-1234-6997	880304-1357913	2014-03-06	1988년 3월 4일	30	4년3개월20일	사원
VLOOKUP 함수		2009-11-04						
INDEX, MATCH함수								

E10, F10, G10, H10 셀에 아래 그림과 같이 입력하자.

E10 셀

=VLOOKUP(E4, E4:J8, 3, FALSE)

F10 셀

=VLOOKUP(E4, E4:J8, 4, FALSE)

G10 셀

=VLOOKUP(E4, E4:J8, 5, FALSE)

H10 셀

=VLOOKUP(E4, E4:J8, 6, FALSE)

3 INDEX( ), MATCH( ) 함수는 주민번호에 맞는 행과 열이 일치하는 값을 구하기 때문에 주민번호의 왼쪽이든 오른쪽이든 방향에 구애받지 않고 값을 찾아올 수 있다.

D12 셀에 = INDEX(B4:J8, MATCH(E4, E4:E8), 1)과 같이 입력하자.
의미는 E4~J8 셀 범위 내에서 E4 셀의 주민번호 값과 정확히 일치하는 값을 찾아서 1행 1열에 있는 값을 읽어온다.

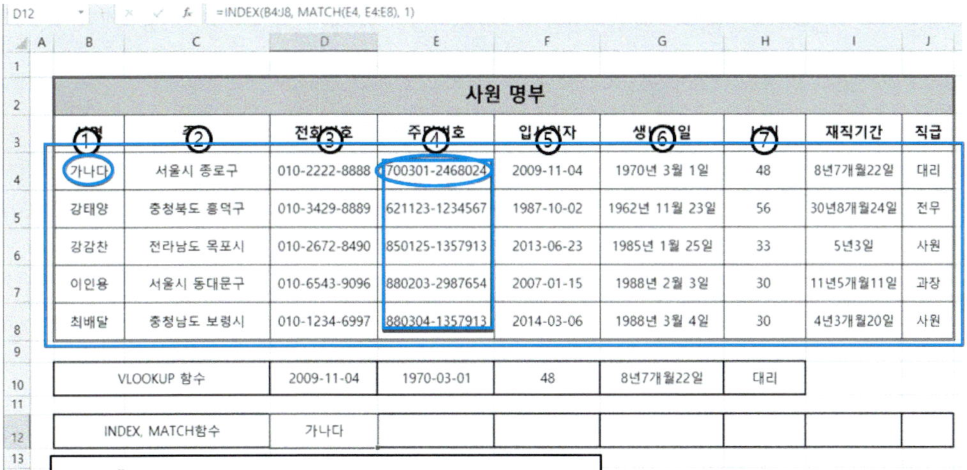

D12 =INDEX(B4:J8, MATCH(E4, E4:E8), 1)

사원 명부								
성명	주소	전화번호	주민번호	입사일자	생년월일	나이	재직기간	직급
가나다	서울시 종로구	010-2222-8888	700301-2468024	2009-11-04	1970년 3월 1일	48	8년7개월22일	대리
강태양	충청북도 흥덕구	010-3429-8889	621123-1234567	1987-10-02	1962년 11월 23일	56	30년8개월24일	전무
강감찬	전라남도 목포시	010-2672-8490	850125-1357913	2013-06-23	1985년 1월 25일	33	5년3일	사원
이인용	서울시 동대문구	010-6543-9096	880203-2987654	2007-01-15	1988년 2월 3일	30	11년5개월11일	과장
최배달	충청남도 보령시	010-1234-6997	880304-1357913	2014-03-06	1988년 3월 4일	30	4년3개월20일	사원

VLOOKUP 함수	2009-11-04	1970-03-01	48	8년7개월22일	대리		
INDEX, MATCH함수	가나다						

D12 셀

=INDEX(B4:J8, MATCH(E4, E4:E8), 1)

MATCH(E4, E4:E8)

→ E4셀에 있는 값은 범위 E4:E8에서 몇 번째. 결과값은 1

=INDEX(B4:J8, 1, 1)

→ 범위 B4:J8에서 1행 1열의 값은 가나다

E12, F12, G12, H12, I12, J12 셀에 아래 그림과 같이 입력하자.

E12 셀

=INDEX(B4:J8, MATCH(E4, E4:E8), 2)

F12 셀

=INDEX(B4:J8, MATCH(E4, E4:E8), 3)

G12 셀

=INDEX(B4:J8, MATCH(E4, E4:E8), 4)

H12 셀

=INDEX(B4:J8, MATCH(E4, E4:E8), 5)

I12 셀

=INDEX(B4:J8, MATCH(E4, E4:E8), 6)

J12 셀

=INDEX(B4:J8, MATCH(E4, E4:E8), 7)

4.11 주문서(견적서) 만들기 - 데이터 유효성 검사

위에 배운 VLOOKUP( ), MATCH( ), INDEX( ) 함수를 응용한 만든 참조하여 주문계산을 할 수 있도록 만들어보자. 또한 상품명을 직접 입력하는 것보다 정해진 상품명에서 바로 선택할 수 있게 해보자. 이를 위해 엑셀에서 제공하는 기능이 데이터 유효성 검사 기능이다. 데이터 유효성 검사란 데이터를 입력할 때 정확한 데이터만 입력할 수 있도록 입력을 제한하는 기능이다.

1 아래 그림과 같이 주문서 시트를 작성하시오.

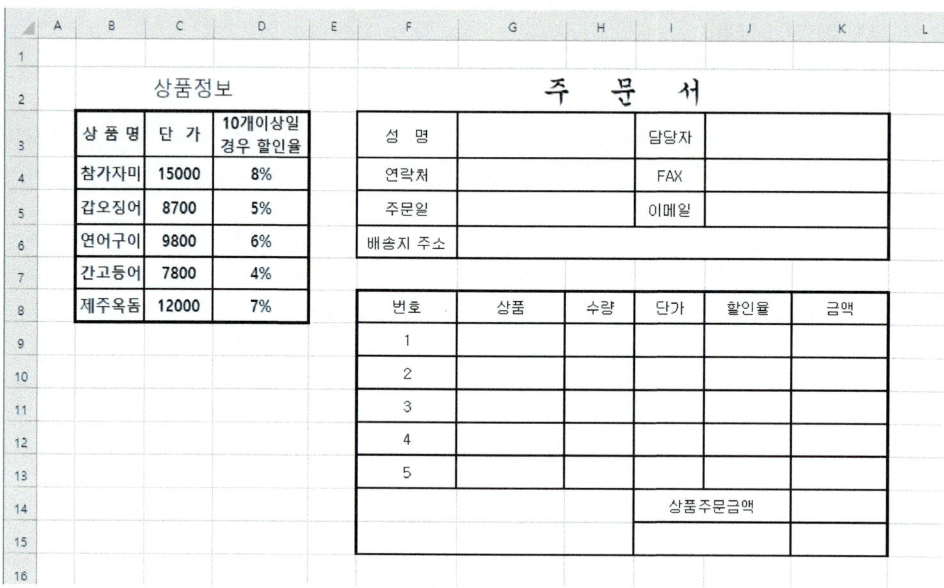

2 G9 셀에 마우스를 클릭하고 [데이터] 메뉴 탭 → [데이터 도구] 그룹 → [데이터 유효성 검사]를 클릭한다. 오른쪽 그림과 같은 [데이터 유효성] 대화상자에서 [설정] → [제한대상(A):]을 [목록]으로 설정하고 [원본(S):]은 B4 ~ B8 셀까지 드래그하고 확인 버튼을 클릭한다.

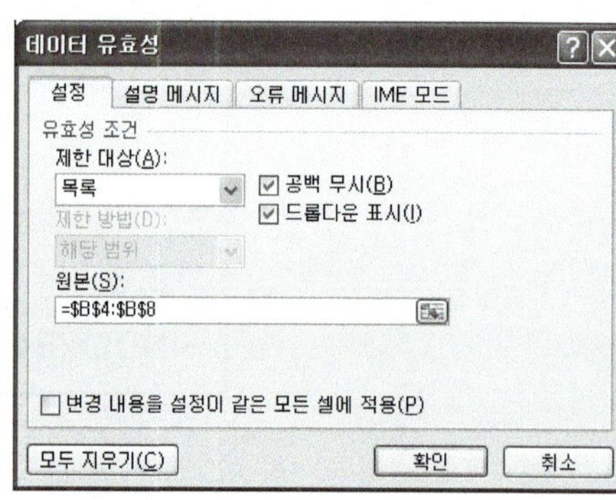

3 상품명을 입력하기 위해서 G9 셀을 클릭하면 드롭다운 버튼이 생성되어서 항목이 나타날 것이다. 이젠 상품을 선택하기만 하면 된다.

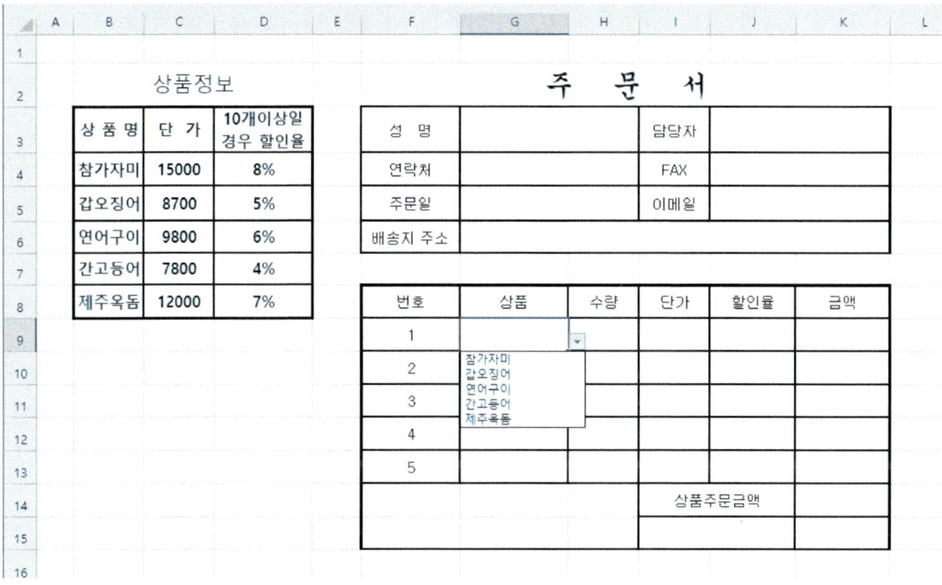

4 상품정보 테이블에서 "흑산홍어" 상품을 새롭게 추가한 후에 주문서에서 상품의 드롭다운 목록을 클릭하면 자동으로 추가생성이 되지 않는다.

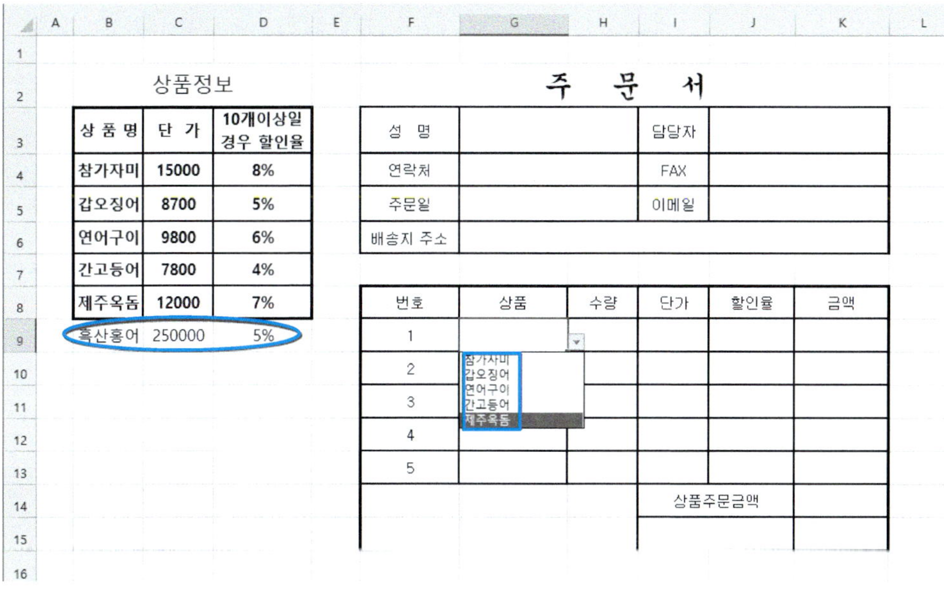

5 상품정보가 변동될 때 드롭다운 목록도 자동으로 생성되게 하는 방법을 알아보자. OFFSET( ) 함수를 사용해 보자. 주문서 시트의 G9 셀에서 [데이터 유효성 검사]를 클릭하고 [원본(S):]에 = OFFSET($B$1, 3, 0, COUNTA($B:$B) – 2, 1)와 같이 입력한다. 의미는 아래 그림과 같다.

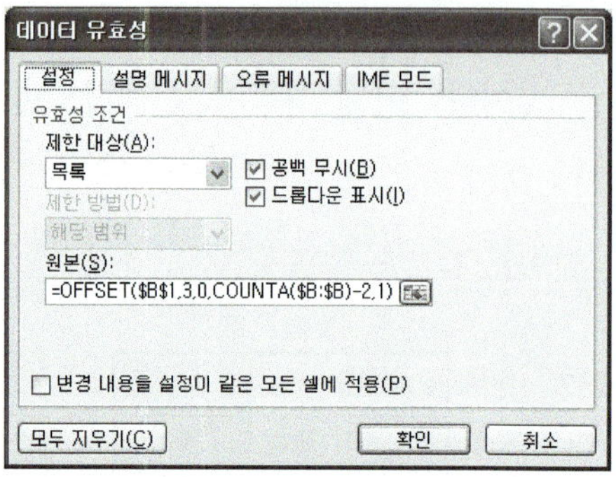

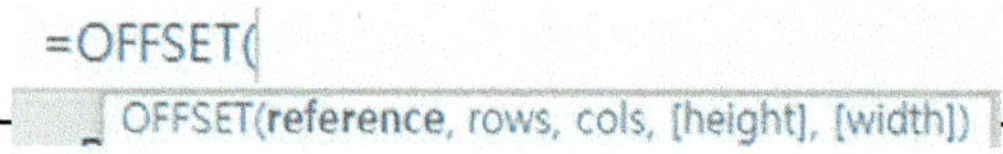

특정 기준을 정하고 어느 거리만큼 떨어진 셀의 데이터값을 구하는 함수

- **reference : 기준 셀(시작점)**
- **rows : 아래로 이동할 칸수**
- **cols : 오른쪽으로 이동할 칸수**
- **height : 현재 위치에서 아래로 포함할 행의 수**
- **width : 현재 위치에서 오른쪽으로 포함할 행의 수**

=OFFSET($B$1, 3, 0, COUNTA($B:$B) - 2, 1)

COUNTA($B:$B) → B열에서 공백이 없는 셀의 개수 8

=OFFSET($B$1, 3, 0, 8 - 2, 1)

=OFFSET($B$1, 3, 0, 6, 1)

→ B1셀을 기준으로 아래로 3행, 오른쪽으로 이동하지 않고 6행, 1열을 가져옴

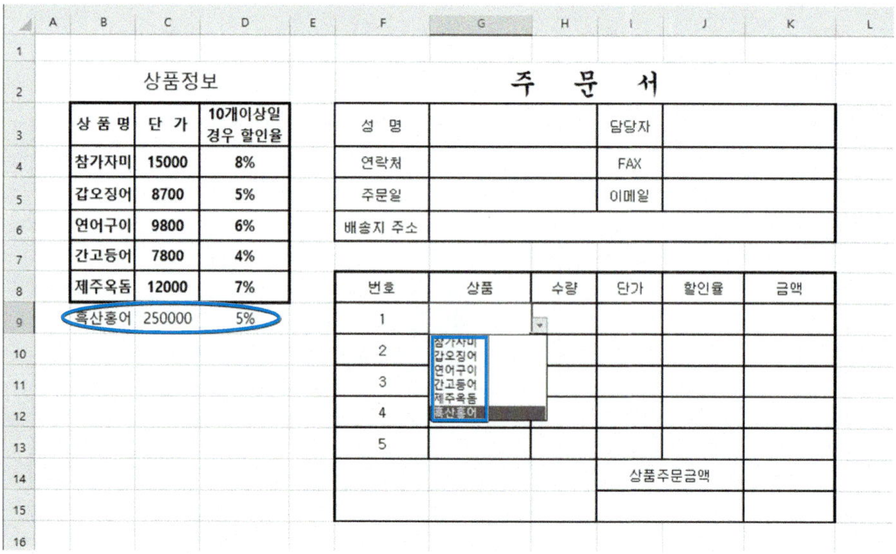

6 드롭다운 목록에 새롭게 추가되는 상품이 등록되었다. 그러나 아직까지는 드롭다운 목록에서 새롭게 추가된 상품 목록을 선택했을 때 그 상품에 맞는 단가와 할인율이 나오지는 않는다.

먼저 단가가 나올 수 있도록 해보자. I9 셀을 클릭하고 = VLOOKUP(G9, OFFSET($B$1, 3, 0, COUNTA($B:$B) - 2, 2), 2, FALSE)과 같이 입력하자.

이때 VLOOKUP( ) 함수에서 사용한 범위가 고정적이지 않고 유동적이기 때문에 상품정보가 추가될 때마다 바꿔주어야 한다. 여기서는 OFFSET( ) 함수를 사용하였다. 아래 그림을 보면서 잘 해석해 보자.

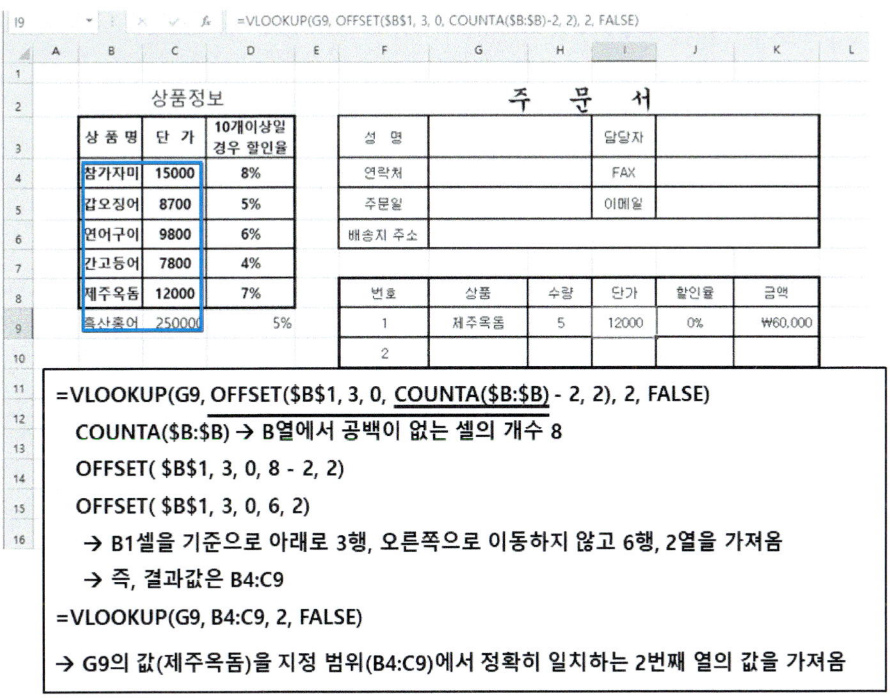

7 드롭다운 목록에서 새롭게 추가된 상품 목록을 선택했을 때 그 상품에 맞는 단가는 나오지만 아직까지 할인율이 나오지는 않는다.

이제 할인율이 나올 수 있도록 J9 셀을 클릭하고 아래 그림과 같이 입력하자.

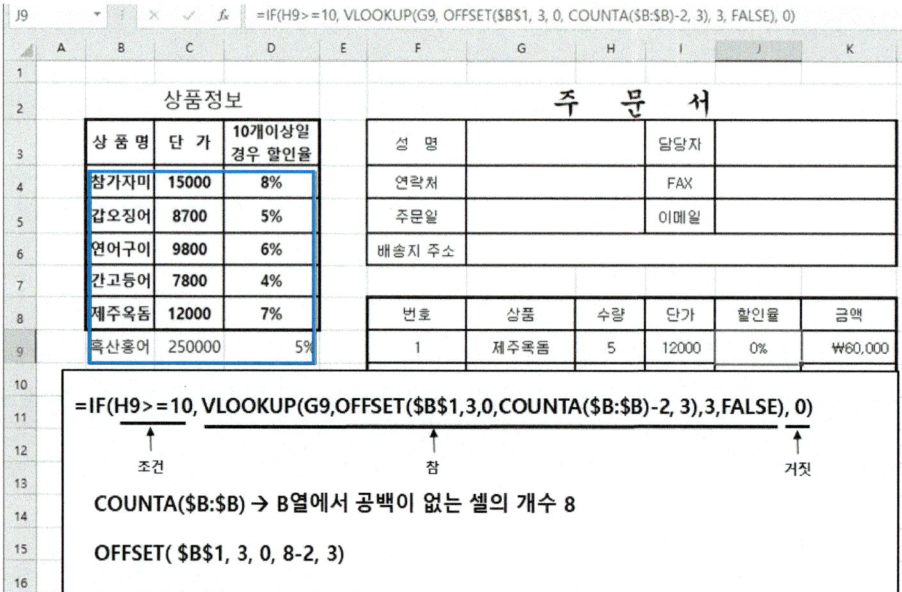

=IF(H9>=10, VLOOKUP(G9,OFFSET($B$1,3,0,COUNTA($B:$B)-2, 3),3,FALSE), 0)

조건 (H9>=10) / 참 (VLOOKUP(G9,OFFSET($B$1,3,0,COUNTA($B:$B)-2, 3),3,FALSE)) / 거짓 (0)

COUNTA($B:$B) → B열에서 공백이 없는 셀의 개수 8

OFFSET($B$1, 3, 0, 8-2, 3)

OFFSET($B$1, 3, 0, 6, 3)

→ B1셀을 기준으로 아래로 3행, 오른쪽으로 이동하지 않고 6행, 3열을 가져옴

→ 즉, 결과값은 B4:D9

=IF(H9>=10, VLOOKUP(G9, B4:D9, 3, FALSE), 0)

→ 만약에 H9의 값이 10보다 크거나 같으면

G9의 값(제주옥돔)을 지정 범위(B4:D9)에서 정확히 일치하는 3번 째 열의 값을 가져옴

그렇지 않으면(작으면) 0을 반환함

8 K9 셀에 금액을 계산하는 수식을 작성한다. 주문요금은 단가*수량*(할인율)인데 이를 수식으로 표현하면 다음과 같다.

=H9 * I9 * (1–J9)

9 K14 셀에 상품주문 금액을 구해보자.

10 아래 그림과 같이 옵션 단추를 사용하여 주문서를 만들어보자. 옵션단추는 [개발도구] 메뉴 탭이 있어야 한다. 혹시 [개발도구] 메뉴 탭이 존재하지 않으면 엑셀 메뉴에서 [파일] 메뉴 클릭 후 왼쪽 하단에 [옵션]을 클릭하고 [리본 사용자 지정] 클릭 후 [개발도구]를 체크하고 확인 버튼을 클릭한다.

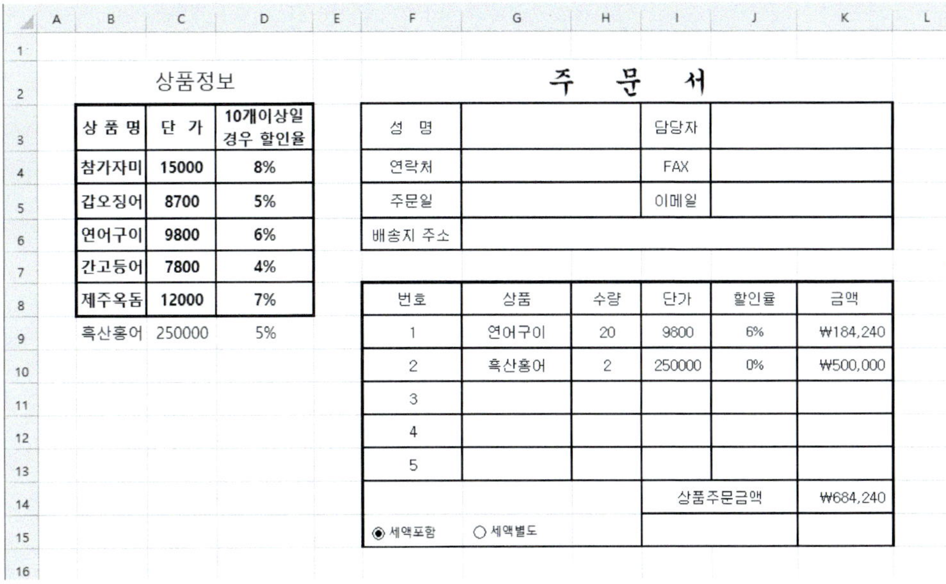

11 [개발도구] 메뉴 탭 → [컨트롤] 그룹 → [삽입]을 클릭하고 옵션단추를 드래그해서 원하는 위치에 만들어주고 오른쪽 마우스를 클릭하고 [컨트롤 서식]을 클릭하여라. 아래 그림과 같은 [컨트롤 서식] 대화상자가 나타난다.

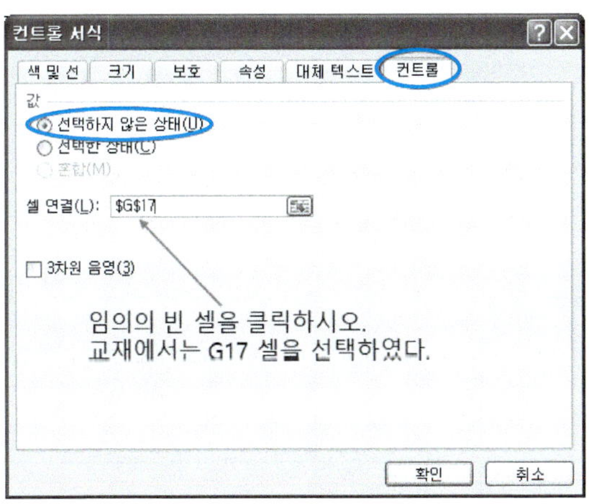

12 옵션단추를 선택한 후에 복사([Ctrl] + C)를 하고 붙여넣기([Ctrl] + V)를 해서 하나를 더 만들자. 옵션단추를 선택한 후에 오른쪽 마우스를 클릭하여 [텍스트 편집]을 선택하고 그림과 같이 "세액포함", "세액별도"로 수정하자.

13 세액포함을 클릭하면 위에서 셀 연결에 설정한 G17 셀의 값이 1이 되고, 세액별도를 클릭하면 2가 된다.

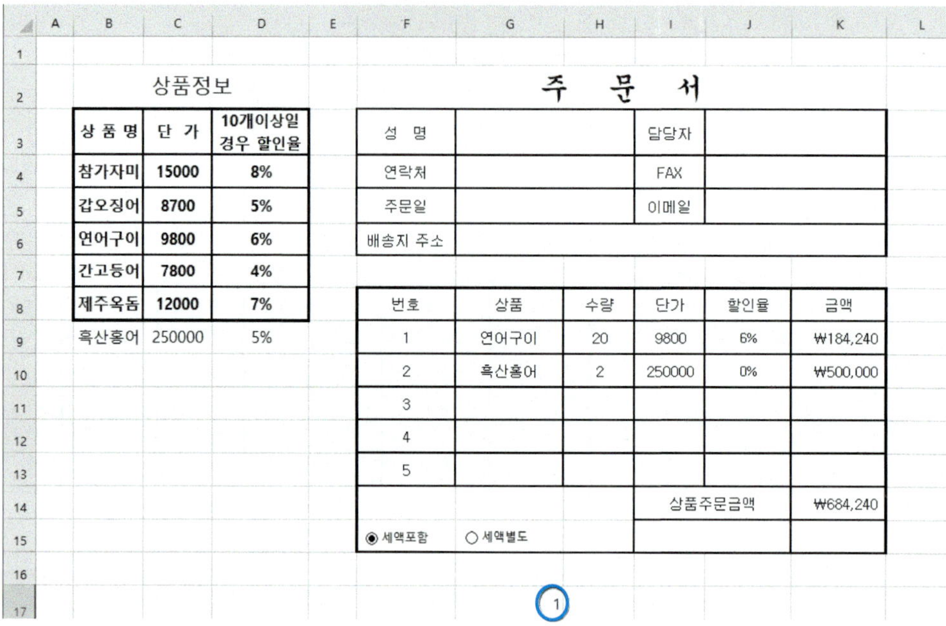

14 I15 셀에 다음과 같이 입력하자. 만약에 세액포함 옵션단추를 클릭하여 G17 셀의 값이 1이 되면 "합계금액(세액포함)" 이 나타나고 아니면 "합계금액(세액별도)" 가 나타난다.

= IF(G17=1, "합계금액(세액포함)", "합계금액(세액별도)")

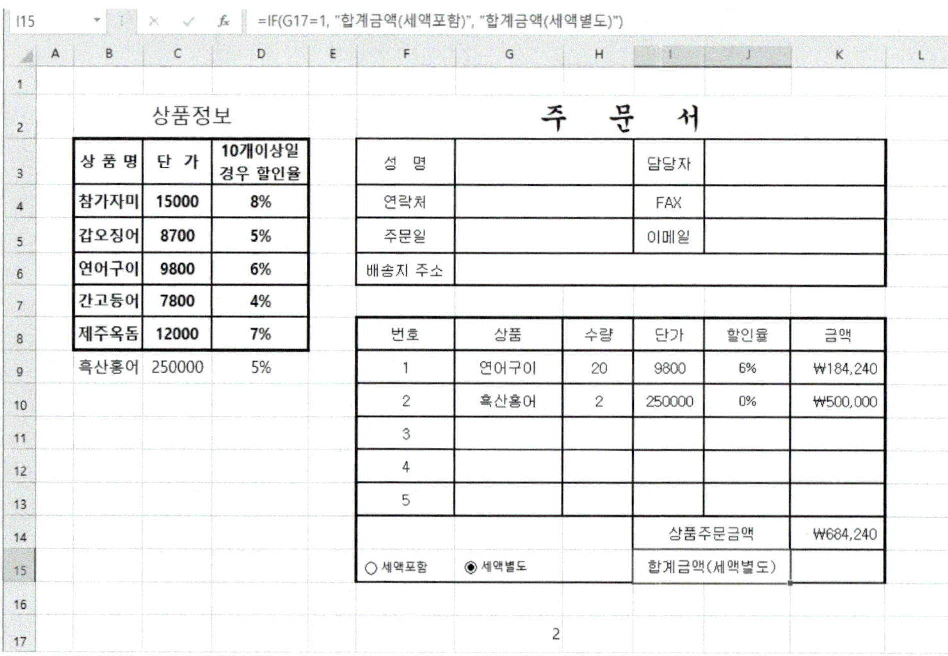

15 K15 셀에 다음과 같이 입력하자. 만약에 세액별도 옵션단추를 클릭하여 G17 셀의 값이 2가 되면 상품주문금액이 그대로 나타나고, 아니면 상품주문금액 + 세액을 하면 된다. 세액은 상품주문금액의 10%를 적용하였다.

= IF(G17=2, K14, K14 + (K14/10))

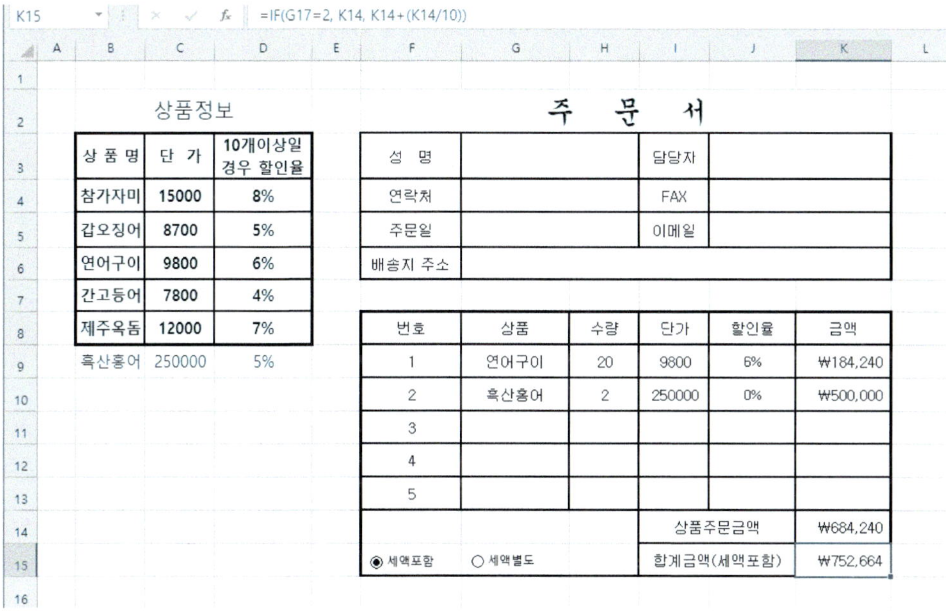

16 이제 G17 셀의 선택번호가 안보이게 하자. 셀을 선택하고 [셀 서식] 대화상자에서 [글꼴]의 색을 흰색으로 설정하자.

4.12 데이터베이스 함수 DSUM(), DAVERAGE(), DMAX(), DMIN() 등

데이터베이스 함수들은 데이터 요건에 적합한 데이터베이스로부터 각각의 함수를 사용하여 조건에 맞는 결과를 구할 때 사용한다. 데이터베이스는 레코드, 필드, 필드이름으로 구성되며 레코드와 필드의 값들은 같은 형식의 값이어야 한다.

엑셀에서 제공하는 데이터베이스의 기본 구성요소와 개념을 알기 위해 아래 그림으로 설명하겠다. 먼저 데이터베이스는 구성요소인 필드, 필드이름, 레코드로 구성된다.

데이터베이스 구성요소

필드 이름(Field Name)

: 각 필드를 구분할 수 있는 필드의 이름을 의미

데이터베이스의 첫 행에는 반드시 필드 이름이 있어야 함

레코드(Record)

: 하나 이상의 필드로 구성된 데이터 행을 의미

필드(Field)

: 레코드를 구성하는 데이터의 열을 의미

필드가 데이터로서 의미를 가지기 위해서는 같은 형식의 데이터들이 입력되어야 함

예) 점수가 입력되어야 하는데 날짜가 입력되면 데이터로써 의미가 없음

아래 그림과 같이 데이터베이스(원본데이터)가 존재하고 시트 아래에 조건에 적합한 데이터를 구하기 위해서 반드시 조건범위가 있어야 한다.

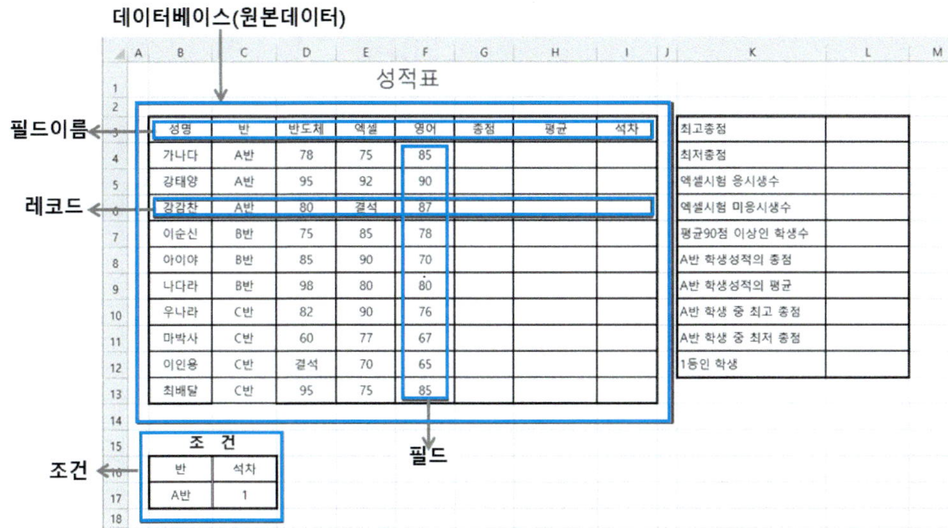

성명	반	반도체	엑셀	영어	총점	평균	석차
가나다	A반	78	75	85			
강태양	A반	95	92	90			
강감찬	A반	80	결석	87			
이순신	B반	75	85	78			
아이야	B반	85	90	70			
나다라	B반	98	80	80			
우나라	C반	82	90	76			
마박사	C반	60	77	67			
이인용	C반	결석	70	65			
최배달	C반	95	75	85			

최고총점	
최저총점	
엑셀시험 응시생수	
엑셀시험 미응시생수	
평균90점 이상인 학생수	
A반 학생성적의 총점	
A반 학생성적의 평균	
A반 학생 중 최고 총점	
A반 학생 중 최저 총점	
1등인 학생	

조 건

반	석차
A반	1

엑셀에서 제공하는 데이터베이스 함수들을 정리하면 다음과 같다.

=데이터베이스함수이름(database, field, criteria)

database : 필드 이름과 데이터로 구성되어 있는 셀 범위를 지정

field : 계산을 수행하고자 하는 필드(열)의 번호, database 범위에서 몇 번째 열)

criteria : 필드 이름과 조건으로 구성되어 있는 범위

DSUM : 합계 **DAVERAGE : 평균** **DCOUNT : 숫자의 개수**

DCOUNTA : 비어있지 않은 셀의 개수 **DGET : 레코드 하나를 추출해서 필드값을 구함**

DMAX : 최대값 **DMIN : 최소값** **DPRODUCT : 곱**

DSTDEV : 표본 집단의 표준편차 **DSTDEVP : 전체 모집단의 표준편차**

DVAR : 표본 집단의 분산 **DVARP : 전체 모집단의 분산**

1 아래 그림과 같이 데이터를 입력하시오.

성적표

성명	반	반도체	엑셀	영어	총점	평균	석차
가나다	A반	78	75	85			
강태양	A반	95	92	90			
강감찬	A반	80	결석	87			
이순신	B반	75	85	78			
아이야	B반	85	90	70			
나다라	B반	98	80	80			
우나라	C반	82	90	76			
마박사	C반	60	77	67			
이인용	C반	결석	70	65			
최배달	C반	95	75	85			

최고총점	
최저총점	
엑셀시험 응시생수	
엑셀시험 미응시생수	
평균90점 이상인 학생수	
A반 학생성적의 총점	
A반 학생성적의 평균	
A반 학생 중 최고 총점	
A반 학생 중 최저 총점	
1등인 학생	

조 건

반	석차
A반	1

2 4.1절에서 배운 다양한 함수를 사용하여 아래 그림과 같이 작성하시오.

성적표

성명	반	반도체	엑셀	영어	총점	평균	석차
가나다	A반	78	75	85	238	79.33	
강태양	A반	95	92	90	277	92.33	1
강감찬	A반	80	결석	87	167	55.67	
이순신	B반	75	85	78	238	79.33	
아이야	B반	85	90	70	245	81.67	
나다라	B반	98	80	80	258	86.00	2
우나라	C반	82	90	76	248	82.67	
마박사	C반	60	77	67	204	68.00	
이인용	C반	결석	70	65	135	45.00	
최배달	C반	95	75	85	255	85.00	3

최고총점	277
최저총점	135
엑셀시험 응시생수	9
엑셀시험 미응시생수	1
평균90점 이상인 학생수	1
A반 학생성적의 총점	
A반 학생성적의 평균	
A반 학생 중 최고 총점	
A반 학생 중 최저 총점	
1등인 학생	

조 건

반	석차
A반	1

3 DSUM( ) 함수는 데이터베이스 영역 내의 특정 필드의 합계를 구하되 주어진 조건에 일치하는 데이터만 찾아서 합계를 계산한다. 주어진 데이터베이스 영역은 반드시 각 열의 제목을 포함하여야 하고 주어진 조건도 열 제목을 포함시켜야 한다.

L8 셀에 A반 학생 성적의 총점을 구하기 위해 DSUM( ) 함수를 사용하며, L8 셀에 =DSUM(B3:I13, 6, B16:B17)과 같이 입력한다. 입력된 데이터 중에 '6' 대신에 'G3'을 입력해도 된다.

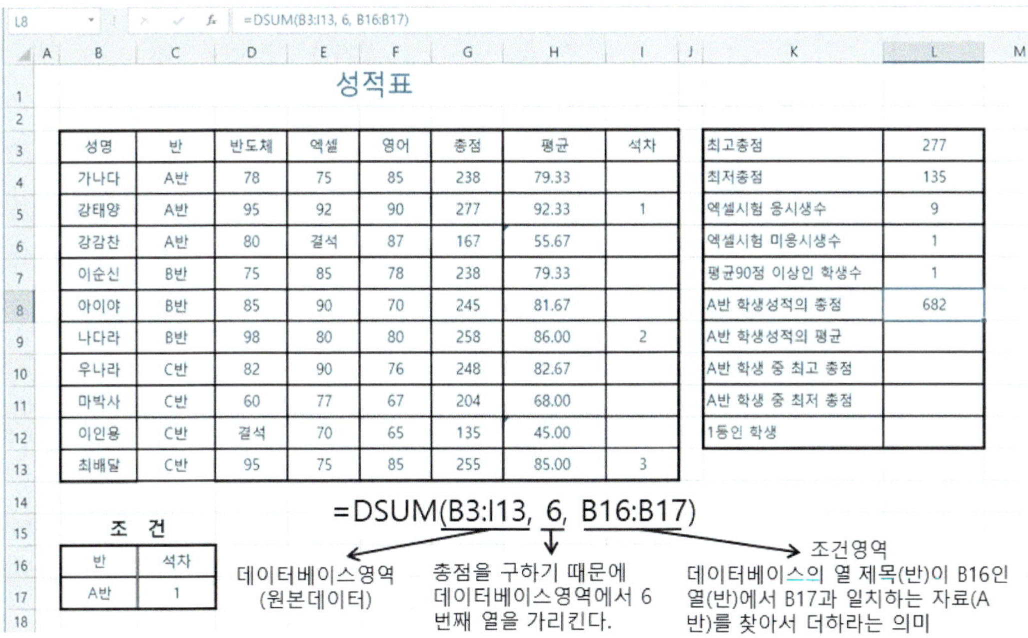

L8 =DSUM(B3:I13, 6, B16:B17)

성적표

성명	반	반도체	엑셀	영어	총점	평균	석차
가나다	A반	78	75	85	238	79.33	
강태양	A반	95	92	90	277	92.33	1
강감찬	A반	80	결석	87	167	55.67	
이순신	B반	75	85	78	238	79.33	
아이야	B반	85	90	70	245	81.67	
나다라	B반	98	80	80	258	86.00	2
우나라	C반	82	90	76	248	82.67	
마박사	C반	60	77	67	204	68.00	
이인용	C반	결석	70	65	135	45.00	
최배달	C반	95	75	85	255	85.00	3

최고총점	277
최저총점	135
엑셀시험 응시생수	9
엑셀시험 미응시생수	1
평균90점 이상인 학생수	1
A반 학생성적의 총점	682
A반 학생성적의 평균	
A반 학생 중 최고 총점	
A반 학생 중 최저 총점	
1등인 학생	

조 건

반	석차
A반	1

4 DAVERAGE( ) 함수는 데이터베이스 영역내의 특정 필드의 평균을 구하되 주어진 조건에 일치하는 데이터만 찾아서 계산한다. 주어진 데이터베이스 영역은 반드시 각 열의 제목을 포함하여야 하고 주어진 조건도 열 제목을 포함시켜야 한다.

L9 셀에 A반 학생 성적의 평균을 구하기 위해 DAVERAGE( ) 함수를 사용하며, L9 셀에 다음과 같이 입력한다.

=DAVERAGE(B3:I13, 7, B16:B17)

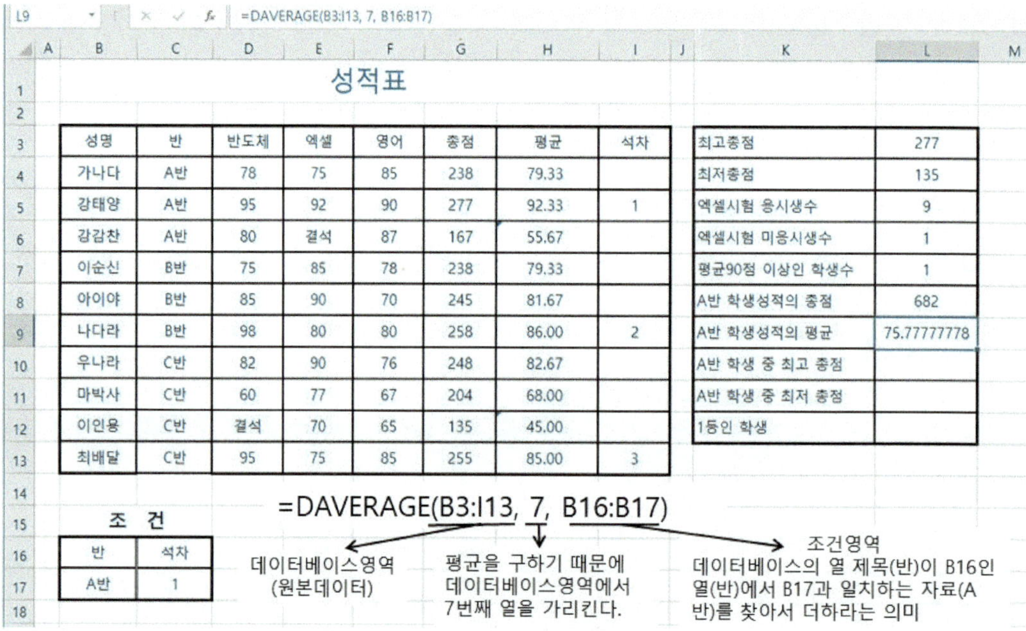

L9 =DAVERAGE(B3:I13, 7, B16:B17)

성적표

성명	반	반도체	엑셀	영어	총점	평균	석차
가나다	A반	78	75	85	238	79.33	
강태양	A반	95	92	90	277	92.33	1
강감찬	A반	80	결석	87	167	55.67	
이순신	B반	75	85	78	238	79.33	
아이야	B반	85	90	70	245	81.67	
나다라	B반	98	80	80	258	86.00	2
우나라	C반	82	90	76	248	82.67	
마박사	C반	60	77	67	204	68.00	
이인용	C반	결석	70	65	135	45.00	
최배달	C반	95	75	85	255	85.00	3

최고총점	277
최저총점	135
엑셀시험 응시생수	9
엑셀시험 미응시생수	1
평균90점 이상인 학생수	1
A반 학생성적의 총점	682
A반 학생성적의 평균	75.77777778
A반 학생 중 최고 총점	
A반 학생 중 최저 총점	
1등인 학생	

조 건

반	석차
A반	1

5 DMAX( ) 함수는 데이터베이스 영역 내의 특정 필드의 최댓값을 구하되 주어진 조건에 일치하는 데이터만 찾는다. 주어진 데이터베이스 영역은 반드시 각 열의 제목을 포함하여야 하고 주어진 조건도 열 제목을 포함시켜야 한다.

L10 셀에 A반 학생 중 최고 총점을 구하기 위해 DMAX( ) 함수를 사용하며, L10 셀에 다음과 같이 입력한다.

```
=DMAX( B3:I13, 6, B16:B17 )
```

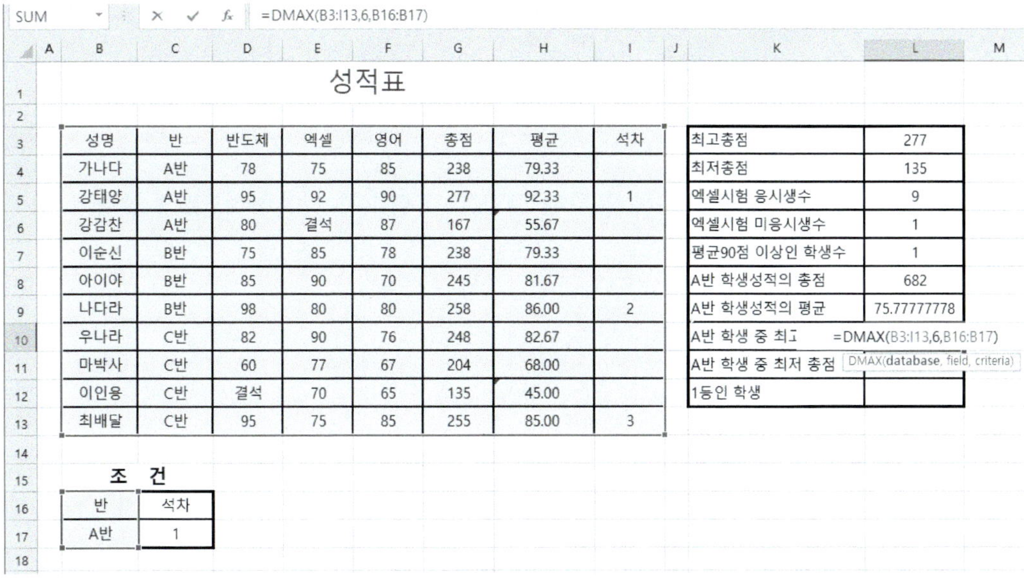

SUM | =DMAX(B3:I13,6,B16:B17)

성적표

성명	반	반도체	엑셀	영어	총점	평균	석차
가나다	A반	78	75	85	238	79.33	
강태양	A반	95	92	90	277	92.33	1
강감찬	A반	80	결석	87	167	55.67	
이순신	B반	75	85	78	238	79.33	
아이야	B반	85	90	70	245	81.67	
나다라	B반	98	80	80	258	86.00	2
우나라	C반	82	90	76	248	82.67	
마박사	C반	60	77	67	204	68.00	
이인용	C반	결석	70	65	135	45.00	
최배달	C반	95	75	85	255	85.00	3

최고총점	277
최저총점	135
엑셀시험 응시생수	9
엑셀시험 미응시생수	1
평균90점 이상인 학생수	1
A반 학생성적의 총점	682
A반 학생성적의 평균	75.77777778
A반 학생 중 최고	=DMAX(B3:I13,6,B16:B17)
A반 학생 중 최저 총점	DMAX(database, field, criteria)
1등인 학생	

조 건

반	석차
A반	1

6 DMIN( ) 함수는 데이터베이스 영역 내의 특정 필드의 최소값을 구하되 주어진 조건에 일치하는 데이터만 찾는다. 주어진 데이터베이스 영역은 반드시 각 열의 제목을 포함하여야 하고 주어진 조건도 열 제목을 포함시켜야 한다.

L11 셀에 A반 학생 중 최저 총점을 구하기 위해 DMIN( ) 함수를 사용하며, L11 셀에 다음과 같이 입력한다.

=DMIN(B3:I13, 6, B16:B17)

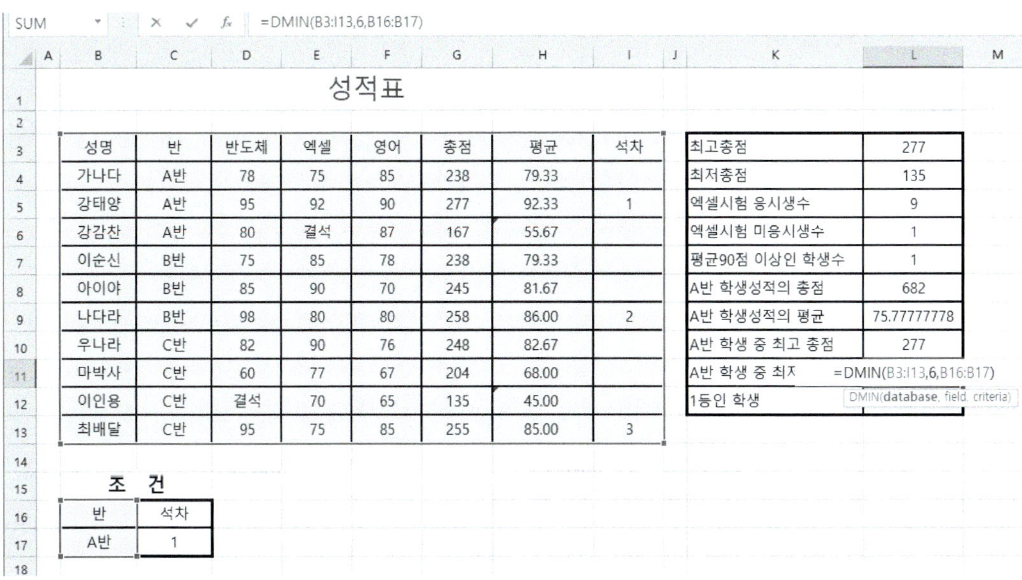

SUM | =DMIN(B3:I13,6,B16:B17)

성적표

성명	반	반도체	엑셀	영어	총점	평균	석차
가나다	A반	78	75	85	238	79.33	
강태양	A반	95	92	90	277	92.33	1
강감찬	A반	80	결석	87	167	55.67	
이순신	B반	75	85	78	238	79.33	
아이야	B반	85	90	70	245	81.67	
나다라	B반	98	80	80	258	86.00	2
우나라	C반	82	90	76	248	82.67	
마박사	C반	60	77	67	204	68.00	
이인용	C반	결석	70	65	135	45.00	
최배달	C반	95	75	85	255	85.00	3

최고총점	277
최저총점	135
엑셀시험 응시생수	9
엑셀시험 미응시생수	1
평균90점 이상인 학생수	1
A반 학생성적의 총점	682
A반 학생성적의 평균	75.77777778
A반 학생 중 최고 총점	277
A반 학생 중 최저	=DMIN(B3:I13,6,B16:B17)
1등인 학생	DMIN(database, field, criteria)

조 건

반	석차
A반	1

7 DGET( ) 함수는 데이터베이스 영역 내에서 특정 필드의 값이 주어진 조건과 일치하는 행을 찾아서 그 행의 원하는 값을 가져오는 함수이다. 주어진 데이터베이스 영역은 반드시 각 열의 제목을 포함하여야 하고 주어진 조건도 열 제목을 포함시켜야 한다.

L12 셀에 1등인 학생 이름을 구하기 위해 DGET( ) 함수를 사용하며, L11 셀에 다음과 같이 입력한다.

=DGET(B3:I13, 1, C16:C17)

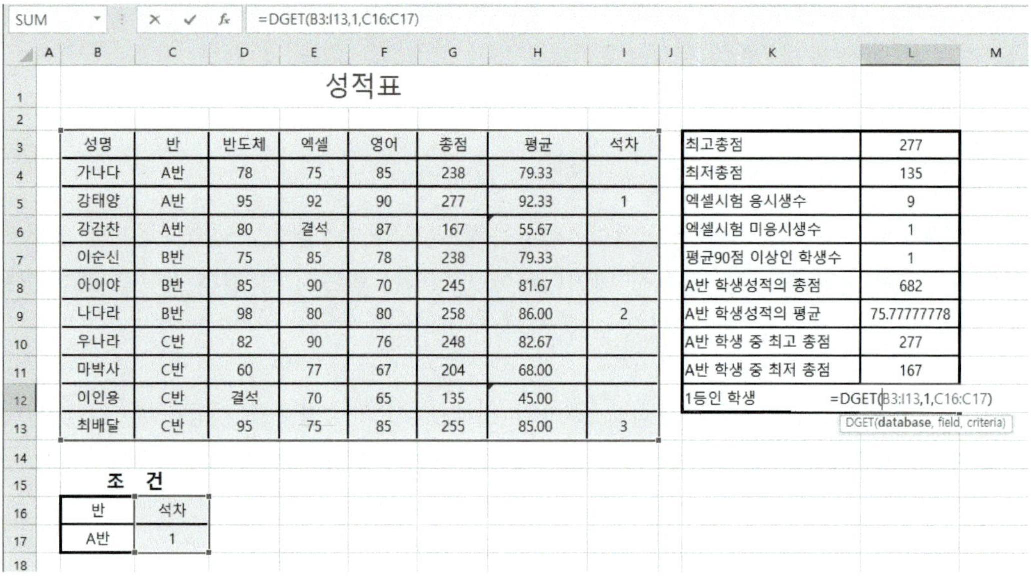

SUM | =DGET(B3:I13,1,C16:C17)

성적표

성명	반	반도체	엑셀	영어	총점	평균	석차
가나다	A반	78	75	85	238	79.33	
강태양	A반	95	92	90	277	92.33	1
강감찬	A반	80	결석	87	167	55.67	
이순신	B반	75	85	78	238	79.33	
아이야	B반	85	90	70	245	81.67	
나다라	B반	98	80	80	258	86.00	2
우나라	C반	82	90	76	248	82.67	
마박사	C반	60	77	67	204	68.00	
이인용	C반	결석	70	65	135	45.00	
최배달	C반	95	75	85	255	85.00	3

최고총점	277
최저총점	135
엑셀시험 응시생수	9
엑셀시험 미응시생수	1
평균90점 이상인 학생수	1
A반 학생성적의 총점	682
A반 학생성적의 평균	75.77777778
A반 학생 중 최고 총점	277
A반 학생 중 최저 총점	167
1등인 학생	=DGET(B3:I13,1,C16:C17)

DGET(database, field, criteria)

조 건

반	석차
A반	1

4.13 자동필터 및 SUBTOTAL() 함수

1 아래 그림과 같이 데이터를 입력하시오.

성적표

성명	반	반도체	엑셀	영어	총점	평균	석차
가나다	A반	78	75	85			
강태양	A반	95	92	90			
강감찬	A반	80	결석	87			
이순신	B반	75	85	78			
아이야	B반	85	90	70			
나다라	B반	98	80	80			
우나라	C반	82	90	76			
마박사	C반	60	77	67			
이인용	C반	결석	70	65			
최배달	C반	95	75	85			

2 이전에 배운 다양한 함수를 사용하여 아래 그림과 같이 구하시오.

성적표

성명	반	반도체	엑셀	영어	총점	평균	석차
가나다	A반	78	75	85	238	79.33	6
강태양	A반	95	92	90	277	92.33	1
강감찬	A반	80	결석	87	167	55.67	9
이순신	B반	75	85	78	238	79.33	6
아이야	B반	85	90	70	245	81.67	5
나다라	B반	98	80	80	258	86.00	2
우나라	C반	82	90	76	248	82.67	4
마박사	C반	60	77	67	204	68.00	8
이인용	C반	결석	70	65	135	45.00	10
최배달	C반	95	75	85	255	85.00	3

3 이제 필터를 적용해 보자. 필터란 걸러내는 것으로 내가 원하는 자료만 뽑아내는 것이다. 자동필터를 사용할 범위(B3~I13)를 마우스로 드래그하고 [데이터] 메뉴 탭 → [정렬 및 필터] 그룹 → [필터]를 클릭한다. 아래 그림과 같이 자동으로 필터가 설정된다.

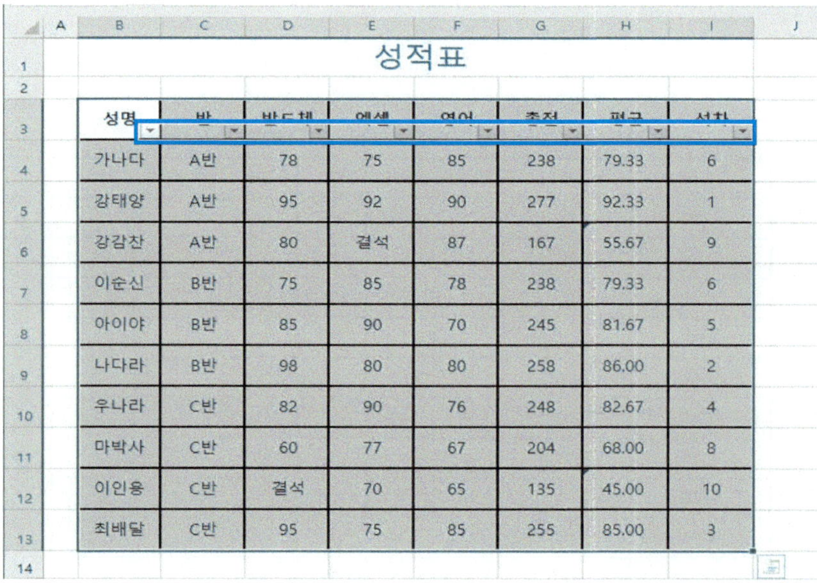

성적표

성명	반	반도체	엑셀	영어	총점	평균	석차
가나다	A반	78	75	85	238	79.33	6
강태양	A반	95	92	90	277	92.33	1
강감찬	A반	80	결석	87	167	55.67	9
이순신	B반	75	85	78	238	79.33	6
아이야	B반	85	90	70	245	81.67	5
나다라	B반	98	80	80	258	86.00	2
우나라	C반	82	90	76	248	82.67	4
마박사	C반	60	77	67	204	68.00	8
이인용	C반	결석	70	65	135	45.00	10
최배달	C반	95	75	85	255	85.00	3

4 자동필터로 [반]에서 [A반]에 해당하는 데이터만 검색하기 위해 아래 그림과 같이 C3 셀의 아래로 삼각형 버튼을 클릭한 후에 [모두선택]을 해제하고 [A반]만 확인 버튼을 클릭한다. A반 학생들만 보일 것이다.

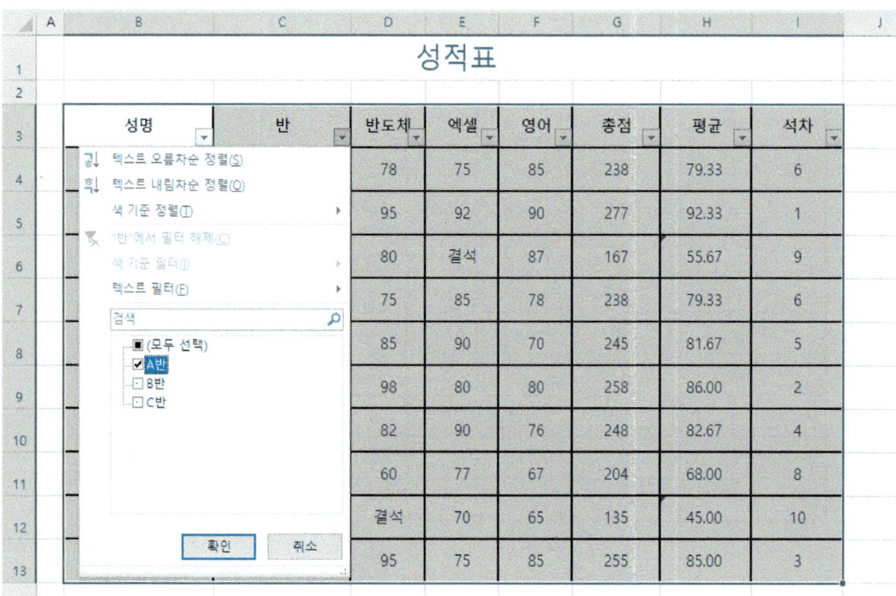

5 이제 총점이 240점 이상인 학생들만 보고 싶다면 아래 그림과 같이 G3셀의 아래로 삼각형 버튼을 클릭한 후에 [숫자필터] → [사용자 지정 필터]를 클릭하면 [사용자 지정 자동 필터] 대화상자가 나온다.

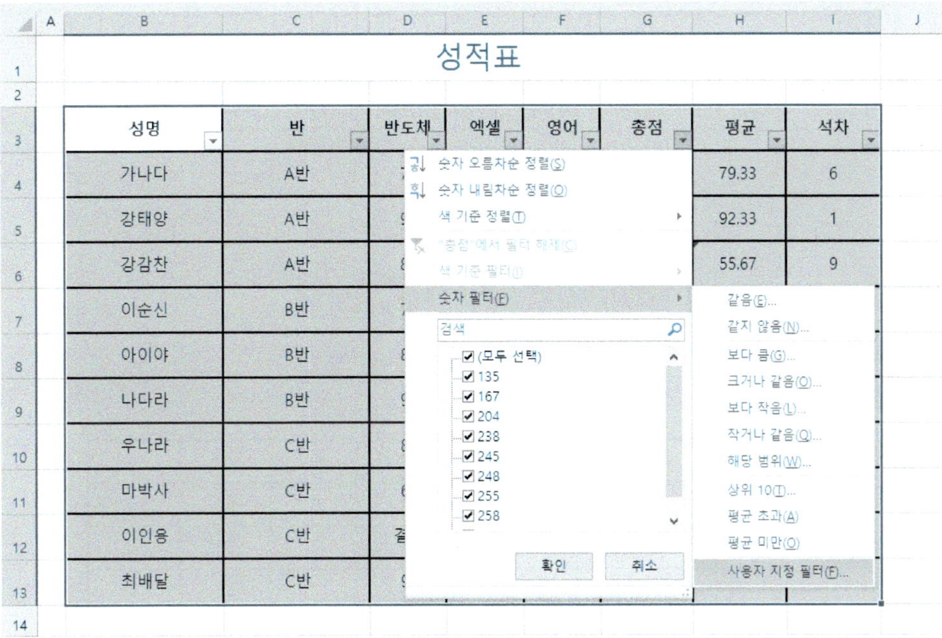

6 대화상자에서 아래 그림과 같이 찾을 조건을 지정하고 확인 버튼을 클릭한다.

7 총점이 240점 이상인 학생들만 나타나게 된다. 오른쪽 행 머리글을 보면 필터링된 행 주소는 파란색으로 표시된다.

성적표

성명	반	반도체	엑셀	영어	총점	평균	석차
강태양	A반	95	92	90	277	92.33	1
아이야	B반	85	90	70	245	81.67	5
나다라	B반	98	80	80	258	86.00	2
우나라	C반	82	90	76	248	82.67	4
최배달	C반	95	75	85	255	85.00	3

8 아래 그림과 같이 작성하시오. 과목합계와 과목 평균을 구하기 위해 D15셀에 SUM( ) 함수와 D16셀에 AVERAGE( ) 함수를 사용하여 구하시오.

성적표

성명	반	반도체	엑셀	영어	총점	평균	석차
가나다	A반	78	75	85	238	79.33	6
강태양	A반	95	92	90	277	92.33	1
강감찬	A반	80	결석	87	167	55.67	9
이순신	B반	75	85	78	238	79.33	6
아이야	B반	85	90	70	245	81.67	5
나다라	B반	98	80	80	258	86.00	2
우나라	C반	82	90	76	248	82.67	4
마박사	C반	60	77	67	204	68.00	8
이인용	C반	결석	70	65	135	45.00	10
최배달	C반	95	75	85	255	85.00	3

구분	반도체	엑셀	영어
과목합계 - SUM함수 이용	748	734	783
과목평균 - AVERAGE함수 이용	83.11	81.56	78.30
과목합계 - SUBTOTAL함수 이용			
과목평균 - SUBTOTAL함수 이용			

9 이제 SUBTOTAL( ) 함수를 사용해 보자. SUBTOTAL( ) 함수는 필터나 행 숨기기 명령으로 숨겨진 데이터를 계산에 포함시키거나 제외 할 수 있도록 지정할 수 있다. 형식은 다음과 같다.

=SUBTOTAL(함수번호, 범위)

함수 번호		함수이름	함수의미
숨겨진 행 계산	숨겨진 행 제외		
1	101	AVERAGE()	평균
2	102	COUNT()	셀의 개수
3	103	COUNTA()	셀의 개수
4	104	MAX()	최대값
5	105	MIN()	최소값
6	106	PRODUCT()	인수들의 곱
7	107	STDEV()	표준편차
8	108	STDEVP()	표준편차
9	109	SUM()	합계
10	110	VAR()	분산
11	111	VARP()	분산

10 D17 셀에 총점을 구하되 숨겨지는 셀들은 계산에서 제외시키기 위해서 함수번호 '109' 를 입력하였다. =SUBTOTAL(109, D4:D13)

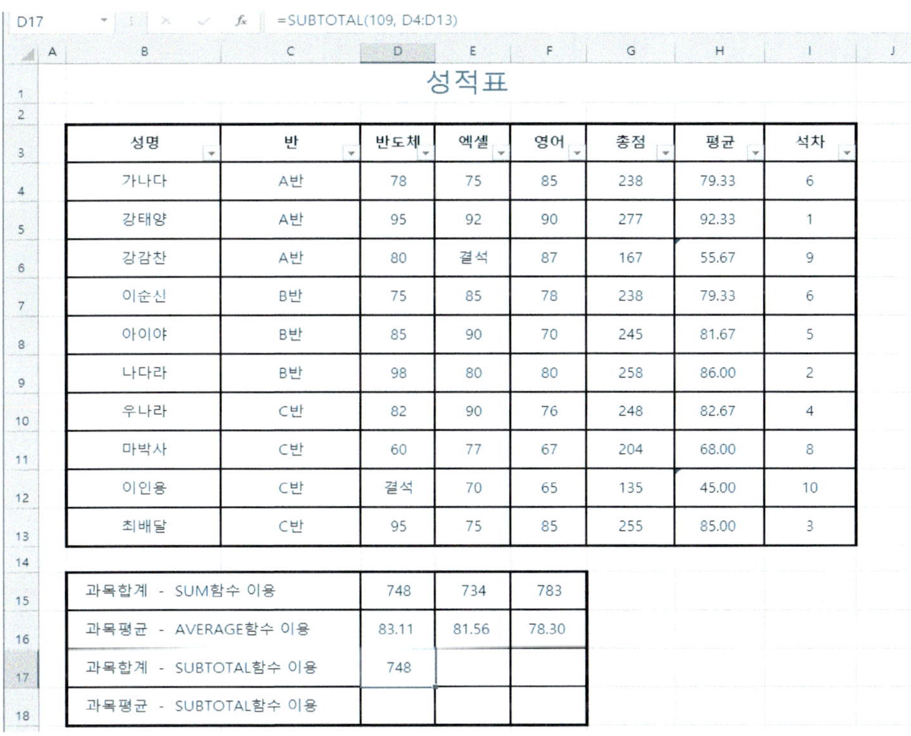
D17 =SUBTOTAL(109, D4:D13)

성적표

성명	반	반도체	엑셀	영어	총점	평균	석차
가나다	A반	78	75	85	238	79.33	6
강태양	A반	95	92	90	277	92.33	1
강감찬	A반	80	결석	87	167	55.67	9
이순신	B반	75	85	78	238	79.33	6
아이야	B반	85	90	70	245	81.67	5
나다라	B반	98	80	80	258	86.00	2
우나라	C반	82	90	76	248	82.67	4
마박사	C반	60	77	67	204	68.00	8
이인용	C반	결석	70	65	135	45.00	10
최배달	C반	95	75	85	255	85.00	3

과목합계 - SUM함수 이용	748	734	783
과목평균 - AVERAGE함수 이용	83.11	81.56	78.30
과목합계 - SUBTOTAL함수 이용	748		
과목평균 - SUBTOTAL함수 이용			

11 D18 셀에 평균을 구하기 위해 다음과 같이 입력해보자. 숨겨지는 셀들은 계산에서 제외시키기 위해서 함수번호 '101' 을 입력하였다.

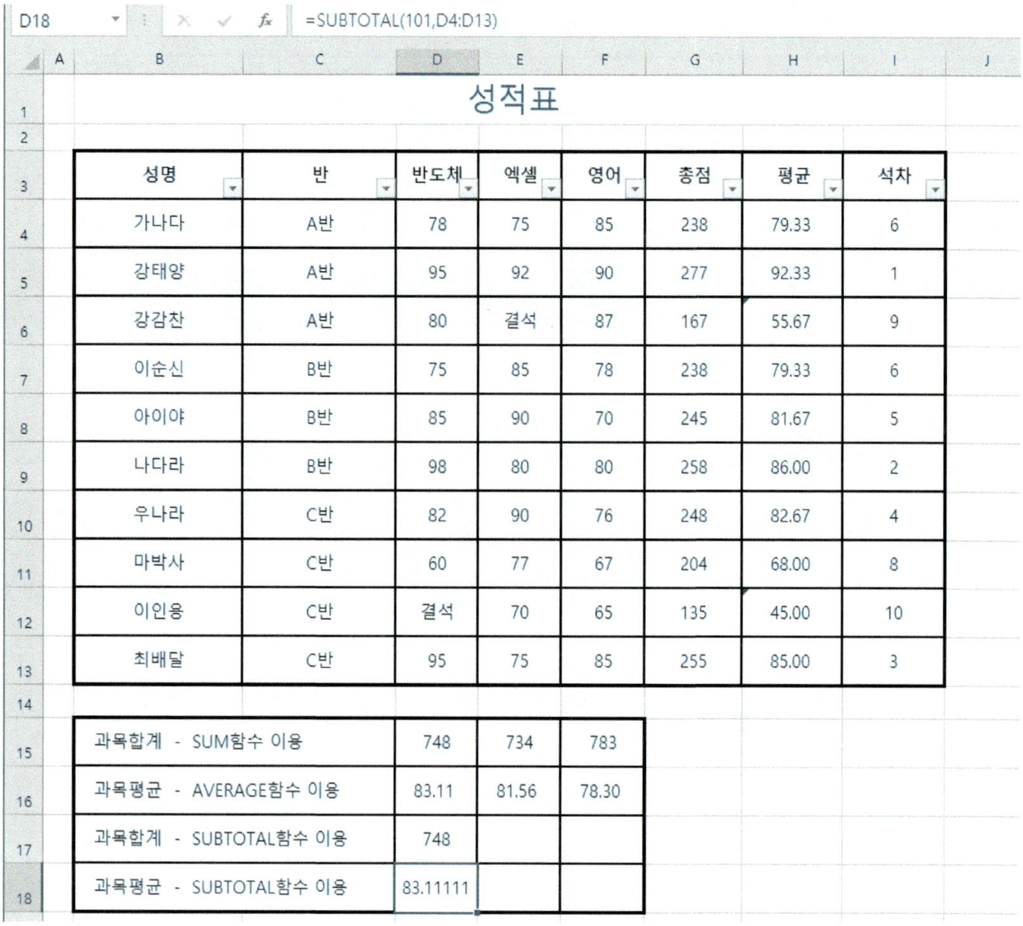
D18 =SUBTOTAL(101,D4:D13)

성적표

성명	반	반도체	엑셀	영어	총점	평균	석차
가나다	A반	78	75	85	238	79.33	6
강태양	A반	95	92	90	277	92.33	1
강감찬	A반	80	결석	87	167	55.67	9
이순신	B반	75	85	78	238	79.33	6
아이야	B반	85	90	70	245	81.67	5
나다라	B반	98	80	80	258	86.00	2
우나라	C반	82	90	76	248	82.67	4
마박사	C반	60	77	67	204	68.00	8
이인용	C반	결석	70	65	135	45.00	10
최배달	C반	95	75	85	255	85.00	3

구분	반도체	엑셀	영어
과목합계 - SUM함수 이용	748	734	783
과목평균 - AVERAGE함수 이용	83.11	81.56	78.30
과목합계 - SUBTOTAL함수 이용	748		
과목평균 - SUBTOTAL함수 이용	83.11111		

12 B반만 선택한 결과는 아래 그림과 같다. SUBTOTAL( ) 함수를 사용한 결과와 SUM( ) 함수를 사용한 결과가 다르다는 걸 알 수 있다. SUBTOTAL( ) 함수에서 보이지 않는 셀들은 총점 계산에서 제외했기 때문에 B반 학생들의 총점만 결과로 나왔다.

성적표

성명	반	반도체	엑셀	영어	총점	평균	석차
이순신	B반	75	85	78	238	79.33	6
아이야	B반	85	90	70	245	81.67	5
나다라	B반	98	80	80	258	86.00	2

과목합계 - SUM함수 이용	748	734	783
과목평균 - AVERAGE함수 이용	83.11	81.56	78.30
과목합계 - SUBTOTAL함수 이용	258	255	228
과목평균 - SUBTOTAL함수 이용	86	85	76

제 5 장

파이썬 시작

5.1 파이썬 개발 환경 설치

파이썬 코드를 작성하려면 먼저 컴퓨터에 파이썬 개발 환경을 구축해야 한다.

1 아래에 있는 파이썬 다운로드 공식 홈페이지에 들어가서 자신의 컴퓨터 OS에 맞는 설치 파일을 다운로드 받는다. 교재에서는 윈도우용 파이썬 언어 패키지를 다운로드 한다.

https://www.python.org/downloads/

2 다운로드한 설치 파일을 실행하면 아래와 같은 설치 화면이 나타나면 파이썬이 컴퓨터 어느 곳에서나 실행될 수 있도록 "Add python.exe to PATH"를 체크해주고 "Customize installation"을 클릭한다. 다음 화면에서 [Next]를 클릭한다.

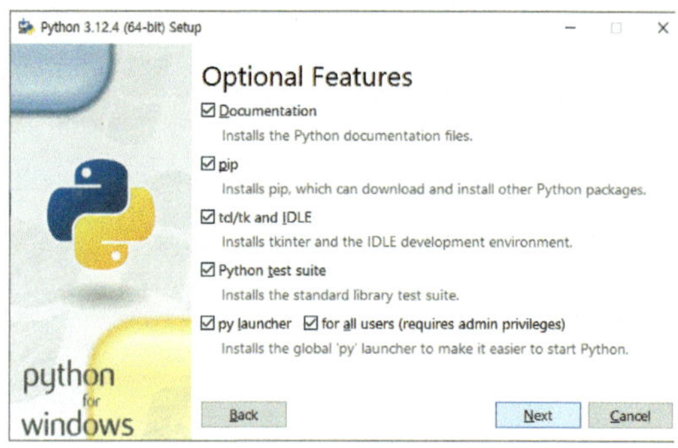

아래의 화면이 나타나면 [Browse]을 눌러서 설치 경로를 C:₩python312로 수정하고 [Install] 버튼을 눌러 설치를 시작하고, 완료되면 [close]를 클릭하여 종료한다.

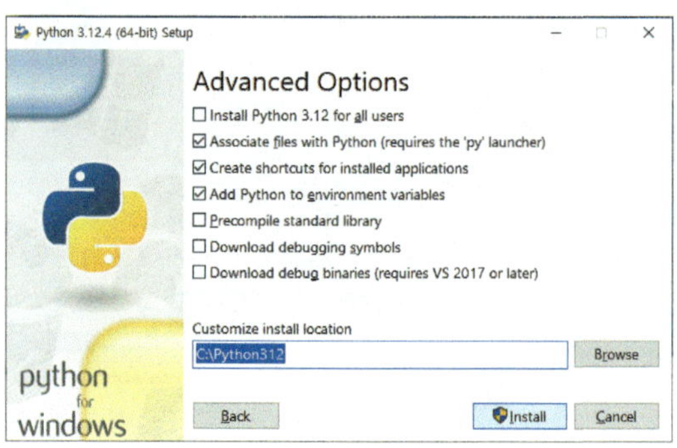

파이썬 설치가 끝났으면 이제 윈도우 환경에서 파이썬을 제대로 활용할 수 있는 IDE (Integrated Development Environment)가 필요하다. 본 교재에서는 VS Code를 설치하고 사용하도록 한다.

Visual Studio Code(VS Code)는 파이썬 IDE 중 하나이며, 마이크로소프트에서 제공하는 무료 프로그램인 만큼 가볍게 사용하기 좋기 때문에 파이썬을 처음 시작하는 사람들에게 적당하다.

1 아래에 있는 Visual Studio Code 홈페이지에 들어가서 메인화면에 있는 [Download for Windows] 버튼을 클릭하면 다운로드가 진행된다.

https://code.visualstudio.com/

2 다운로드한 설치 파일을 실행하면 아래 그림과 같은 과정으로 설치할 수 있다.

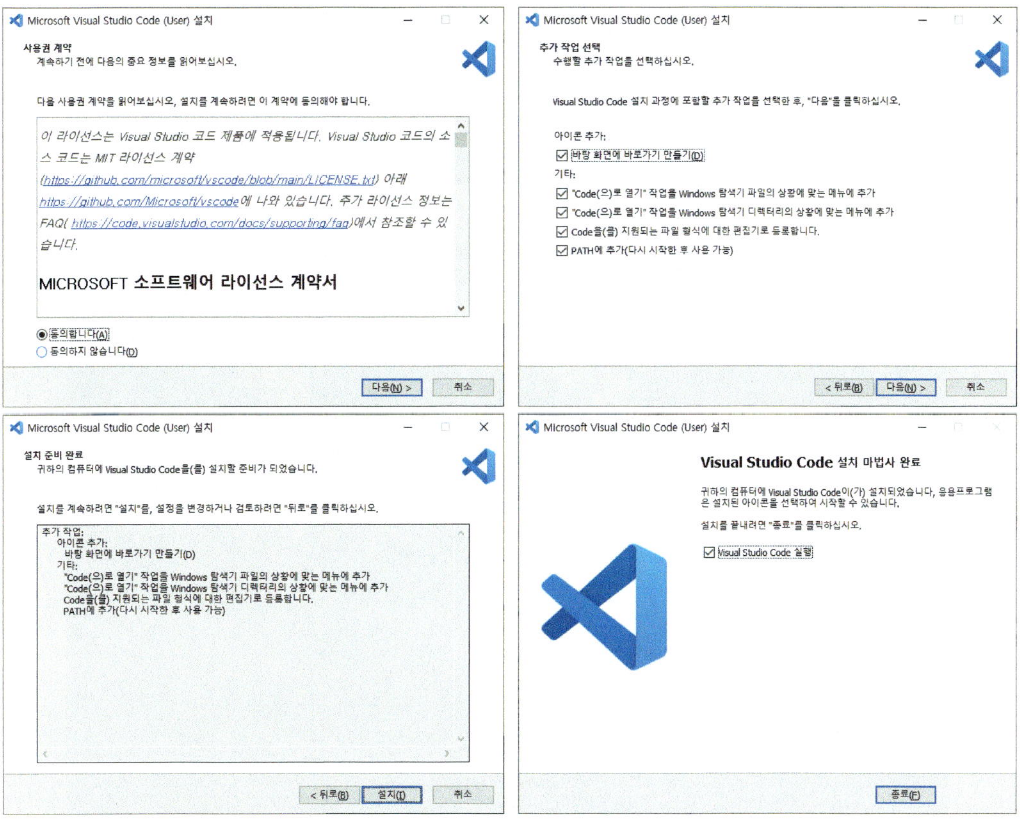

3 설치가 완료되면 VS Code 프로그램을 실행 시킨 후에 프로그램이 실행되면 왼쪽 아래에 확장(Extension) 버튼을 클릭한다. 그런 다음 검색 창에서 "Python" 이라고 검색을 하면 여러 가지 목록들이 나타난다. 여기에서 [Python]과 [Python Extension Pack] 두 개를 설치해주면 된다. 설치는 해당 pack을 선택 후 나타나는 Install 버튼을 클릭하면 된다.

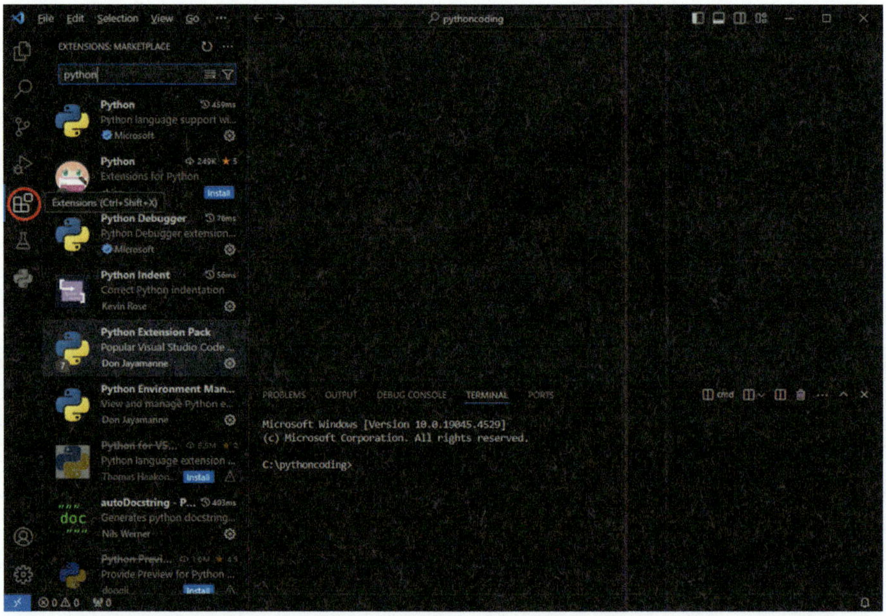

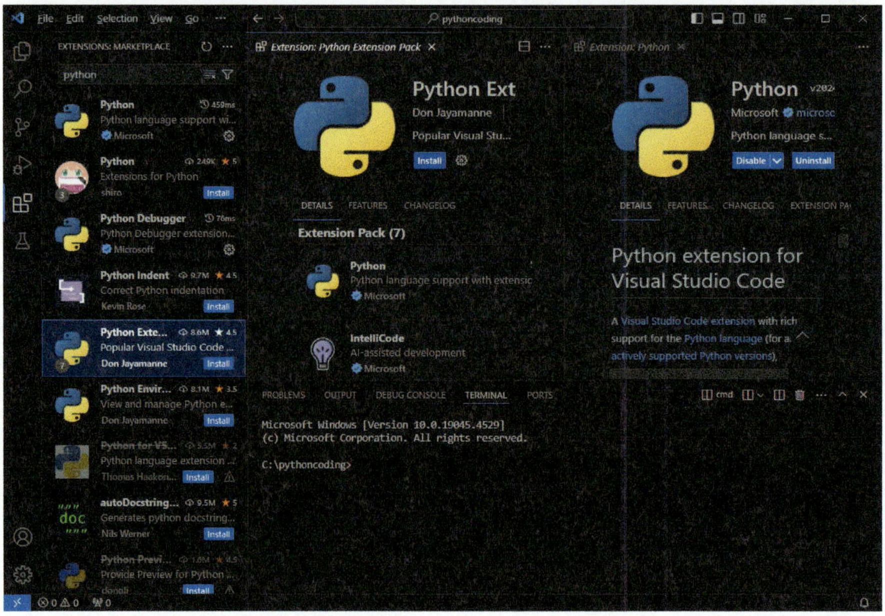

4 pack 설치가 완료되면 [File] ⇨ [New File] 메뉴를 클릭해보자. 아래와 같이 Python File이라는 내용이 나타나면 정상적으로 설치가 완료된 것이다.

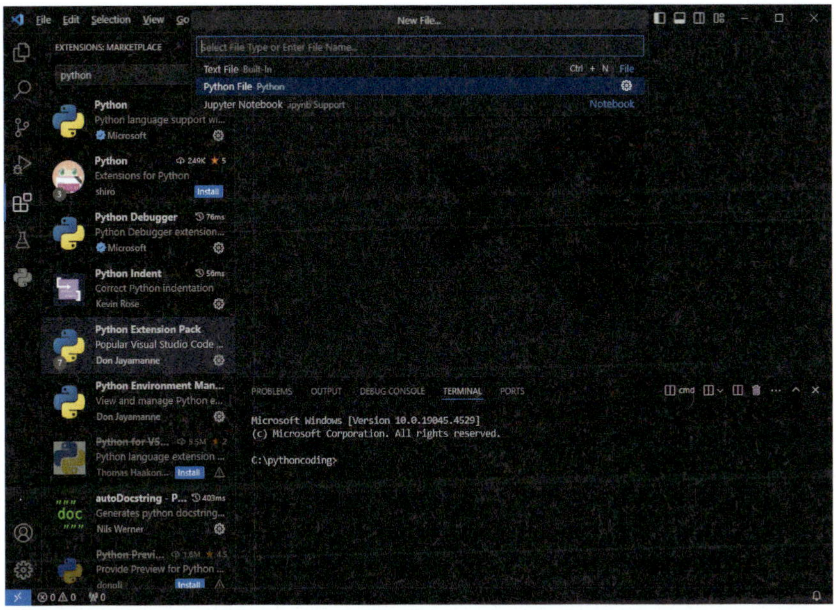

5 작업 폴더 만들기. 교재에서는 C 드라이브 밑에 python_excel_coding 이라는 폴더를 미리 만들었다. VS Code에서 [File] 메뉴에서 [Open Folder...] 메뉴를 클릭해서 미리 만들어 놓은 python_excel_coding 폴더를 선택하였다.

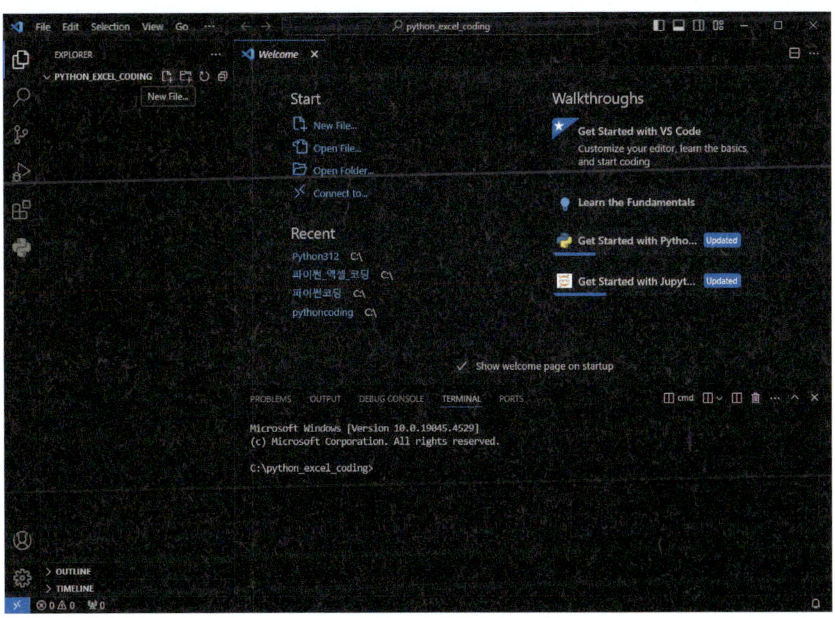

6 이후 [File] 메뉴에서 [New File...] 메뉴를 클릭하던지, 아래 그림처럼 [New File...] 아이콘을 클릭해서 새로운 파일(test.py)을 생성한다. 아래 그림과 같이 코드를 작성하고 오른쪽 상단에 플레이 버튼을 누르면 실행이 되고, 아래 터미널 창에 결과가 나타난다.

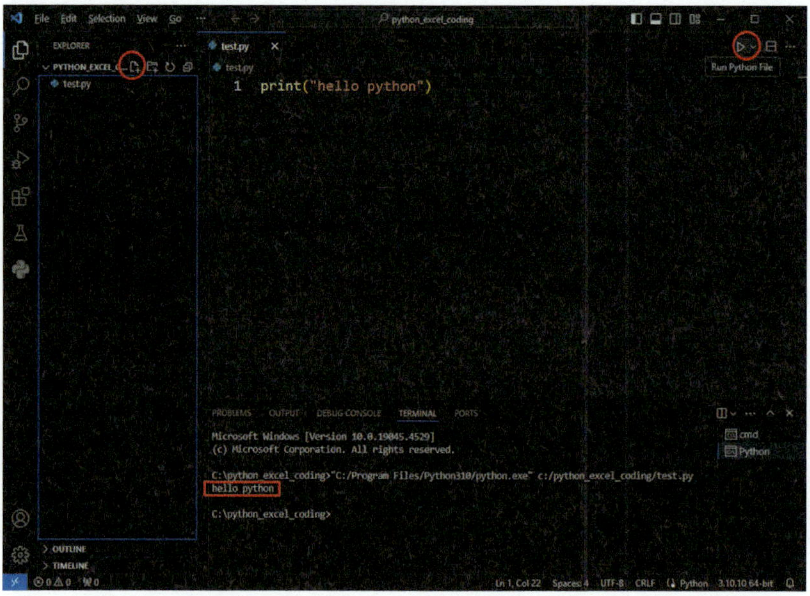

5.2 파이썬 문법 – 변수

대부분의 컴퓨터 프로그래밍 언어와 마찬가지로 파이썬에서 변수(Variable)는 어떤 값을 임시 저장하는 곳에 붙이는 이름이다. 변수는 프로그램 수행 도중에 다양한 조건에 의해 값이 바뀔 수 있어서 변수라고 한다. 반면에 한번 값을 정하면 프로그램이 끝날 때까지 변하지 않는 데이터는 상수이다.

프로그램에서 변수를 이용해서 데이터(숫자, 문자열 등)를 저장(할당)하고, 필요할 때 변수를 사용하여 해당 값을 참조하면 코드를 효율적으로 작성할 수 있다. 숫자는 그대로 입력하고, 문자열은 큰따옴표(“) 혹은 작은따옴표(‘)로 감싸준다.

숫자 20을 변수 age에 할당(저장)	20이 할당(저장)된 변수 age 이용	결과 20이 출력
`age = 20`	`print(age)` →	`20`

파이썬 변수에 데이터를 할당하는 방법은 변수명 = 데이터로 하면 된다. 등호(=)는 수학에서는 '같다' 의 의미이지만 프로그래밍 언어에서는 왼쪽 변수에 오른쪽 데이터를 저장(할당)한다는 의미이다.

파이썬에서 변수를 작성할 때는 일반적으로 다음과 같은 규칙을 적용한다.

① 변수명은 문자, 숫자, 밑줄 기호(_)를 이용해 만들 수 있다.
② 변수명은 숫자로 시작할 수 없으며 중간에 공백이 들어갈 수 없다.
③ 파이썬은 대소문자를 구분한다.
 Score와 score는 다른 식별자이다.
④ 예약어(Reserved Word)는 변수명으로 사용할 수 없다.
⑤ 변수명은 가급적 의미 있는 단어로 시작해서 작성하는 것이 좋다.
 age, file_name, today 등이 좋은 예이다.

파이썬에서 예약어(Reserved Word)는 프로그래밍 언어를 만들 때 미리 약속되어 사용하는 용어로 앞으로 파이썬을 배워 나가면서 아래의 예약어들을 자주 볼 수 있을 것이다.

and	as	assert	break	class	continue	def
del	elif	else	except	False	finally	for
from	global	if	import	in	is	lambda
None	nonlocal	not	or	pass	raise	return
True	try	while	with	yield		

5.3 파이썬 문법 - 자료형

파이썬은 동적 타이핑(dynamic typing) 언어로, 변수에 할당하는 데이터에 따라 자료 형식(data type)이 자동으로 결정된다. 즉, 변수에 값이 할당될 때 자동으로 추론되기 때문에 별도의 자료형 선언이 필요하지 않다.

파이썬에서 사용되는 자료형들은 프로그램에서 다양한 종류의 데이터를 다루기 위해 사용된다. 파이썬의 자료형으로는 숫자 자료형(정수, 실수), 문자열 자료형(문자의 집합), boolean 자료형(참, 거짓), 복합 자료형(리스트, 튜플, 세트, 딕셔너리)이 있다. 각 자료형은 데이터를 다루고 조작하는 데 필요한 서로 다른 규칙과 특정한 연산들을 지원한다.

숫자 자료형 : 정수, 실수

파이썬의 숫자 자료형은 정수형과 실수형이 있다. 정수형(integer)은 숫자에 소수점이 없는 숫자를 말한다. 7, 35 등과 같은 숫자를 말하며 음의 정수도 이에 해당합니다. 정수 자료형은 int로 표현된다.

5.1 - 정수형 변수 생성 및 출력

```
age = 20

print( age )
print( "나이 : " , age , "살" )
print( type( age ) )
```

[프로그램 실행 결과]

```
20
나이 : 20 살
<class 'int'>
```

[프로그램 설명]

- 1번 행에서 age 변수에 값 20을 할당(저장)
- 3번 행에서 print( ) 함수를 사용하여 변수 age에 저장된 값 출력
- 4번 행 "나이 : " 처럼 큰 따옴표(")를 사용하면 따옴표 안에 있는 내용을 그대로 출력
- 그 뒤 쉼표(,)를 찍고 age는 따옴표 없이 입력되었는데 age는 변수라고 인식되어 변수에 할당된 값을 출력. 그 뒤 쉼표(,)를 찍고 "살" 은 그대로 출력
- 5번 행에서 type( ) 함수를 사용하여 age 변수의 자료형을 확인
- 출력 결과인 〈class 'int' 〉는 변수 age가 정수형이라는 것을 알려줌

실수형(float)은 3.14, −2.5, 78.4 등과 같은 소수점을 포함하는 숫자를 말한다. 실수 자료형은 folat로 표현된다.

5.2 - 실수형 변수 생성 및 출력

```
1  pi = 3.14
2
3  print( pi )
4  print( type( pi ) )
```

[프로그램 실행 결과]

```
3.14
<class 'float'>
```

[프로그램 설명]

- 1번 행에서 pi 변수에 값 3.14를 할당(저장)
- 3번 행에서 변수 pi에 저장된 값 출력
- 4번 행에서 type( ) 함수를 사용하여 pi 변수의 자료형을 확인
- 출력 결과인 〈class 'float' 〉는 변수 pi가 실수형이라는 것을 알려줌

숫자 연산자

숫자 자료형끼리는 사칙연산(덧셈, 뺄셈, 곱셈, 나눗셈)이 가능하다. 정수끼리의 연산은 결과 값도 정수로 나오고, 실수끼리의 연산은 결과 값도 실수로 나온다. 다만 나눗셈 연산의 결과 값은 항상 실수(float)로 반환된다.

예를 들어 정수끼리 나누기 연산 10/2를 실행하면 5가 반환되는 것이 아니라 5.0이 반환된다. 만약 정수와 실수를 혼합하여 연산할 경우에는 결과 값으로 실수가 반환된다.

연산자가 여러 개일 경우에는 우선순위에 따라 연산이 수행된다. 우선순위는 괄호(( )) ⇨ 거듭제곱 (**) ⇨ 곱셈(*), 나눗셈(/) ⇨ 덧셈(+), 뺄셈(−) 순이다. 연산자 우선순위가 같으면 왼쪽에서 오른쪽으로 연산이 진행된다.

〈표 5-1〉 산술 연산자 종류와 사용 예

연산 기호	사용 예	설명	사용 예	결과
+	a + c	a와 c를 더하기	4 + 2	6
−	a − c	a와 c를 빼기	4 − 2	2
*	a * c	a와 c를 곱하기	4 * 2	8
/	a / c	a를 c로 나누기	4 / 2	2.0
//	a // c	a를 c로 나누었을 때 몫	4 // 2	2
%	a % c	a를 c로 나누었을 때 나머지	4 % 2	0
**	a ** c	a의 c 거듭제곱	4 ** 2	16

5.3 - 숫자 연산자 및 함수 사용 예

```
num1 = 10
num2 = 3

print( num1 + num2 )
print( num1 / num2 )
print( round( num1 / num2, 3 ) )
print( num1 // num2 )
print( num1 % num2 )
print( pow( num1 , num2 ) )
```

[프로그램 실행 결과]

```
13
3.3333333333333335
3.333
3
1
1000
```

[프로그램 설명]

- 4번 행에서 num1, num2 변수에 할당된 값 10과 3을 더한 결과를 값 13을 출력
- 5번 행에서 나누기 연산자 사용, 정수형 값을 나누었지만 결과는 항상 실수형 임.
- 6번 행에서 round( ) 함수를 사용하여 10/3의 결과를 소수점 3번째 자리까지 반올림
- 7번 행에서 나눈 결과의 몫을 구하는 연산자(//) 사용, 결과는 정수형 임.
- 8번 행에서 나눈 결과의 나머지을 구하는 연산자(%) 사용, 결과는 정수형 임.
- 9번 행에서 pow( ) 함수를 사용하여 10을 세 번 곱한 결과 출력

〈표 5-2〉 숫자 자료형에서 자주 사용하는 함수

연산 기호	설명	사용 예	결과
abs(x)	x를 절대값으로 변환	abs(−4)	4
divmod(x,y)	x를 y로 나눈 몫과 나머지를 튜플 형식으로 반환	divmod(4, 2)	(2, 0)
int(x)	x를 정수형으로 변환 x가 실수형인 경우는 소수점 이하는 버림	int(3.14)	3
float(x)	x를 실수형으로 변환	float(4)	4.0
pow(x,y)	x를 y번 곱함	pow(4, 2)	16
round(x,y)	x를 소수점 y번째 자리까지 반올림 y가 없는 경우 첫째 자리까지 반올림	round(3.141592, 3) round(3.141592)	3.142 3

문자열 자료형

문자열(string)은 말 그대로 문자(character)가 나열된 문자의 집합으로, 파이썬에서는 문자를 입력할 때 큰따옴표(")나 작은따옴표(')를 사용하면 된다. 문자열의 자료형은 str로 표현된다.

5.4 - 문자열 변수 생성 및 출력

```
1  name = "강태양"
2
3  print( name )
4  print( "이름 : ", name )
5  print( type( name ) )
```

[프로그램 실행 결과]

```
강태양
이름 : 강태양
<class 'str'>
```

[프로그램 설명]

- 1번 행에서 name 변수에 "강태양" 을 할당, 3번 행에서 변수 name에 저장된 값 출력
- 4번 행 "이름 : " 처럼 큰 따옴표(")를 사용하면 따옴표 안에 있는 내용을 그대로 출력
- 그 뒤 쉼표(,)를 찍고 name는 따옴표 없이 입력되었는데 name는 변수라고 인식되어 변수에 할당된 값을 출력.
- 5번 행에서 type( ) 함수를 사용하여 name 변수의 자료형을 확인
- 출력 결과인 〈class 'str' 〉는 변수 name가 문자열이라는 것을 알려줌

만약 문자열 안에 따옴표를 써야할 경우에는 문자열에 포함되지 않는 따옴표의 종류를 사용해서 문자열을 표현한다.

5.5 - 출력하는 문자열 안에 따옴표를 써야할 경우

```
1  print( " '안녕'이라고 말하지마~~ " )
2  print( ' "안녕"이라고 말하지마~~ ' )
3
4  print( ' \'안녕\'이라고 말하지마~~ ' )
5  print( " \"안녕\"이라고 말하지마~~ " )
```

[프로그램 실행 결과]

```
'안녕'이라고 말하지마~~
"안녕"이라고 말하지마~~
'안녕'이라고 말하지마~~
"안녕"이라고 말하지마~~
```

[프로그램 설명]

- 1번 행에서 문자열에 작은 따옴표(')를 써야할 경우에는 큰 따옴표(")로 감쌈
- 2번 행에서 문자열에 큰 따옴표를 쓸 경우에는 작은 따옴표로 문자열을 감쌈.
- 서로 다른 따옴표를 사용하지 않고도 문자열 안에 같은 따옴표를 포함 시킬 수 있음
- 이스케이프 코드인 \ (백슬래시)를 붙이면 됨. \' 또는 \"로 사용
- 이스케이프 코드는 사용하는 컴퓨터 환경에 따라 \ (백슬래시)나 ₩ (원화표시)로 표시
- 4 ~ 5번 행에서는 이스케이프 코드를 사용하여 출력

파이썬에서 이스케이프 코드는 특별한 의미를 나타내거나 어떤 기능을 하기로 약속되어 있는 문자나 기호를 다른 의미로 사용하기 위한 특수 코드이다. 이스케이프 코드는 사용하는 컴퓨터 환경에 따라 \(백슬래시)나 ₩(원화표시)로 표시된다.

〈표 5-3〉 자주 사용하는 이스케이프(Escape) 코드

Escape 코드	설명
\n	문자열 안에서 커서의 위치를 아래 줄로 이동, Line Feed
\t	수평으로 탭 크기만큼 이동하여 출력
\\	문자열 안에서 \ (백슬래시)를 그대로 출력
\'	문자열 안에서 ' 출력
\"	문자열 안에서 " 출력

여러 줄로 구성된 문자열을 그대로 입력하거나 큰따옴표(또는 작은따옴표)를 모두 포함하고 싶다면 문장 전체를 삼중 작은따옴표(''') 또는 삼중 큰따옴표(“ “ “)로 감싸면 된다.

```
print( ''' '안녕' 이라고 말하지마 ~~
       나는 너를 보고 있잖아
       그러나 자꾸 눈물이 나서
       널 볼 수가 없어 ''' )
```

위와 같이 삼중따옴표(''' 또는 “ “ “)를 사용할 경우에는 줄 바꿈 등 그 안에 포함된 문자열의 형태까지 그대로 저장하기 때문에 줄 바꿈이 된 여러 행의 문자열을 그대로 입력하고 싶을 때에도 삼중 따옴표를 사용하면 편리하다.

문자열 연산

업무 자동화를 하려면 실제 업무에서 사용하는 데이터를 먼저 읽어서 읽어온 데이터에 불필요한 문자열이 있으면 제거해주거나, 문자열들을 서로 연결하거나 분리하는 등의 가공을 해주어야 한다. 파이썬에는 이와 같은 문자열 처리를 간편하게 해주는 다양한 내장 메서드와 연산자를 제공한다.

문자열 연산은 더하기와 곱하기 연산이 가능하다. 문자열 더하기 연산은 문자열끼리 연결하는 의미이고, 문자열 곱하기는 곱한 수만큼 문자열을 반복하는 것을 의미한다.

5.6 - 문자열 더하기, 곱하기 연산

```
name = “강태양”
age = “20”

print( name + “님은 ” + age + “살 입니다.” )
print( name * 3 )
```

[프로그램 실행 결과]

```
강태양님은 20살 입니다.
강태양강태양강태양
```

[프로그램 설명]

- 1번 행에서 name 변수에 값 강태양을 할당(저장)
- 2번 행에서 변수 age에 값 20을 문자열(큰 따옴표로 감쌈) 자료형으로 저장
- 4번 행 문자열 변수 name과 age를 연결하여 출력
- 만약 age = 20처럼 값 20이 숫자형으로 지정되어 있으면 TypeError가 발생
- 자료형이 다른 유형끼리 연산을 수행하면 에러가 발생
- 5번 행에서 문자열 변수 name을 3번 반복

문자열 인덱싱(indexing)은 문자열에 포함된 각 문자에 순서대로 번호(인덱스 : index)를 부여하는 것이다. 이 번호를 통해 특정 위치에 있는 문자에 접근한다.

아래 그림처럼 file_name 변수에 "20240327_113247.jpg" 문자열을 저장하면 문자열 앞에서부터 첫 글자 인덱스는 0부터 시작하고, 뒤에서부터 셀 때는 -1부터 시작한다.

file_name = "20240327_113247.jpg"

file_name 값(문자열) **"20240327_113247.jpg"**

문자열	2	0	2	4	0	3	2	7	_	1	1	3	2	4	7	.	j	p	g
앞에서부터 인덱스	0	1	2	3	4	5	6	7	8	9	10	11	12	13	14	15	16	17	18
뒤에서부터 인덱스	-19	-18	-17	-16	-15	-14	-13	-12	-11	-10	-9	-8	-7	-6	-5	-4	-3	-2	-1

5.7 – 문자열 인덱싱

```
file_name = "20240327_113247.jpg"

print( len( file_name ) )
print( file_name[16] )
```

[프로그램 실행 결과]

```
19
j
```

[프로그램 설명]

- 1번 행에서 file_name 변수에 값 할당(저장)
- 파이썬에서 len( ) 함수는 여러 데이터들로 구성된 자료형(문자열, 리스트, 튜플, 세트, 딕셔너리 등)에서 데이터의 개수를 반환하는 함수
- 3번 행에서 len( ) 함수를 사용하여 file_name에 저장된 문자열의 총 개수 19를 출력
- 파이썬에서 인덱스는 0부터 시작하므로 마지막은 18이 됨
- 4번 행 인덱스 16에 해당하는 문자 출력.
- print(file_name[-3])의 출력 결과도 같음

문자열 슬라이싱(slicing)은 인덱싱 번호를 사용하여 특정 위치의 문자열을 원하는 만큼 잘라내는 것이다. 문자열 슬라이싱 표현법은 [시작번호 : 끝번호]이다.

여기서 주의할 점은 끝번호까지 잘라내는 것이 아니라 끝번호 바로 앞 번호(-1)까지 잘라내는 것이다. 시작번호를 비우면 문자열의 처음부터 추출하고, 끝 번호를 비우면 문자열의 끝까지 추출한다. [:] 앞처럼 시작번호와 끝번호를 모두 비우면 문자열 전체가 추출된다.

5.8 - 문자열 슬라이싱

```
file_name = "20240327_113247.jpg"
print( file_name )

file_name = file_name[ : 15 ]
print( file_name )
```

[프로그램 실행 결과]

```
20240327_113247.jpg
20240327_113247
```

[프로그램 설명]

- 1번 행에서 file_name 변수에 값 할당하고, 2번 행에서 file_name 변수 값 출력
- 4번 행에서 등호(=)를 기준으로 오른쪽을 먼저 수행한 결과를 왼쪽 file_name에 저장.
- 오른쪽 코드에서 시작번호가 생략되었기 때문에 문자열 처음부터 끝번호인 15까지가 아니라 14(15–1)까지 문자열을 추출
- .jpg를 제외하고 추출한 문자열(20240327_113247)을 다시 file_name 변수에 저장
- 5번 행에서 바뀐 결과를 출력

문자열 포맷팅

문자열 포맷팅은 문자열 내에 특정 값을 삽입하거나, 문자열을 특정 형식에 맞게 변경할 때 사용한다. 파이썬에서 문자열 포맷팅을 할 수 있는 여러 방법들이 있다.

5.9 - 문자열 포맷팅

```
name = "강태양"
age = 20
pi = 3.141592

print( "이름 : %s , 나이 : %d " %(name, age) )
print( "원주율 : %f " % pi )
print( "반지름이 5인 원의 넓이 : %.2f " %( 5*5*pi ) )

print( "이름 : {1} , 나이 : {0} " .format( age, name ) )
print( "원주율 : {} " .format( pi ) )
print( "반지름이 5인 원의 넓이 : {0: .2f} " .format( 5*5*pi ) )

print( f"이름 : {name} , 나이 : {age} " )
print( f"원주율 : {pi} " )
print( f"반지름이 5인 원의 넓이 : {5*5*pi : .2f} " )
```

[프로그램 실행 결과]

```
이름 : 강태양 , 나이 : 20
원주율 : 3.141592
반지름이 5인 원의 넓이 : 78.54
이름 : 강태양 , 나이 : 20
원주율 : 3.141592
반지름이 5인 원의 넓이 : 78.54
이름 : 강태양 , 나이 : 20
원주율 : 3.141592
반지름이 5인 원의 넓이 : 78.54
```

[프로그램 설명]

- 1~3번 행에서 각 변수에 값 할당
- 5~7번 % 포맷팅을 사용한 방법
- 문자열 내에 포맷지정자(%s, %d, %f 등)를 사용하여 값을 삽입할 위치와 형식을 지정
- 큰 따옴표(") 사이에 포맷지정자가 포함된 문자열을 입력하고 뒤에 % 기호를 사용한 뒤 소괄호 ( )에 포맷 지정자의 위치에 대체하여 삽입할 값을 입력
- %s(문자열), %d(정수), %f(실수)를 의미. 7번 행 %.2f는 소수점 이하자리 2자리만 출력
- 9~11번 행은 .format( ) 메서드를 사용한 방법
- 문자열 내의 중괄호 { }로 변경할 위치를 지정하고 .format(값)으로 값을 지정
- 문자열 안에 중괄호가 여러 개 있으면 9번 행처럼 .format( ) 여러 인수들을 쉼표로 나열
- 중괄호 안에 인덱스(0부터 시작)를 넣으면 해당 위치에 있는 데이터가 출력. 위치를 지정하는 숫자가 없이 { } 만 있으면 format( ) 안의 데이터가 순서대로 출력
- 중괄호 { } 안에 콜론(:)을 사용하여 해당 위치에서의 출력 형식을 지정할 수도 있음
- 11번 행에서 .2f는 소수점 이하 지리 2자리까지만 출력
- 13~15번 행은 f-strings을 사용한 방법(파이썬 3.6에서 도입)
- 문자열 앞에 f 또는 F 접두어를 붙이고 { } 내에 변수나 표현식을 직접 작성
- 중괄호 { } 안에 콜론(:)을 사용하여 해당 위치에서의 출력 형식을 지정할 수도 있음
- 15번 행에서 .2f 는 소수점 이하 지리 2자리까지만 출력
- f-strings는 코드를 간결하고 읽기 쉽게 만들어주기 때문에 문자열 포맷팅을 할 때 많이 사용되는 방법

find, index( ) 메서드

find( ), index( ) 메서드는 문자열에서 찾고 싶은 문자의 위치를 찾아 인덱스 값을 반환해 준다. 문자열에서 찾는 문자가 중복으로 들어 있으면 첫 번째 문자의 인덱스 값을 반환해 준다. 차이점은 find( )는 찾는 문자가 없으면 -1 값을 반환 하고, index( )는 찾는 문자가 없으면 에러(ValueError)를 발생한다. 인덱스 값은 0부터 시작하고 공백도 포함이 된다.

replace( ) 메서드는 문자열의 값을 원하는 값으로 바꿀 수 있다. replace(찾을값, 바꿀값, 횟수)를 입력하는데 횟수를 생략하면 모두 변경한다.

5.10 - 문자열 찾기/교체 index( ), find( ), replace( ) 메서드

```
1  fruit = "apple"
2
3  print( fruit.index( "p" ) )
4  print( fruit.find( "p" ) )
5  print( fruit.replace( "p" , "x" ) )
```

[프로그램 실행 결과]

```
1
1
axxle
```

[프로그램 설명]

- 3~4번 행에서 index( )와 find( ) 메서드를 사용하여 찾고 싶은 문자(p)의 위치를 찾아 인덱스 값을 출력
- replace( ) 메서드는 문자열의 값(p)을 원하는 값(x)으로 바꾸어 출력

아래 예제의 출력 결과는 문자열에 공백이 들어가 있어서 p의 인덱스 값은 2이다.

```
fruit = " apple"
print( fruit.index("p") )
```

split( ) 메서드는 문자열을 특정 문자나 문자열을 기준으로 분리할 때 사용하고, 여러 개의 문자열을 하나로 결합할 때는 join( ) 메서드를 사용한다.

split( ) 메서드는 구분자를 생략하면 공백 문자(스페이스, 탭, 줄바꿈 등)로 문자열을 나누고, 구분자를 지정하면 구분자를 기준으로 문자열을 나누어 리스트로 반환한다.

join( ) 메서드는 주어진 반복 가능한 객체(보통 리스트나 튜플)의 문자열 데이터들을 하나의 문자열로 결합한다. 결합 시 구분자가 각 데이터 사이에 삽입된다.

5.11 - 문자열 분리/결합 split( ), join( ) 메서드

```
1  fruit = "apple, banana, mango"
2  print( fruit )
3
4  sp_fruit = fruit.split( ", " )
5  print( sp_fruit )
6
7  jo_fruit = " ".join( sp_fruit )
8  print( jo_fruit )
```

[프로그램 실행 결과]

```
apple, banana, mango
['apple', 'banana', 'mango']
apple banana mango
```

[프로그램 설명]

- 4번 행에서 .split(", ")은 문자열("apple, banana, mango")을 분리하기 위해 split 메서드에 쉼표(,)와 공백을 구분자로 전달
- 문자열이 분리되어 리스트로 저장된 sp_fruit 출력
- 리스트로 저장된 sp_fruit 변수에 있는 데이터를 " ".join(sp_fruit)로 공백을 구분자로 하여 문자열을 재결합
- 출력 결과를 보면 쉼표(,)와 공백으로 구분되어 있던 문자열이 공백으로만 구분된 문자열로 바뀌 출력

〈표 5-4〉 문자열 메서드

함수	설명	사용 예	결과
count( )	문자열에서 지정한 문자 개수를 세는 함수	fruit = "apple" print(fruit.count("p"))	2
join( )	문자열 안에 특정 값을 삽입	fruit = "apple" print("," .join(fruit))	a,p,p,l,e
upper( )	소문자를 대문자로 바꿈	fruit = "apple" print(fruit.upper( ))	APPLE
lower( )	대문자를 소문자로 바꿈	fruit = "APPLE" print(fruit.lower( ))	apple
strip( )	문자열 양쪽에 있는 공백을 지울 수 있음	fruit = " apple " print(fruit.strip( ))	apple
split( )	문자열을 공백 기준으로 분리 (구분자 생략하면) 문자열을 특정 값을 기준으로 분리 리스트로 반환	fruit = "a,p,p,l,e" print(fruit.split(","))	['a' , 'p' , 'p' , 'l' , 'e']

불리언 자료형 : 참, 거짓

불리언(Boolean) 자료형은 논리적으로 참(True) 또는 거짓(False)을 나타내는 자료형이다. 주로 논리 연산자와 함께 어떤 조건을 판단할 때 사용한다. 참(맞음)을 나타내는 True와 거짓(틀림)을 나타내는 False가 있다. 따옴표 없이 사용하며 대소문자를 구분하므로 소문자 true나 false로 사용하지 않는다.

비교 연산자는 〈 (작다), 〉 (크다), 〈= (작거나같다), 〉= (크거나같다) 등과 같은 등호와 부등호 등을 사용하여 비교를 수행하는 연산자이다. 논리 연산자에는 논리곱(and), 논리합(or), 논리 부정(not)이 있다. 아래는 주로 사용하는 비교 연산자와 논리 연산자이다.

〈표 5-5〉 비교 연산자 종류와 사용 예

연산 기호	사용 예	설명	사용 예	결과
!=	a != c	a와 c가 같지 않다	4 != 2	True
==	a == c	a와 c가 같다	4 == 2	False
〈	a 〈 c	a가 c보다 작다	4 〈 2	False
〉	a 〉 c	a가 c보다 크다	4 〉 2	True
<=	a 〈= c	a가 c보다 작거나 같다	4 〈= 4	True
〉=	a 〉= c	a가 c보다 크거나 같다	4 〉= 2	True

〈표 5-6〉 논리 연산자 종류와 사용 예

연산자	사용 예	설명	사용 예	결과
and	a and c	a와 c가 모두 참일 참 나머지는 거짓	(4 〉 2) and (2 〉= 2)	True
or	a or c	a와 c중 하나라도 참이면 참 둘다 거짓일 때 거짓	(4 〈 2) or (2 〉= 2)	True
not	not a	a가 참이면 거짓, 거짓이면 참	not True	False

앞에서 배운 다양한 연산자가 복합적으로 사용되어 있다면 연산 규칙에 따라 괄호가 있을 경우에는 괄호부터 수행하고 왼쪽에서 오른쪽 순서로 연산을 수행한다.

여러 논리 연산자를 수행해야하는 경우에는 not 〉 and 〉 or 순서로 연산을 진행한다. 만약 논리 연산자와 비교 연산자가 함께 사용되고 있다면 비교 연산자를 수행한 후에 논리 연산자를 수행한다.

복합 자료형 : 리스트, 튜플, 세트, 딕셔너리

지금까지 알아본 숫자, 문자열, 불리언 자료형은 값을 하나씩 가질 수 있다. 하지만 프로그램을 하다보면 여러 자료형의 값을 하나로 묶어서 한 번에 처리하면 편리하다.

여러 개의 숫자와 문자열, 또는 숫자와 문자열을 함께 사용하는 자료형을 복합 자료형이라고 한다. 복합 자료형에는 리스트(list), 튜플(tuple), 세트(set), 딕셔너리(dict) 자료형이 있다.

리스트(list)

리스트 자료형은 여러 개의 데이터를 하나의 변수에 저장한다. 리스트는 대괄호 [ ]를 사용해 만들고 여러 데이터들은 쉼표(,)로 구분한다. 리스트에는 숫자, 문자열, 불리언, 리스트 등 다양한 자료형이 들어갈 수 있다.

5.12 - 리스트 변수 생성 및 출력

```
empty_list = [ ]
numbers_list = [ 10, 20, 30 ]
fruits_list = [ "사과", "딸기", "오렌지" ]
mixed1_list = [ 3.14, True, "강태양" ]
mixed2_list = [ 9, "감", [ "이순신", "강감찬" ] ]

print( empty_list )
print( numbers_list )
print( fruits_list )
print( mixed1_list )
print( mixed2_list )
```

[프로그램 실행 결과]

```
[ ]
[ 10, 20, 30 ]
[ '사과', '딸기', '오렌지' ]
[ 3.14, True, '강태양' ]
[ 9, '감', [ '이순신', '강감찬' ] ]
```

[프로그램 설명]

- 1번 행에서 빈 리스트 생성
- 2번 행은 숫자를 데이터로 갖는 리스트, 3번 행은 문자열을 데이터로 갖는 리스트 생성
- 4번 행에서 숫자, 불리언, 문자열을 데이터로 갖는 리스트 생성
- 5번 행에서 숫자, 문자열뿐만 아니라 다시 리스트를 데이터로 갖는 리스트 생성
- 7~11번 행에서 생성한 각 리스트 출력함
- 결과에 대괄호 [ ]가 포함되어 있어서 리스트임을 알 수 있음
- print(type(numbers_list)) 을 실행하면 〈class 'list' 〉라고 반환, 리스트임을 확인

리스트 연산하기

리스트 자료형도 문자열 자료형에서 사용했던 더하기(+)와 곱하기(*) 연산이 가능하다. 더하기 연산은 두 리스트를 연결해서 새로운 리스트를 만든다. 곱하기 연산은 곱한 횟수만큼 리스트를 반복해서 연결 한 후 새로운 리스트를 생성한다.

5.13 - 리스트 더하기, 곱하기 연산

```
1 numbers_list = [ 10, 20, 30 ]
2 fruits_list = [ "사과", "딸기", "오렌지" ]
3
4 print( numbers_list + fruits_list )
5 print( numbers_list * 2 )
```

[프로그램 실행 결과]

```
[ 10, 20, 30, '사과', '딸기', '오렌지' ]
[ 10, 20, 30, 10, 20, 30 ]
```

[프로그램 설명]

- 4번 행에서 더하기 연산자를 사용하여 numbers_list 와 fruits_list를 합쳐서 출력
- 5번 행에서 numbers_list를 곱하기 연산자를 사용하여 2번 반복 출력
- 연산 결과에서도 알 수 있듯 리스트는 요소의 중복을 허용
- 같은 값을 리스트에 여러 번 저장할 수 있음

리스트 자료형 역시 문자열에서 실습했던 인덱싱과 슬라이싱이 가능하다. 문자열에서 실습했던 표현식을 그대로 따르며 인덱스는 0부터 시작한다.

5.14 - 리스트 인덱싱과 슬라이싱

```
1  numbers_list = [ 10, 20, 30 ]
2  fruits_list = [ "사과", "딸기", "오렌지" ]
3  mixed2_list = [ 9, "감", [ "이순신", "강감찬" ] ]
4
5  print( numbers_list[2] )
6  print( fruits_list[1] )
7  print( fruits_list[1][0] )
8  print( mixed2_list[2][-1][-1] )
```

[프로그램 실행 결과]

```
30
딸기
딸
찬
```

[프로그램 설명]

- 5번 행에서 numbers_list 에 있는 세 번째 데이터 출력
- 6번 행에서 fruits_list 에 있는 두 번째 데이터 출력
- 7번 행에서 truits_list 에 있는 두 번쌔 네이터 "딸기" 에서 첫 번째 데이터 출력
- 7번 행처럼 리스트의 데이터가 문자열이면 또 다시 인덱스를 통해 가져올 수 있음
- 8번 행에서 mixed2_list 에 있는 세 번째 데이터 ['이순신' , '강감찬'] 리스트 중에서 다시 가장 마지막에 있는 데이터 강감찬에서 다시 가장 마지막에 있는 데이터 찬을 출력
- 리스트의 데이터가 다시 리스트이면서 문자열이면 예제처럼 또 다시 인덱스를 통해 데이터를 가져올 수 있음. 아래 그림을 보면서 이해하기 바란다.

리스트	9	'감'	['이순신', '강감찬']
앞에서부터 인덱스	0	1	2
뒤에서부터 인덱스	-3	-2	-1

mixed2_list[2]

리스트	'이순신'	'강감찬'
앞에서부터 인덱스	0	1
뒤에서부터 인덱스	-2	-1

mixed2_list[2][-1]

문자열	강	감	찬
앞에서부터 인덱스	0	1	2
뒤에서부터 인덱스	-3	-2	-1

mixed2_list[2][-1][-1]

리스트 변경 및 삭제

5.15 - 리스트 변경 및 삭제

```
fruits_list = [ "사과", "딸기", "오렌지" ]
mixed2_list = [ 9, "감", [ "이순신", "강감찬" ] ]

print( fruits_list )
print( mixed2_list )

del fruits_list[1]
mixed2_list[1] = "감자탕"

print( fruits_list )
print( mixed2_list )
```

[프로그램 실행 결과]

```
[ '사과', '딸기', '오렌지' ]
[ 9, '감', [ '이순신', '강감찬' ] ]
[ '사과', '오렌지' ]
[ 9, '감자탕', [ '이순신', '강감찬' ] ]
```

[프로그램 설명]

- 4~5번 행에서 생성한 리스트 출력
- 7번 행에서 del 명령어을 사용하여 ruits_list 에 있는 인덱스 1의 데이터 딸기 삭제
- 8번 행에서 mixed2_list 에 있는 인덱스 1의 데이터를 감자탕으로 변경
- 10~11번 행에서 해당 리스트 출력

리스트 메서드

리스트 자료형에 특별한 기능을 수행하는 다양한 메서드를 붙여 사용할 수도 있다. 데이터 추가, 데이터 삭제, 원하는 위치에 데이터 추가 등 메서드를 이용할 수 있다.

리스트 자료형이 변수에 저장되었다고 가정하면 표현식은 변수명.메서드명( )이다. append( ) 메서드는 리스트 변수의 마지막 위치에 데이터를 하나씩 추가할 때 이용한다.

5.16 - 리스트 자료형의 append( ) 메서드

```
numbers_list = [ 10, 20, 30 ]
fruits_list = [ "사과", "딸기", "오렌지" ]

numbers_list.append(40)
fruits_list.append(["배", "수박"])

print( numbers_list )
print( fruits_list )
```

[프로그램 실행 결과]

```
[ 10, 20, 30, 40 ]
[ '사과', '딸기', '오렌지', [ '배', '수박 ' ] ]
```

[프로그램 설명]

- 4번 행에서 numbers_list 끝에 append( ) 메서드를 이용하여 40 데이터 하나를 추가
- 5번 행에서 append( ) 메서드 안에 리스트를 입력하여 fruits_list 끝에 중첩리스트 생성
- append( )는 전달받은 데이터를 하나의 데이터로 보고 전체를 리스트 데이터로 추가
- 7~8번 행에서 해당 리스트 출력

extend( ) 메서드는 리스트 변수의 끝에 다른 리스트의 데이터를 추가할 수 있는 리스트 확장 메서드이다. append( ) 메서드는 리스트 변수의 끝에 데이터 하나를 추가할 수 있는데 extend( ) 메서드는 여러 데이터를 추가할 수 있다.

5.17 - 리스트 자료형의 extend( ) 메서드

```
1  numbers_list = [ 10, 20, 30 ]
2  numbers2_list = [ 5, 3, 8 ]
3  fruits_list = [ "사과", "딸기", "오렌지" ]
4
5  numbers_list.extend( numbers2_list )
6  fruits_list.extend( [ "배", "수박" ] )
7
8  print( numbers_list )
9  print( fruits_list )
```

[프로그램 실행 결과]

```
[ 10, 30, 20, 5, 3, 8 ]
[ '사과', '딸기', '오렌지', '배', '수박' ]
```

[프로그램 설명]

- 2번 행에서 numbers2_list 생성
- 5번 행에서 extend( ) 메서드로 numbers_list 변수에 numbers2_list 데이터를 추가
- 6번 행에서 fruits_list 끝에 extend( ) 메서드를 이용하여 ["배", "수박"] 데이터 추가
- extend( )는 전달받은 데이터에 여러 데이터가 있을 경우 리스트에 각각 추가
- 8 ~ 9번 행에서 해당 리스트 출력

insert( ) 메서드는 리스트 변수의 원하는 위치에 데이터를 추가할 수 있다. remove( ) 메서드는 리스트 변수 안에서 처음으로 일치하는 데이터를 삭제할 수 있다.

5.18 - 리스트 자료형의 remove( ) 와 insert( ) 메서드

```
1  numbers_list = [ 10, 20, 30, 20 ]
2  fruits_list = [ "사과", "딸기", "오렌지" ]
3
4  numbers_list.remove(20)
5  fruits_list.insert( 1 , "망고" )
6
7  print( numbers_list )
8  print( fruits_list )
```

[프로그램 실행 결과]

```
[ 10, 30, 20 ]
[ '사과', '망고', '딸기', '오렌지' ]
```

[프로그램 설명]

- 4번 행에서 remove( ) 메서드를 이용하여 numbers_list 에서 처음으로 일치하는 20 삭제
- 5번 행에서 insert( ) 메서드를 실행하여 fruits_list의 인덱스 1번 위치에 망고 삽입
- 7~8번 행에서 해당 리스트 출력

pop( ) 메서드는 리스트 변수의 마지막에 있는 데이터를 삭제하거나, 해당 인덱스에 있는 데이터를 삭제한다.

5.19 - 리스트 자료형의 pop( ) 메서드

```
numbers_list = [ 10, 20, 30, 20 ]
fruits_list = [ "사과", "딸기", "오렌지" ]

numbers_list.pop( )
fruits_list.pop( 1 )

print( numbers_list )
print( fruits_list )
```

[프로그램 실행 결과]

```
[ 10, 30, 20 ]
[ '사과', '오렌지' ]
```

[프로그램 설명]

- 4번 행에서 pop( ) 메서드를 이용하여 numbers_list 변수의 마지막 데이터 20 삭제
- 5번 행에서 pop(1) 메서드를 실행하여 fruits_list의 인덱스 1번 위치에 딸기 삭제
- 7 ~ 8번 행에서 해당 리스트 출력

〈표 5-7〉 리스트 메서드

함수	설명	사용 예	결과
clear( )	리스트의 모든 데이터를 삭제	num = [10, 5, 5] num.clear( ) print(num)	[ ]
count( )	리스트에서 입력한 데이터와 일치하는 개수를 반환	num = [10, 5, 5] print(num.count(5))	2
index( )	리스트에서 입력한 데이터와 일치하는 첫 번째 데이터의 인덱스를 반환	num = [10, 5, 5] print(num.index(5))	1
reverse( )	리스트의 현재 데이터들의 순서를 뒤집어서 출력	num = [10, 5, 5] num.reverse( ) print(num)	[5, 5, 10]
sort( )	숫자나 문자열로 구성된 리스트의 데이터를 오름차순으로 정렬 .sort(reverse=True)를 실행하면 내림차순으로 정렬	num = [10, 5, 5] num.sort( ) print(num)	[3, 5, 10]

튜플(tuple)

튜플 자료형은 리스트처럼 여러 개의 데이터를 하나의 변수에 저장한다. 튜플은 한번 생성하고 나면 수정이 불가능하다. 리스트는 대괄호 [ ]로 만들지만, 튜플은 소괄호 ( )를 사용해 만들거나 괄호 없이 데이터를 나열하여 만든다. 여러 데이터들은 쉼표(,)로 구분한다.

튜플 자료형은 수정이 안 되기 때문에 삽입(insert), 삭제(remove), 제거(pop), 추가(append), 확장(extend) 등과 같은 값을 변경하는 메서드들을 사용할 수 없다.

5.20 - 튜플 생성 및 출력

```
1   empty_tuple = ( )
2   numbers_tuple = ( 10, 20, 30 )
3   fruits_tuple = "사과", "딸기", "오렌지"
4   mixed1_tuple = ( 3.14, True, "강태양" )
5   mixed2_tuple = ( 9, "감", ( "이순신", "강감찬" ) )
6
7   print( empty_tuple )
8   print( numbers_tuple )
9   print( fruits_tuple )
10  print( mixed1_tuple )
11  print( mixed2_tuple )
```

[프로그램 실행 결과]

```
( )
( 10, 20, 30 )
( '사과', '딸기', '오렌지')
( 3.14, True, '강태양')
( 9, '감', ( '이순신', '강감찬') )
```

[프로그램 설명]

- 1번 행에서 빈 튜플 생성
- 2번 행에서 숫자를 데이터로 갖는 튜플 생성
- 3번 행에서 문자열을 데이터로 갖는 튜플 생성, 괄호 생략해서
- 4번 행에서 숫자, 불리언, 문자열을 데이터로 갖는 튜플 생성
- 5번 행에서 숫자, 문자열, 리스트를 데이터로 갖는 튜플 생성
- 7~11번 행에서 생성한 각 리스트 출력
- 출력 결과에 소괄호 ( )가 포함되어 있어서 튜플임을 알 수 있음
- print(type(numbers_tuple))을 실행하면 〈class 'tuple' 〉라고 반환, 튜플임을 확인

튜플 연산하기

튜플 자료형에서 데이터 수정은 불가능하지만 더하기(+)와 곱하기(*) 연산은 가능하다. 더하기 연산은 두 튜플을 연결해서 새로운 튜플을 만든다. 곱하기 연산은 곱한 횟수만큼 튜플을 반복해서 연결한 후 새로운 튜플을 생성한다.

5.21 - 튜플 더하기, 곱하기 연산

```
1  numbers_tuple = ( 10, 20, 30 )
2  fruits_tuple = ( "사과", "딸기", "오렌지" )
3
4  print( numbers_tuple + fruits_tuple )
5  print( numbers_tuple * 2 )
```

[프로그램 실행 결과]

```
( 10, 20, 30, '사과', '딸기', '오렌지' )
( 10, 20, 30, 10, 20, 30 )
```

[프로그램 설명]

- 4번 행에서 더하기 연산자를 사용하여 numbers_tuple와 fruits_tuple를 합쳐서 출력
- 5번 행에서 numbers_tuple를 곱하기 연산자를 사용하여 2번 반복 출력
- 연산 결과는 리스트 자료형과 동일

튜플 자료형의 인덱싱과 슬라이싱 방법도 리스트와 유사하다.

5.22 - 튜플 인덱싱과 슬라이싱

```
numbers_tuple = ( 10, 20, 30 )
fruits_tuple = ( "사과", "딸기", "오렌지" )
mixed2_tuple = ( 9, "감", ( "이순신", "강감찬" ) )

print( numbers_tuple[2] )
print( fruits_tuple[1] )
print( fruits_tuple[1][0] )
print( mixed2_tuple[2][-1][-1] )
```

[프로그램 실행 결과]

```
30
딸기
딸
찬
```

[프로그램 설명]

- 5번 행에서 numbers_tuple 에 있는 세 번째 데이터 출력
- 6번 행에서 fruits_tuple 에 있는 두 번째 데이터 출력
- 7번 행에서 fruits_tuple 에 있는 두 번째 데이터 "딸기" 에서 첫 번째 데이터 출력
- 7번 행처럼 튜플의 데이터가 문자열이면 또 다시 인덱스를 통해 가져올 수 있음
- 8번 행에서 mixed2_tuple 에 있는 세 번째 데이터 ('이순신' , '강감찬') 튜플 중에서 다시 가장 마지막에 있는 데이터 강감찬에서 다시 가장 마지막에 있는 데이터 찬을 출력
- 연산 결과는 리스트 자료형과 유사

튜플은 데이터를 변경할 수 없기 때문에 리스트에 비해 사용할 수 있는 메서드의 종류가 제한적이다. append( ), insert( ), extend( )처럼 데이터를 추가하는 메서드나 remove( ), pop( )와 같이 데이터를 삭제하는 메서드 그리고 요소의 순서를 변경하는 sort( )나 reverse( ) 메서드도 사용할 수 없다.

〈표 5-8〉 튜플에서 사용 가능한 메서드

함수	설명	사용 예	결과
count( )	튜플에서 입력한 데이터와 일치하는 개수를 반환	num = (10, 5, 3, 5) print(num.count(5))	2
index( )	튜플에서 입력한 데이터와 일치하는 첫 번째 데이터의 인덱스를 반환	num = (10, 5, 3, 5) print(num.index(5))	1

튜플에서 사용 가능한 메서드는 index( ) 메서드로 주어진 데이터와 일치하는 요소들 중 첫 번째 요소의 인덱스를 반환한다. 만약 주어진 데이터가 튜플에 없으면 오류(ValueError)가 발생한다. 또한 count( ) 메서드를 통해 동일한 데이터가 튜플 내에 몇 번 나타나는지 그 개수를 반환하는 메서드를 사용할 수 있다.

세트(set)

세트(set)는 집합의 의미로 데이터의 순서가 없고 단순히 모아놓은 것이기 때문에 데이터 중복을 허용하지 않고, 인덱싱으로 값을 얻을 수도 없다. 즉, 세트는 순서가 없어서 인덱싱이나 슬라이싱을 통해 데이터에 접근할 수 없다. 세트는 중괄호 { }로 만들고 여러 데이터들은 쉼표(,)로 구분한다.

5.23 - 세트 생성 및 출력

```
1  numbers_set = { 10, 20, 30, 4, 5, 10, 30 }
2  fruits_set = set( [ "사과", "딸기", "오렌지", "딸기" ] )
3  fruits2_set = set( "I eat banana" )
4
5  print( numbers_set )
6  print( fruits_set )
7  print( fruits2_set )
```

[프로그램 실행 결과]

```
{ 4, 5, 20, 10, 30 }
{ '딸기', 사과', '오렌지' }
{ ' ', 'a', 'b', 'n', 'I', 't', 'e' }
```

[프로그램 설명]

- 1번 행에서 중괄호를 이용해서 numbers_set 생성
- 2번 행에서 set( ) 함수를 이용하여 리스트를 세트로 생성
- 3번 행에서 set( ) 함수를 이용하여 문자열을 세트로 생성
- 5번 행에서 numbers_set에서 중복을 제거하고 출력
- 6번 행에서 리스트에서 중복 데이터를 제거하고 출력
- 7번 행에서 문자열에서 중복 데이터를 제거하고 출력, 공백문자도 출력
- 출력 결과에 중괄호 { }가 포함되어 있어서 세트임을 알 수 있음
- print(type(numbers_set))을 실행하면 〈class 'set'〉라고 반환, 세트임을 확인

세트(set)는 수학적으로 집합을 의미한다. 따라서 수학에서 배운 집합 연산인 합집합(|), 교집합(&), 차집합(−)을 구할 수 있다. 메서드는 union( ), intersection( ), difference ( )이다.

5.24 - 세트 생성 및 출력

```
1  numbers1_set = { 10, 20, 30 }
2  numbers2_set = { 30, 40, 50 }
3
4  print( numbers1_set | numbers2_set )
5  print( numbers1_set & numbers2_set )
6  print( numbers1_set - numbers2_set )
7  print( numbers1_set.union( numbers2_set ) )
8  print( numbers1_set.intersection( numbers2_set ) )
9  print( numbers1_set.difference( numbers2_set ) )
```

[프로그램 실행 결과]

```
{ 50, 20, 40, 10, 30 }
{ 30 }
{ 10, 20 }
{ 50, 20, 40, 10, 30 }
{ 30 }
{ 10, 20 }
```

[프로그램 설명]

- 4번 행에서 합집합 연산자 | 를 사용하여 두 집합의 전체 데이터 출력
- 7번 행 .union 메소드를 사용한 결과와 같음
- 5번 행에서 교집합 연산자 & 를 사용하여 두 집합의 공통 데이터 출력
- 8번 행 .intersection 메소드를 사용한 결과와 같음
- 6번 행에서 차집합 연산자 - 를 사용하여 두 집합의 전체 데이터 출력
- 9번 행 .difference 메소드를 사용한 결과와 같음

5.25 – 세트 자료형에 데이터 추가 및 삭제

```
1  numbers_set = { 10, 20, 30 }
2  fruits_set = set( [ "사과", "딸기", "오렌지", "딸기" ] )
3  mixed_set = set( [ 3.14, True, "강태양" ] )
4
5  numbers_set.add(70)
6  numbers_set.update( [ "배", "메론", "수박" ] )
7  numbers_set.remove(True)
8
9  print( numbers_set )
10 print( fruits_set )
11 print( mixed_set )
```

[프로그램 실행 결과]

```
{ 70, 10, 20, 30 }
{ '오렌지', '딸기', '수박', '메론', '배', '사과' }
{ 3.14, '강태양' }
```

[프로그램 설명]

- 1번 행에서 중괄호를 이용해서 2번~3번 행에서는 set 함수를 이용하여 리스트를 세트로 생성
- 5번 행에서 .add 메서드를 이용하여 데이터(70) 한 개 추가
- 6번 행에서 .update 메서드를 사용하여 리스트 형태의 여러 데이터 추가
- 7번 행에서 .remove 메서드를 사용하여 특정 데이터(True) 삭제
- 9~11번 행에서 중복 데이터가 있으면 제거하고 출력

〈표 5-9〉 세트 메서드

함수	설명	사용 예	결과
clear( )	세트의 모든 데이터를 삭제	num = {10, 5, 3, 5} num.clear( ) print(num)	set( )
discard( )	세트에서 입력한 데이터 삭제 일치하는 데이터가 없어도 에러 발생하지 않음	num = {10, 5, 3, 5} num.discard(5) print(num)	{ 10, 3 }
pop( )	임의의 데이터를 세트에서 제거하고 반환 예측불가	num = {10, 5, 3, 5} num.pop( ) print(num)	{ 3, 5 }

딕셔너리 (dictionary)

딕셔너리는 키(key)와 값(value)의 쌍으로 구성되는 자료형이다. 리스트와 튜플은 데이터를 넣으면 데이터의 위치에 따라 인덱스가 자동으로 생성되었다. 따라서 원하는 데이터에 접근하려면 반드시 인덱스의 값을 따져봐야 했다. 그러나 딕셔너리는 키와 값이 쌍을 이루기 때문에 인덱스 대신 키를 이용해 해당 키에 연결된 값에 접근할 수 있다.

딕셔너리는 중괄호 { }를 사용하여 만들고, 키와 값은 콜론(:)으로 구분하고 각 쌍은 쉼표(,)로 구분한다. 딕셔너리의 키(key)는 숫자, 문자열, 불리언이 될 수 있으며, 중복된 키는 허용되지 않는다. 딕셔너리 값(value)으로는 어떠한 종류의 자료형도 사용할 수 있다.

5.26 – 딕셔너리 생성 및 출력

```
1  fruits_dict = { 1 : "사과" , 2 : "딸기" , 3 : "오렌지" }
2  person_dict = { "ID-01" : [ "강태양", 20] , "ID-02" : [ "이순신", 50] }
3  bool_dict = { True : "맞음" , False : "틀림" }
4  date_dict = dict( year = 2024 , month = 8 , day = 3 )
5
6  print( fruits_dict )
7  print( person_dict )
8  print( bool_dict )
9  print( date_dict )
```

[프로그램 실행 결과]

```
{ 1 : '사과', 2 : '딸기', 3 : '오렌지' }
{ 'ID-01' : ['강태양', 20] , 'ID-02' : ['이순신', 50] }
{ True : '맞음' , False : '틀림' }
{ 'year' : 2024, 'month' : 8, 'day' : 3 }
```

[프로그램 설명]

- 1번 행에서 키는 숫자, 값은 문자열 구성된 딕셔너리 생성
- 2번 행은 키는 문자열, 값은 리스트로 구성된 딕셔너리 생성
- 3번 행에서 키는 불리언, 값은 문자열로 구성된 딕셔너리 생성
- 4번 행처럼 dict( ) 함수를 사용하여 변수에 값을 지정하는 방식으로도 딕셔너리 생성
- 이때 변수명은 문자열로 변환되어 딕셔너리의 키가 되고, 변수값은 딕셔너리의 값이 됨
- 6~9번 행에서 생성한 각 딕셔너리 출력함. 결과에 중괄호 { }로 감싸고, 키와 값은 콜론(

:) 으로 구분하고 있어서 딕셔너리임을 알 수 있음
- print(type(date_dict)) 을 실행하면 〈class 'dict' 〉라고 반환, 딕셔너리임을 확인

5.27 - 딕셔너리 keys( ), values( ), items( ) 메서드

```
1  fruits_dict = { 1 : "사과" , 2 : "딸기" , 3 : "오렌지" }
2
3  print( fruits_dict )
4  print( fruits_dict.keys( ) )
5  print( fruits_dict.values( ) )
6  print( fruits_dict.items( ) )
7
8  print( list( fruits_dict.keys( ) ) )
9  print( list( fruits_dict.values( ) ) )
10 print( list( fruits_dict.items( ) ) )
```

[프로그램 실행 결과]

```
{ 1 : '사과', 2 : '딸기', 3 : '오렌지' }
dict_keys( [ 1 , 2 , 3 ] )
dict_values( [ '사과', '딸기', '오렌지' ] )
dict_items( [ ( 1, '사과'), (2 : '딸기'), (3 : '오렌지') ] )
[ 1 , 2 , 3 ]
[ '사과', '딸기', '오렌지' ]
[ ( 1, '사과'), (2 : '딸기'), (3 : '오렌지') ]
```

[프로그램 설명]

- 3번 행에서 fruits_dict 딕셔너리 출력
- 4번 행에서 해당 딕셔너리에서 키 전체를 리스트로 모아서 dict_keys 자료형으로 반환
- 5번 행에서 해당 딕셔너리에서 값 전체를 리스트로 모아서 dict_values 자료형으로 반환
- 6번 행에서 해당 딕셔너리에서 키와 값의 쌍을 (키, 값)처럼 튜플로 모으고 전체를 다시 리스트로 모아서 dict_items 자료형으로 반환
- 8~10번 행처럼 list( ) 함수를 사용하여 dict_keys, dict_values, dict_items 자료형의 결과를 리스트로 변환

5.28 - 딕셔너리 update( ), get( ), clear( ) 메서드

```
1   fruits_dict = { 1 : "사과" , 2 : "딸기" , 3 : "오렌지" }
2   new_dict = { 5 : "바나나" , 8 : "수박" }
3
4   fruits_dict.update( new_dict )
5   print( fruits_dict )
6
7   print( fruits_dict.get( 5 ) )
8   print( fruits_dict.get( 9 ) )
9
10  fruits_dict.clear( ) )
11  print( fruits_dict )
```

[프로그램 실행 결과]

```
{ 1 : '사과', 2 : '딸기', 3 : '오렌지', 5 : '바나나', 8 : '수박' }
바나나
None
{ }
```

[프로그램 설명]

- 1~2번 행에서 fruits_dict, new_dict 딕셔너리 생성
- 4번 행에서 .update( ) 메서드를 이용하여 fruits_dict 딕셔너리에 새로 만든 new_dict 딕셔너리의 키와 값의 쌍을 추가
- 7번 행에서 .get( ) 메서드로 키(5)를 이용하여 키에 대응하는 값(바나나)을 반환
- 8번 행에는 키(9)가 없으므로 None(어떠한 데이터도 없음을 의미)을 반환
- 10번 행처럼 .clear( ) 메서드를 사용하여 딕셔너리의 모든 키와 값을 삭제

제 6 장

파이썬 문법

6.1 파이썬 문법 – 제어문

지금까지 작성한 코드는 위에서 아래 방향으로 순차적으로 수행되었다. 이처럼 순차적으로 수행되는 코드에 특정 조건을 설정하고 결과에 따라 특정부분을 실행하거나 반복하도록 진행 순서를 바꿀 수 있는데 이를 제어문이라고 한다.

파이썬의 제어문은 프로그램의 흐름을 제어하는 구문으로 조건문과 반복문이 있다. 조건문은 특정 조건을 설정하고 판단 결과에 따라 코드를 실행한다. 반복문은 특정 코드를 반복하기 위해 사용하는 제어문이다.

6.2 파이썬 문법 – 조건문

조건문 : if문

조건문은 어떤 조건이 참(True)인지 거짓(False)인지 판단하고 그 결과에 따라 어떤 동작을 하도록 만드는 구문으로 if 문을 사용한다. if 문은 단독으로도 사용할 수 있지만 else, elif 구문을 사용하여 여러 조건을 추가할 수도 있다.

1) 단순한 if문

먼저 단독으로 사용하는 if문은 주어진 조건이 참(True)인지 거짓(False)인지 검사하고 참인 경우에만 코드를 실행한다. 거짓인 경우에는 실행하지 않는다. if문의 기본 구조는 아래와 같다.

if 문 형식

```
if 조건 :
    조건이 참일 때 수행할 코드
```

if 뒤에 조건을 입력하고 반드시 콜론(:)을 입력하고 줄 바꿈을 실행한다. 그리고 다음 줄에 조건이 참일 경우에 수행할 코드를 입력한다. 이때 주의할 점은, 반드시 공백 네 칸 또는 [Tab]키를 눌러 들여쓰기를 한 다음 코드를 입력해야 한다는 것이다.

Visual Studio Code 프로그램은 콜론(:) 입력 후 [Enter]키를 누르면 자동으로 들여쓰기가 된다.

6.1 – if 문을 이용한 예

```
1  age = 7
2  if age <= 7 :
3      print( "당신은 유아 입니다." )
```

[프로그램 실행 결과]

```
당신은 유아 입니다.
```

[프로그램 설명]

- if문을 단독으로 사용한 조건문 프로그램
- 조건을 설정하고, 조건이 참(True)인 경우에만 실행하는 프로그램
- 2번 행에서 조건(age <= 7)을 만족하는 경우에만 3번 행 실행
- 1번 행에서 age의 값이 7이기 때문에 조건을 만족하여 3번 행을 실행하고 마침
- 조건을 만족하려면 age의 값이 1, 2, 3, 4, 5, 6, 7 인 경우에만 만족
- 다른 값은 조건을 만족하지 않기 때문에 3번 행을 실행하지 않음

2) if ~ else문

먼저 위에서 알아본 if문을 단독으로 사용하면 조건에 맞는 경우에만 코드를 실행한다. 그러나 조건이 참(True)일 경우에 실행할 코드와 거짓(False)인 경우에도 코드를 실행하도록 설정하려면 if문에 else를 함께 사용하면 된다.

특이점은 조건이 거짓일 경우에는 무조건 else로 넘어오기 때문에 else 뒤에는 조건을 적지 않고 콜론(:)을 바로 입력한다. 그리고 들여쓰기를 한 다음 조건이 거짓일 때 실행할 코드를 입력한다. else를 포함한 if 문의 구조는 아래와 같다.

if ~ else 문 형식

```
if 조건 :
    조건이 참일 때 수행할 코드
else :
    조건이 거짓일 때 수행할 코드
```

6.2 - if ~ else 문을 이용한 예

```
1 age = 18
2 if age <= 19 :
3     print( "당신은 미성년 입니다." )
4 else :
5     print( "당신은 성인 입니다." )
```

[프로그램 실행 결과]

```
당신은 미성년 입니다.
```

[프로그램 설명]

- if문에 else를 함께 사용한 조건문 프로그램
- 조건을 설정하고, 조건이 참(True)일 때와 거짓(False)인 경우에도 각각 실행
- 2번 행에서 조건(age <= 19)을 만족하는 경우에만 3번 행 실행
- 2번 행에서 조건(age <= 19)을 만족하지 않은 경우에는 5번 행 실행
- 위 예제에서는 조건(age <= 19)을 만족하므로 3번 행 실행하고 마침

3) 여러 조건문 : if ~ elif 문

다중 if ~ elif 문은 여러 조건 중에서 판별하여 그 중에 만족하는 조건에 대해서만 코드를 실행할 수 있다. 형식에서 보이는 것처럼 기본적인 작성 방법은 동일하다. 다만 elif 뒤에 또 다른 조건을 입력하고 이전 조건은 거짓이지만 해당 조건은 참일 때 수행할 코드를 작성하면 된다. 조건을 여러 가지 설정하고자 한다면 elif를 여러 번 사용하는 것도 가능하다. elif는 else if의 의미이다.

if ~ elif 문 형식

```
if 조건1 :
    조건1이 참일 때 수행할 코드
elif 조건2 :
    조건2가 참일 때 수행할 코드
…………
else :
    조건 모두 거짓일 때 수행할 코드
```

6.3 – if 문을 이용한 예

```
1  age = 18
2  if age <= 14 :
3      print( "당신은 어린이 입니다." )
4  elif 15 <= age and age < 20 :
5      print( "당신은 청소년 입니다." )
6  else :
7      print( "당신은 어른 입니다." )
```

[프로그램 실행 결과]

```
당신은 청소년 입니다.
```

[프로그램 설명]

- if문에 elif로 조건을 추가한 프로그램
- 여러 조건을 추가하고 싶으면 elif로 조건을 추가로 설정
- 2번 행에서 조건(age 〈= 14)이 참이면 3번 행 실행, 거짓이면 4번 행으로 이동
- 4번 행에서 조건(15 〈= age and age 〈 20)에서 and 연산자는 앞, 뒤가 참이어야 참
- 4번 행 조건을 만족하면 5번 행 실행, 거짓이면 7번 행 실행
- 위 예제에서는 조건(15 〈= age and age 〈 20)을 만족하므로 5번 행 실행하고 마침

6.4 - 중첩된 if 문을 이용한 예

```
1  age = 12
2  if age <= 14 :
3      if age < 8 :
4          print( “8세 미만은 유아입니다." )
5      else :
6          print( " 당신은 어린이 입니다." )
7  elif 15 <= age < 20 :
8      print( "당신은 청소년 입니다." )
9  else :
10     print( "당신은 어른 입니다." )
```

[프로그램 실행 결과]

```
당신은 어린이 입니다.
```

[프로그램 설명]

- 중첩된 if문 프로그램
- 1번 행에서 age 변수에 값 12를 저장
- 2번 행에서 조건(age 〈= 14)이 참이므로 3번 행 실행
- 3번 행에서 다시 조건(age 〈 8)을 검사하고, 거짓이므로 6번 행 실행하고 마침

6.3 파이썬 문법 - 반복문

반복문 : for문

for문은 같은 작업을 반복할 때 효율적인 제어문이다. 지정된 범위만큼 반복을 실행한다. 따라서 반복할 범위를 지정해 주어야하고 반복해서 수행할 작업을 전달해 주어야 한다. for문의 기본 구조는 다음과 같다.

for 문 형식

```
for 변수 in 반복할범위 :
    반복 수행할 코드
```

for 뒤에 '변수 in 반복할 범위'를 적은 다음 반드시 콜론(:)을 입력하고 줄 바꿈을 실행한다. 그리고 다음 줄에 수행할 코드를 입력한다. 이때 주의할 점은, 반드시 공백 네 칸 또는 [Tab]키를 눌러 들여쓰기를 한 다음 코드를 입력해야 한다.

Visual Studio Code 프로그램은 콜론(:) 입력 후 [Enter]키를 누르면 자동으로 들여쓰기가 된다.

for 뒤에 나오는 변수는 카운터 변수(counter variable)라고도 부르는데, 반복할 범위 안의 각 항목을 하나씩 가리키는 역할을 한다. 즉, 반복할 범위에서 하나씩 항목을 가지고 와서 변수에 저장하고 그 변수로 다음 줄의 코드를 실행한다. 그리고 해당 변수에 대한 코드 수행을 마치면 다시 for문으로 돌아가서 반복할 범위에서 다음 항목을 가지고 와서 변수에 저장해 코드를 수행하는 작업을 반복한다. 이러한 반복 작업은 지정된 범위가 끝날 때까지 반복된다.

반복할 범위는 리스트나 튜플, 문자열, 딕셔너리 등 여러 요소를 포함하고 있는 객체를 사용할 수 있다. 여러 요소들을 처음부터 하나씩 순회하며 반복 작업을 수행한다. 그러나 단순히 몇 번만 반복하고 싶을 경우에는 파이썬에서 간단하게 숫자 리스트를 만들어주는 내장함수인 range( ) 함수를 사용할 수도 있다.

6.5 – for 문 사용하지 않은 예

```
num = [50, 32, 7]

print( num[0] )
print( num[1] )
print( num[2] )
```

[프로그램 실행 결과]

```
50
32
7
```

[프로그램 설명]

- 리스트에 들어 있는 숫자(3개) 출력하는 프로그램
- 3번 행에서 리스트 안의 첫 번째 값(50)의 인덱스는 0이므로 50을 터미널에 출력
- 4번 행에서 리스트 안의 두 번째 값(32)의 인덱스는 1이므로 32를 터미널에 출력
- 5번 행에서 리스트 안의 세 번째 값(7)의 인덱스는 2이므로 7을 터미널에 출력
- 리스트 안의 요소가 100개 있으면 print(num[인덱스]) 함수 100번 작성해야 함

6.6 – 반복할 범위에 숫자 리스트를 이용한 for 문

```
1  num = [50, 32, 7]
2
3  for i in num :
4      print( i )
```

[프로그램 실행 결과]

```
50
32
7
```

[프로그램 설명]

- 리스트에 들어 있는 숫자 3개가 들어있으므로 for 반복문 3번 번복
- 3번 행에서 리스트(name) 안의 첫 번째 데이터 50을 i 변수에 주고 터미널에 50 출력
- 리스트 안의 두 번째 데이터 32를 i 변수에 주고, 터미널에 32 출력
- 리스트 안의 세 번째 데이터 7을 i 변수에 주고, 터미널에 7 출력
- 더 이상 숫자가 없으므로 for 문 종료

6.7 – 반복할 범위에 range( ) 함수를 이용한 for 문

```
for i in range( 10 ) :
    print( i, end = " " )
```

[프로그램 실행 결과]

```
0 1 2 3 4 5 6 7 8 9
```

[프로그램 설명]

- 10번 반복하는 for 반복문
- range( ) 함수는 숫자 리스트를 생성하는 파이썬 내장함수
- 1번 행의 range(10) 함수는 0부터 10 미만까지 숫자 리스트를 생성
- 즉, [0,1,2,3,4,5,6,7,8,9] 리스트를 생성해서 순서대로 하나씩 i 변수에 값을 넘겨줌
- 2번 행에서 받은 값을 반복해서 실행
- print( ) 함수는 출력하고 줄 바꿈을 실행
- end 인수 값으로 빈 공간을 주어 [프로그램 실행 결과] 처럼 출력

6.8 – 반복할 범위에 range( ) 함수를 이용한 for 문

```
1  for i in range( 1, 11 ) :
2      print( i, end = " " )
```

[프로그램 실행 결과]

```
1 2 3 4 5 6 7 8 9 10
```

[프로그램 설명]

- for 반복문을 1부터 10까지 출력하는 프로그램
- range( ) 함수는 숫자 리스트를 생성하는 함수
- 1번 행의 range(1, 11) 함수는 1부터 11 미만, 즉 10까지 숫자 리스트를 생성
- [1,2,3,4,5,6,7,8,9,10] 리스트를 생성해서 순서대로 하나씩 i 변수에 값을 넘겨줌
- 10 9 8 7 6 5 4 3 2 1 순서대로 출력하고 싶으면 range(10, 0, -1)

6.9 – 반복할 범위에 문자열을 이용한 for 문

```
1 department = "반도체전자과"
2 for i in department :
3     print( i, end = "" )
```

[프로그램 실행 결과]

```
반도체전자과
```

[프로그램 설명]

- 1번 행에서처럼 반복 범위로 문자열 사용 예
- department 변수에 들어 있는 항목 하나씩 가져와서 i 변수에 저장하고
- i 변수에 저장된 문자로 print( ) 문 실행
- end 인수 값으로 빈 공간을 주지 않아서 붙여서 출력
- 반복 범위(6글자)가 끝날 때까지 6번 반복

6.10 – 반복할 범위에 문자열 리스트를 이용한 for 문

```
1 department = ['반','도','체','전','자','과']
2 for i in department :
3     print( i, end = "" )
```

[프로그램 실행 결과]

```
반도체전자과
```

[프로그램 설명]

- 1번 행에서처럼 지정된 범위로 리스트 사용 예
- 지정된 범위는 range( ), 리스트, 튜플, 문자열, 딕셔너리 등 여러 요소를 포함하고 있는 반복 가능한(iterable) 객체를 사용할 수 있음

enumerate

enumerate( ) 함수는 반복 가능한 객체(리스트, 튜플, 문자열 등)를 입력받아 각 요소와 해당 요소의 인덱스를 튜플 형태로 반환한다. 인덱스는 기본적으로 0부터 시작하며 원하는 다른 시작값이 있는 경우에는 값을 별도로 설정할 수도 있다.

사용 방법은 for문 뒤에 리스트에서 가져온 요소의 값을 저장할 변수와 인덱스를 저장할 변수, 총 2개의 변수를 설정하고 enumerate( )안에 리스트를 넣어준다. 기본 구조는 다음과 같다.

for 문 형식 – enumerate( ) 함수 사용

```
for 인덱스변수, 값변수 in enumerate(리스트) :
    반복 수행할 코드
```

6.11 – for 문을 이용한 예 – enumerate( ) 함수 사용

```
1  department = "반도체전자과"
2
3  for index, value in enumerate(department) :
4      print( index, value )
```

[프로그램 실행 결과]

```
0 반
1 도
2 체
3 전
4 자
5 과
```

[프로그램 설명]

- enumerate( ) 함수는 반복 가능한 객체(리스트, 튜플, 문자열 등)를 입력받아 각 요소와 해당 요소의 인덱스를 튜플 형태로 반환
- 인덱스는 기본적으로 0부터 시작
- 예를 들어 시작 값을 1로 하고 싶으면 enumerate(department, start = 1) 설정
- 3번 행 for 문에 인덱스 값을 저장할 변수(index), 값을 저장할 변수(value), 총 2개의 변수를 설정

6.12 – 이중 for 문을 이용한 예

```
1 for i in range( 2 , 10 ) :
2     print( f"  { i } 단 " )
3     for j in range( 1 , 10 ) :
4         print( f" { i } X { j } = { i*j } " )
```

[프로그램 실행 결과]

```
  2 단
2 X 1 = 2
2 X 2 = 4

......중략....

9 X 8 = 72
9 X 9 = 81
```

[프로그램 설명]

- 이중 for 반복문으로 지정된 범위만큼 반복하는 프로그램
- 1번 행 for 문에서 range(2, 10) 함수를 사용하여 2부터 9까지 숫자 생성
- 처음에는 변수(i)에 2가 저장되고 2번 행 실행, " 2단" 출력
- 3번 행 내부 for 문에서 range(1, 10) 함수로 1부터 9까지 숫자 생성
- 처음에는 변수(j)에 1이 저장되고 4번 행 실행, i = 2, j = 1 이므로 2 x 1 = 2 출력
- 이후 j 값이 9가 될 때 까지 반복
- 다시 1번 행으로 가서 변수(i)에 3이 저장되고 2번 행 실행, " 3단" 출력
- 3번 행 내부 for 문에서 range(1, 10) 함수로 j 값이 1부터 9가 될 때 까지 반복
- 이와 같은 방식으로 이중 for문이 작동하다가 i가 9일 때, j 가 1부터 9까지 반복하고 전체 반복문이 종료
- 4번 행 print( ) 함수의 괄호 안에 f" { i } x { j } = { i*j } " 은 문자열 포맷팅(formating)으로 문자열 앞에 f 를 사용하여 포멧팅이라는 표시를 해주고, 큰 따옴표(") 안에 출력할 문자열을 넣어주는 형식으로 사용
- 큰 따옴표(") 안의 문자열 중에서 { } 안에 있는 문자열은 **변수명**으로 간주
- 따라서 { } 안의 변수명 i 에 할당된 값이 해당 위치에 대응하여 출력

컴프리헨션(Comprehension)

컴프리헨션(Comprehension)은 파이썬에서 for문을 사용하여 리스트나 튜플, 딕셔너리를 생성할 때 사용하는 방식이다. 리스트를 생성할 때 코드를 간결하게 작성할 수 있으며 코드의 가독성을 향상시킨다. 리스트 컴프리헨션의 기본 구조는 다음과 같다.

컴프리헨션 형식

```
[ 표현식 for 변수 in 반복할범위 ]
[ 표현식 for 변수 in 반복할범위 if 조건 ]
```

먼저 for 변수 in 반복할 범위 까지는 for문과 같다. 반복할 범위를 지정하고 해당 범위에서 하나씩 요소를 가지고 와서 변수에 할당한다. 그 다음 가지고온 변수를 리스트에 어떻게 저장할지 표현식에 따라 처리하고, 리스트의 데이터로 저장한다. 이와 같은 과정을 반복할 범위만큼 반복하여 리스트를 생성한다.

또한 컴프리헨션은 주로 다른 반복 가능한 객체로부터 새로운 리스트를 만들 때 사용하기 때문에 for문으로 반복하면서 if문 조건을 설정하기도 한다. 두 번째 형식에서처럼 if 조건을 설정하는 것으로 특정 조건을 설정하고 조건이 참(True)일 경우에만 표현식을 처리하고, 리스트의 데이터로 저장합니다.

6.13 - 컴프리헨션으로 리스트 생성하는 예

```
num = [ i*10 for i in range(1,11) ]
print(num)
```

[프로그램 실행 결과]

```
[ 10, 20, 30, 40, 50, 60, 70, 80, 90, 100 ]
```

[프로그램 설명]

- 컴프리헨션으로 리스트를 생성하는 프로그램
- 1번 행 for i in range(1, 11) 함수를 사용하여 1부터 10까지 숫자 생성
- 처음에는 변수(i)에 1이 저장되고, for 앞에 있는 표현식(i * 10)을 실행하고 결과 값인 10을 num 리스트 데이터로 저장
- 이후 i 값이 10이 될 때까지 반복

6.14 - 컴프리헨션 사용하지 않고 리스트 생성하는 예

```
1  num = [ ]
2  for i in range( 1, 11 ) :
3      num.append( i * 10 )
4  print(num)
```

[프로그램 실행 결과]

```
[ 10, 20, 30, 40, 50, 60, 70, 80, 90, 100 ]
```

[프로그램 설명]

- 컴프리헨션을 사용하지 않고 리스트를 생성하는 프로그램
- 1번 행에서 num 이름으로 빈 리스트를 생성
- 2번 행에서 for 문에 range(1, 11) 함수를 사용하여 1부터 10까지 숫자 생성
- 처음에는 변수(i)에 1이 저장되고, 3번 행에서 표현식(i * 10)을 실행하고 결과 값인 10을 append( ) 함수를 사용하여 num 리스트에 값 추가
- 이후 i 값이 10이 될 때까지 반복
- 어느 것이 더 간결하나요?

6.15 - 컴프리헨션으로 조건에 맞는 리스트 생성하는 예

```
even_num = [ i for i in range( 1, 11 ) if i % 2 == 0 ]
print(even_num)
```

[프로그램 실행 결과]

```
[ 2, 4, 6, 8, 10 ]
```

[프로그램 설명]

- 컴프리헨션으로 조건에 맞는 리스트를 생성하는 프로그램
- 1번 행 for i in range(1, 11) 함수를 사용하여 1부터 10까지 숫자 생성
- 생성된 숫자마다 if문을 수행하여 짝수인 경우에만 변수(i)에 저장해서 even_num 리스트 요소로 저장
- i 값이 10이 될 때까지 계속해서 반복

6.16 - 컴프리헨션 사용하지 않고 리스트 생성하는 예

```
1 even_num = [ ]
2 for i in range( 1, 11 ) :
3     if i % 2 == 0 :
4         even_num.append( i )
5 print(even_num)
```

[프로그램 실행 결과]

```
[ 2, 4, 6, 8, 10 ]
```

[프로그램 설명]

- 컴프리헨션을 사용하지 않고 조건에 맞는 리스트를 생성하는 프로그램
- 1번 행에서 even_num 이름으로 빈 리스트를 생성
- 2번 행에서 for 문에 range(1, 11) 함수를 사용하여 1부터 10까지 숫자 생성
- 처음에는 변수(i)에 1이 저장되고, 3번 행에서 if 조건(i % 2 == 0)에 맞는 경우에만 append ( ) 함수를 사용하여 even_num 리스트에 값 추가
- 이후 i 값이 10이 될 때까지 반복
- 어느 것이 더 간결하나요?

반복문 : while문

제어문 중에 while문은 반복문이다. 앞에서 배운 반복문인 for문은 보통 반복횟수가 정해져있는 경우에 사용한다. 그러나 일반적으로 while문은 언제 끝날지 예측하기 힘들 때 혹은 무한히 실행할 코드가 있을 때 사용한다. while문의 기본 구조는 다음과 같다.

while 문 형식

```
while 조건 :
    반복 수행할 코드
```

while 뒤에 참/거짓 여부를 확인할 수 있는 조건을 입력하고 반드시 콜론(:)을 입력하고 줄 바꿈을 실행한다. 그리고 다음 줄에 수행할 코드를 입력한다. 이때 주의할 점은, 반드시 공백 네 칸 또는 [Tab]키를 눌러 들여쓰기를 한 다음 코드를 입력해야 한다.

Visual Studio Code 프로그램은 콜론(:) 입력 후 [Enter]키를 누르면 자동으로 들여쓰기가 된다.

6.17 – while 문을 이용한 예

```
i = 0
sum = 0

while i < 10 :
    i += 1
    sum += i

print( f" 1부터 10까지의 합 : {sum} " )
```

[프로그램 실행 결과]

```
1부터 10까지의 합 : 55
```

[프로그램 설명]

- while 반복문을 사용하여 1부터 10까지 합계를 구하는 프로그램
- i, sum 변수에 0을 가지고 프로그램 시작
- 4번 행에서 while 반복문의 조건(i < 10)이 참(True)일 때 까지 5, 6번 행 반복 실행
- 즉, i 값이 0, 1, 2, 3, 4, 5, 6, 7, 8, 9 일 때까지는 실행
- i 값이 10 일 때는 조건이 거짓(False) 이므로 while 문을 빠져나와서 8번 행 실행

6.18 – while 문을 이용한 예

```
1  i = 0
2  sum = 0
3
4  while True :
5      i += 1
6      sum += i
7      if i == 11 :
8          break
9
10 print( f" 1부터 10까지의 합 : {sum} " )
```

[프로그램 실행 결과]

```
1부터 10까지의 합 : 55
```

[프로그램 설명]

- while 반복문을 사용하여 1부터 10까지 합계를 구하는 프로그램
- 4번 행에서 while 반복문의 조건이 항상 참(True)이기 때문에 5~8번 행 무한반복
- 그러나 7번 행에서 i 값이 11이 되면 break 문을 실행하여 반복문을 강제 종료

6.19 – while 문을 이용한 예

```
1  i = 0
2  odd_sum = 0
3  
4  while True :
5      i += 1
6      if i % 2 == 0 :
7          continue
8      if i == 11 :
9          break
10     odd_sum += i
11 
12 print( f" 1부터 10까지의 홀수합 : {odd_sum} " )
```

[프로그램 실행 결과]

```
1부터 10까지의 홀수합 : 25
```

[프로그램 설명]

- while 반복문을 사용하여 1부터 10까지 홀수 합계를 구하는 프로그램
- 4번 행에서 while 반복문의 조건이 항상 참(True)이기 때문에 5~10번 행 무한반복
- 6번 행에서 i 값이 짝수인 경우에는 continue 문을 실행하여 while 맨 처음으로 돌아감
- 즉, 홀수인 경우만 10번 행을 실행함
- 8번 행에서 i 값이 11이 되면 break 문을 실행하여 반복문을 강제 종료
- continue와 break를 활용하면 다양한 조건에서 반복문의 흐름을 변경할 수 있음

제 7 장

엑셀 자동화

7.1 업무 자동화

RPA(Robotic Process Automation)는 사람이 컴퓨터로 하는 반복적인 업무를 로봇 소프트웨어, 애플리케이션 등을 사용하여 자동화하는 기술을 의미한다. RPA의 핵심은 자동화이다.

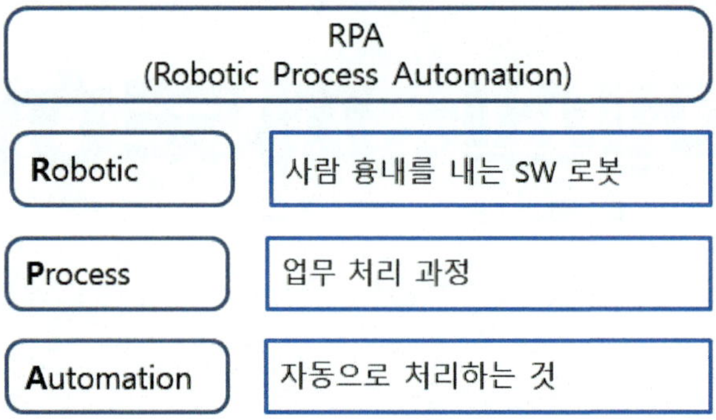

즉, 사람이 수행하는 반복적이고 시간 소모적인 업무를 자동화하여 기업 경쟁력을 높이고 업무 효율은 극대화하는 프로세스이다. 이는 기업 운영의 모든 측면에서 혁신을 가져오며, 작업 처리 속도를 높이고, 정확성을 개선하며, 비용을 절감할 수 있다.

우리나라 대부분의 기업, 관공서 등에서 사용하고 있는 스프레드시트 SW는 엑셀이다. 또한 사무직의 단순 반복 업무는 30~50% 정도에 이른다고 한다. 예를 들어 매일, 매주 업무보고를 위해 매출 집계와 상품별 판매량 등에 대한 정보를 확인하고, 전일 또는 전주 대비 증감률을 기록하는 반복적인 업무를 엑셀 프로그램을 이용하여 수작업으로 처리한다면 많은 시간이 걸릴 것이다. 그러나 RPA를 이용해 처리하면 단 1~2초만에 해결이 가능해진다.

엑셀 자동화란, 엑셀 파일을 다루는 반복적이고 귀찮은 작업을 컴퓨터가 자동으로 수행하도록 하는 것이다. 엑셀 자동화는 엑셀의 내장 기능인 매크로나 VBA를 사용할 수도 있지만, 본 교재에서는 파이썬을 사용하는 방법에 초점을 맞추겠다. 비전공자도 충분히 이해하고 자신의 업무에 적용할 수 있도록 하겠다.

엑셀 자동화의 장점

1. 시간 및 비용 절약

사무직에서 단순 반복 업무가 차지하는 비율은 최대 50% 정도에 이른다고 한다. 엑셀 자동화를 통해 수동으로 하던 작업을 컴퓨터가 빠르고 정확하게 처리해줄 수 있기 때문에 시간과 비용을 절약할 수 있다.

예를 들어, 수백 개의 엑셀 파일을 하나로 합치는 작업을 수동으로 하면 몇 시간이 걸릴 수도 있지만, 엑셀 자동화를 통해 몇 분 안에 할 수 있다.

2. 오류 감소

사람이 하는 일에는 휴먼 에러(피곤, 산만, 지루 등)가 불가피하지만 엑셀 자동화를 통해 컴퓨터가 작업을 수행하면 오류 발생 가능성을 크게 줄여 재작업을 최소화할 수 있다.

예를 들어, 엑셀 파일에서 특정 데이터를 선택하여 데이터를 복사하고 붙여넣기(select, copy & paste)할 때 여러 이유로 인해 데이터를 누락하거나, 중복하거나 하는 등의 실수를 줄일 수 있다.

3. 효율성 및 생산성 향상

업무 자동화는 사람처럼 휴식, 식사, 퇴근 등이 필요하지 않고 반복적인 작업을 계속할 수 있기 때문에 사람보다 더 빠르게 처리할 수 있다. 뿐만 아니라 처리 시간을 예측할 수 있으며, 연중무휴로 일관성을 담보하여 업무 효율성을 향상 시킬 수 있다.

예를 들어, 엑셀 파일에서 데이터를 수집해서 분석하고 보고서를 작성하는 작업을 자동화로 처리하면 사람들은 좀 더 가치 있는 일에 집중할 수 있도록 도와준다.

이러한 효율성 향상을 위해서는 평소 2가지 정도의 일하는 습관이 필요하다고 생각한다. 먼저 우리가 하고 있는 업무에 있어서 어떤 것이 단순 반복적인 일인지를 끊임없이 고민하고 찾아내야 한다. 새로운 기술 개발로 인하여 작년에는 할 수 없었던 일이 올해에는 가능할 수 있다.

둘째, RPA는 이미 정의한 일을 규칙적으로 수행할 뿐 더 개선된 방안을 스스로 찾지는 못한다. 그것은 바로 우리가 찾아줘야 한다. 업무자동화를 통해 대신한 일을 들여다보고 거기에서 어떤 개선점이 있을지 찾아내는 노력이 필요하다.

7.2 openpyxl 라이브러리

파이썬에는 엑셀 파일을 읽고 쓰는 데 필요한 다양한 라이브러리(openpyxl, pandas, xlsxwriter, xlrd, xlwt 등)를 제공하고 있다. 이러한 라이브러리를 이용하면 수백 개의 엑셀 파일을 하나로 합치거나, 특정 조건에 맞는 데이터만 추출하는 등의 반복 작업을 자동화할 수 있다.

openpyxl에서 제공하는 개념과 기능

본 교재에서 엑셀 자동화를 위해 사용하는 openpyxl은 엑셀 파일을 다루기 위한 라이브러리이다. 엑셀 파일을 생성, 읽기, 저장 등을 할 수 있는 기능을 제공할 뿐만 아니라 엑셀 파일의 워크시트, 셀 등에 대한 작업 수행을 위한 다양한 기능을 제공한다.

엑셀을 다룰 수 있는 라이브러리를 사용하려면 일반적으로 엑셀의 구성요소인 Workbook(=file), WorkSheet(=Sheet), Cell 등에 대한 개념을 알아야 한다.

〈표 7-1〉 엑셀 구성요소의 개념

개념	설명
워크북 (Workbook)	– 엑셀 파일을 나타내는 오브젝트(개체) 개념 – 하나의 워크북은 여러 개의 워크시트가 포함될 수 있음 – openpyxl을 사용하여 엑셀 파일을 생성, 저장 등의 작업 수행
워크시트 (WorkSheet)	– 엑셀 파일 내의 하나의 워크시트 – 2차원 행과 열로 구성된 수많은 셀들의 모음 – 워크시트는 시트이름, 행, 열, 셀 등의 속성을 가지고 있음 – openpyxl을 사용하여 워크시트를 생성, 복사, 삭제 등의 작업 수행
행(Row) 열(Column)	– 워크시트 내의 데이터가 포함된 행과 열을 나타냄 – openpyxl을 사용하여 행과 열을 추가, 삭제 등의 작업 수행
셀 (Cell)	– 셀은 행과 열이 교차하면서 만들어진 사각 공간 1개(1칸) – 셀에는 데이터, 수식 등을 입력할 수 있음 – 엑셀에서 각 셀은 열(A, B, ..)과 행(1, 2, ..)의 위치로 구별 – openpyxl을 사용하여 셀의 값을 읽고 쓰는 등의 작업 수행

파이썬에서 엑셀을 지원하는 여러 라이브러리 중 본 교재에서는 엑셀 파일의 읽기/쓰기가 가능하고 여러 고급 기능도 제공되고 있는 openpyxl 라이브러리를 사용한다. openpyxl은 엑셀 2010 이후 버전의 파일부터 지원하며, 2010보다 이전 버전을 사용해야하는 경우 xlrd, xlwt 등 다른 라이브러리를 사용해야 한다.

먼저 openpyxl 라이브러리를 사용하기 위해서는 openpyxl을 설치하여야 한다. openpyxl은 파이썬의 내장 모듈이 아니므로 별도 설치 과정을 거쳐야 한다. 사용하고 있는 개발 환경에 따라 터미널 창에 아래 명령어를 입력하여 openpyxl 모듈을 설치한다.

```
pip install openpyxl
```

openpyxl 모듈을 설치하였다면 해당 모듈을 불러와서 모듈에 포함된 함수나 변수, 클래스를 사용한다. 모듈을 불러올 때는 여러 가지 방법을 사용할 수 있다.

첫 번째 방법은 import 모듈명으로 모듈 전체를 불러오는 것이다.
import openpyxl를 실행하면 openpyxl 모듈 전체를 불러오기 때문에 모듈에 포함된 변수나 함수, 클래스 모두를 사용할 수 있다. 대신 모듈에 정의된 함수나 변수를 사용할 때 openpyxl.Workbook( )처럼 모듈 이름을 접두사로 사용해야 한다. 다음 그림을 보고 이해하기 바란다.

import 만 사용하면 모듈 안의 함수를 사용할 때 모듈명.함수명( )

```
#openpyxl 모듈 import
import openpyxl

# Workbook( ) 함수를 사용하려면 openpyxl.Workbook() 이라고 입력
wb = openpyxl.Workbook( )
```

```
#openpyxl 모듈 import 시키고, 사용할 때 openpyxl 대신에 op로 사용
#as 키워드를 사용
import openpyxl as op

# Workbook( ) 함수를 사용하려면 op.Workbook() 이라고 입력
wb = op.Workbook( )
```

두 번째 방법은 from 모듈명 import 함수명(변수명/클래스명)으로 지정된 함수나 변수만 불러오는 것이다. from openpyxl import Workbook와 같이 불러오면 지정된 함수나 변수만 직접 불러온다. 따라서 불러온 함수나 변수를 사용할 때 모듈 이름을 접두사로 사용할 필요가 없어 Workbook( )와 같은 방식으로 간결하게 코드 사용이 가능하다. 또한 필요한 항목만 불러오기 때문에 메모리와 성능 측면에서 효율적이다.

다만 첫 번째 방법은 함수나 변수 호출 시 모듈의 이름을 명시적으로 사용하기 때문에 다른 모듈과 이름이 충돌할 가능성이 줄어들지만, 두 번째 방법은 현재 이름 공간에 동일한 이름의 다른 함수나 변수가 있으면 충돌이 발생할 수 있다. 또한 두 번째 방식을 사용할 경우 직접 지정한 항목 외에는 해당 모듈에 포함된 다른 함수나 변수를 사용할 수 없다.

from 을 사용하면 모듈 안의 함수를 사용할 때 함수명( ) 사용

```
#openpyxl 모듈 내의 모든 함수를 import
#뜻하지 않게 문제 발생 소지가 있어 바람직한 방법은 아님
from openpyxl import *

# Workbook( ) 함수를 사용하려면 Workbook() 이라고 입력
wb = Workbook( )
```

```
#openpyxl 모듈 내의 함수 중에 Workbook 함수 하나만 import
from openpyxl import Workbook

# Workbook( ) 함수를 사용하려면 Workbook() 이라고 입력
wb = Workbook( )
```

7.3 openpyxl 사용 예제

엑셀파일 생성 및 저장

openpyxl 모듈은 기능별로 세분화된 다양한 하위 클래스를 가지고 있다. 엑셀 파일의 생성 및 저장은 openpyxl 모듈에 있는 Workbook 클래스를 통해 이루어진다.

```
#openpyxl 모듈 import
import openpyxl as op

#새로운 Workbook 객체를 wb로 생성
wb =  op.Workbook( )
```

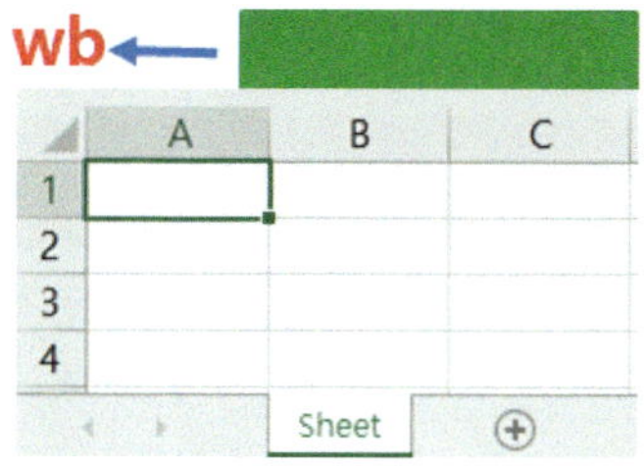

위 그림과 같이 코드를 입력하면 새로운 Workbook 객체 wb를 파이썬에서 생성한다. wb가 생성되는 동시에 워크시트 하나가 기본적으로 추가된다. 아직 저장한 상태는 아니므로, 실제 파일은 없는 상태이다.

7.1 - 새로운 엑셀 파일 만들고 저장하기

```
1  #openpyxl 모듈 import
2  import openpyxl as op
3  
4  #새로운 Workbook 객체를 wb로 생성
5  wb =  op.Workbook( )
6  
7  #생성한 wb 객체를 "판매_통합.xlsx" 라는 파일명으로 저장
8  wb.save( "c:/가공엑셀데이터/판매_통합.xlsx" )
```

[프로그램 실행 결과]

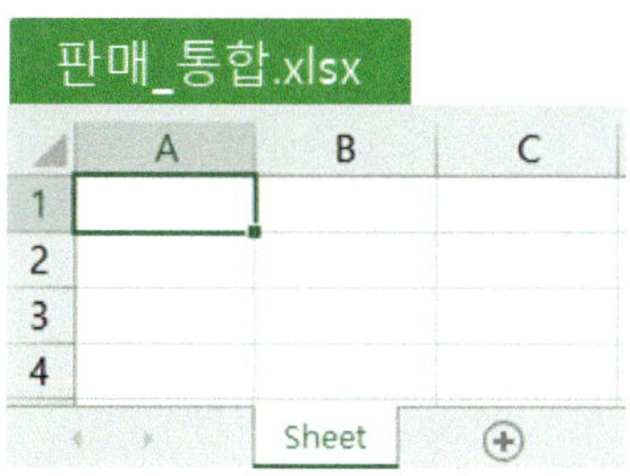

[프로그램 설명]

- 2번 행에서 openpyxl 모듈을 op라는 별칭으로 import 시킴
- 5번 행에서 Workbook 객체인 'wb'를 생성, 기본적으로 Sheet라는 이름의 시트 생성
- 8번 행에서 생성한 Workbook 객체인 'wb'를 '판매_통합.xlsx' 라는 파일명으로 저장
- C 드라이브 밑에 가공엑셀데이터 폴더 하위에 '판매_통합.xlsx' 이라는 파일명으로 저장

엑셀파일 생성 및 시트 이름 변경

7.2 - 새로운 엑셀 파일 생성 및 시트이름 변경하고 저장하기

```
1  import  openpyxl  as  op
2  wb =  op.Workbook( )
3
4  # 생성된 wb 객체에서 현재 활성화된 시트를 선택하여 ws 변수에 할당
5  ws = wb.active
6
7  # ws에 할당된 시트 이름을 “취합”으로 바꿈
8  ws.title = "취합"
9
10 wb.save( “c:/가공엑셀데이터/판매_통합.xlsx” )
```

[프로그램 실행 결과]

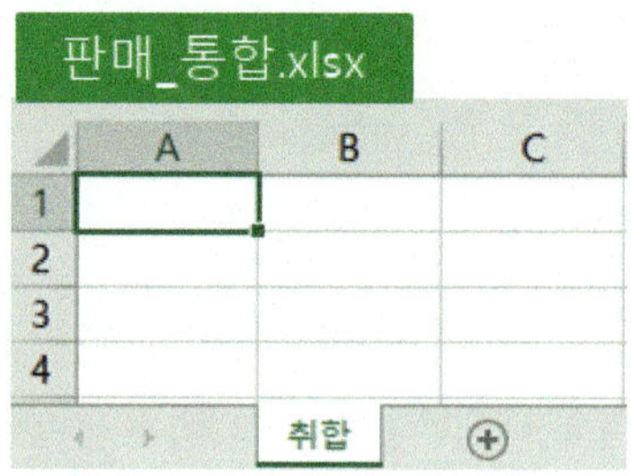

[프로그램 설명]

- Workbook 객체를 생성하면 기본적으로 ‘Sheet’ 라는 이름의 시트를 하나 생성
- active는 Workbook 객체에서 현재 활성화된 시트를 반환하는 속성
- Workbook 객체 생성 후 wb.active를 실행하면 기본적으로 생성된 하나의 시트가 활성화되어있기 때문에 해당 시트가 선택
- 5번 행에서 이 시트를 ws에 할당
- 선택한 시트의 제목을 변경하려면 title 속성을 사용
- 8번 행에서 title은 해당 시트의 이름을 나타내는 속성으로 읽기와 쓰기가 모두 가능
- ws.title = '취합'으로 시트의 이름을 변경

저장된 엑셀파일 개체 생성 및 시트 생성

7.3 - 7.2절에서 만든 엑셀 파일에 시트 생성

```
1   import openpyxl as op
2
3   #기존에 만들어진 엑셀파일로 wb 객체를 생성
4   wb = op.load_workbook( "c:/가공엑셀데이터/판매_통합.xlsx" )
5   wb.create_sheet( "제주옥돔" )
6   wb.create_sheet( "간고등어" )
7   wb.create_sheet( "연어구이" )
8
9   print( wb.sheetnames )
10  wb.save( "c:/가공엑셀데이터/판매_통합_시트생성.xlsx" )
```

[프로그램 실행 결과]

```
[ '취합', '제주옥돔', '간고등어', '연어구이' ]
```

[프로그램 설명]

- 4번 행에서 판매_통합.xlsx 파일을 load_workbook( ) 함수를 사용하여 Workbook 객체인 'wb'로 생성
- 5~7번 행에서 생성한 객체인 'wb'에 각각 이름으로 시트 3개 추가
- 9번 행에서 sheetnames 멤버변수를 통해 wb 개체에 있는 시트이름을 알 수 있음

```
[ '취합', '제주옥돔', '간고등어', '연어구이' ]
```

- 10번 행에서 '판매_통합_시트생성.xlsx' 이라는 파일명으로 저장

7.4 – 7.2절에서 만든 엑셀 파일에 시트 생성 및 시트 위치 변경

```
1  import openpyxl as op
2
3  #기존에 만들어진 엑셀파일 경로를 path 변수로 지정
4  path = r"c:/가공엑셀데이터/"
5
6  #기존에 만들어진 엑셀파일로 wb 객체를 생성
7  wb = op.load_workbook( path + "판매_통합.xlsx" )
8  wb.create_sheet( "제주옥돔" )
9  wb.create_sheet( "간고등어" )
10 wb.create_sheet( "연어구이" )
11
12 wb.move_sheet( wb[ "제주옥돔" ], 2 )
13
14 wb.save( path + "판매_통합_시트생성.xlsx" )
```

[프로그램 실행 결과]

7.3 결과

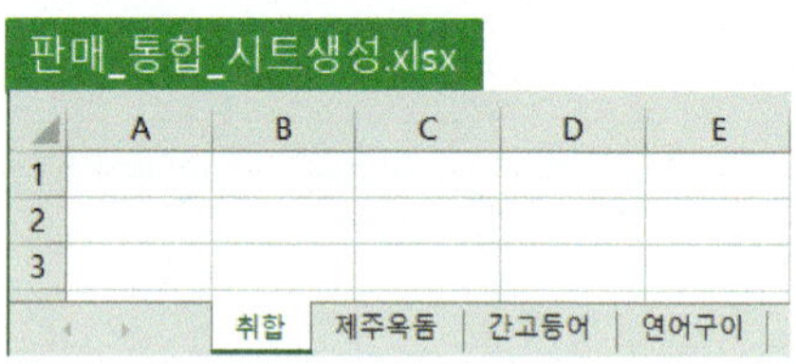

7.4 결과

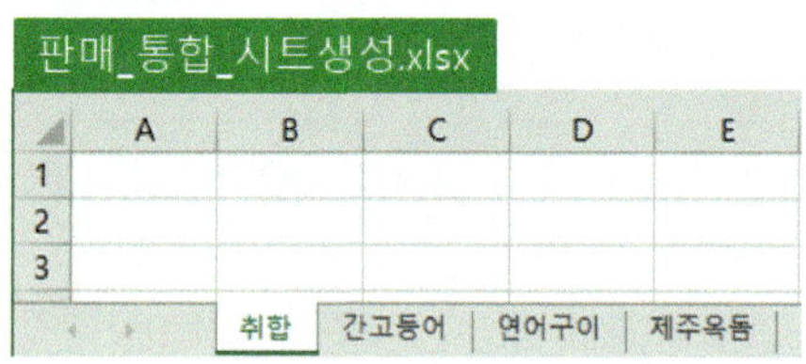

[프로그램 설명]

- 4번 행에서 파일경로를 path 변수에 저장
- 경로 안에 있는 r 표시는 unicode 에러 발생 시 사용
- 파이썬에서는 역 슬래쉬(\ )를 인식하지 못하여 디코더 에러가 발생
- 경로를 표현할 때 슬래쉬(/)를 사용하거나, 역 슬래쉬(\ )를 사용해야 할 경우 문자열 앞에 r을 표기
- 12번 행에서 제주옥돔의 시트 위치를 변경하였음

셀 내용 다루기

openpyxl 모듈은 셀의 내용도 직접 다룰 수 있다. openpyxl에서 불러온 엑셀 파일의 모든 데이터는 딕셔너리나 튜플 형태로 저장된다. 따라서 자료형에 배웠던 방법과 동일하게 셀에 직접 값을 입력하거나, 수정, 서식 등의 작업을 할 수 있다.

7.5 - 셀에 데이터 입력하기

```
1  import openpyxl as op
2  
3  wb = op.load_workbook( "c:/가공엑셀데이터/판매_통합.xlsx" )
4  ws = wb[ "취합" ]
5  
6  # append( ) 함수를 사용하여 첫 번째 행에 데이터 입력
7  ws.append( [ "고객명", "제품명", "수량" ] )
8  
9  # 2중 리스트로 데이터를 만들고 for문을 사용하여 다음 행에 데이터 입력
10 data = [ [ "가나다", "간고등어", 2 ], [ "강태양", "연어구이", "4" ] ]
11 for row in data :
12     ws.append(row)
13 
14 wb.save( "c:/가공엑셀데이터/판매_셀데이터입력.xlsx" )
```

[프로그램 실행 결과]

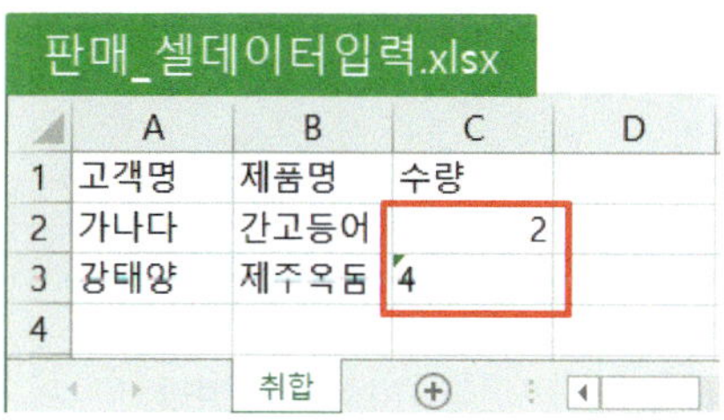

[프로그램 설명]

- 7번 행에서 append( ) 함수를 사용하여 데이터 입력
- 10번 행에서 이중 리스트를 작성하고 for문을 이용하여 데이터 추가
- 다만 프로그램 실행 결과에서 보듯이 강태양이 구매한 4는 숫자 임에도 문자열 자료형임

7.6 - 셀의 데이터 형 변환 및 엑셀 함수 사용하기

```
1  import openpyxl as op
2
3  wb = op.load_workbook( "c:/가공엑셀데이터/판매_셀데이터입력.xlsx" )
4  ws = wb[ "취합" ]
5
6  # C3 셀의 데이터를 정수형으로 변환
7  ws.[ "C3" ].data_type = "i"
8
9  # B4 셀에 데이터 직접 입력
10 ws.[ "B4" ] = "수량합계"
11
12 # C4 셀에 엑셀의 sum 함수 사용
13 ws.[ "C4" ] = "=sum(C2:C3)"
14
15 wb.save( "c:/가공엑셀데이터/판매_셀데이터입력.xlsx" )
```

[프로그램 실행 결과]

판매_셀데이터입력.xlsx

	A	B	C	D
1	고객명	제품명	수량	
2	가나다	간고등어	2	
3	강태양	제주옥돔	4	
4		수량합계	6	
5				

취합

[프로그램 설명]

- 7번 행에서 C3 셀의 data_type 변수로 데이터 형 변환
- 10번 행에서 B4 셀에 데이터 직접 입력
- 13번 행에서 C4 셀에 엑셀 함수 사용

셀 서식 다루기

openpyxl 모듈에서는 엑셀에서 사용하는 서식을 설정하기 위해서 openpyxl.styles 패키지에 속해 있는 클래스를 불러와야 한다. 폰트와 관련된 서식은 Font 클래스를 셀 배경과 관련 서식은 PatternFill 클래스를 불러와 사용하면 된다.

그러나 셀의 높이와 너비는 openpyxl.styles 패키지 없이도 가능하다. 워크시트 객체에는 시트에 있는 행을 선택할 수 있는 row_dimensions와 열을 선택할 수 column_dimensions 이라는 멤버 변수가 있다.

7.7 – 셀 높이/너비 다루기

```
1  import openpyxl as op
2
3  wb = op.load_workbook( "c:/가공엑셀데이터/판매_셀데이터입력.xlsx" )
4  ws = wb[ "취합" ]
5
6  # B 열의 너비를 15로 설정
7  ws.column_dimensions[ "B" ].width = 15
8
9  # 1행의 높이를 35로, 나머지 행(2~4 행)은 25로 설정
10 ws.row_dimensions[ 1 ].height = 35
11 for i in range( 2, 5 ) :
12     ws.row_dimensions[ i ].height = 25
13
14 wb.save( "c:/가공엑셀데이터/판매_셀높이너비.xlsx" )
```

[프로그램 실행 결과]

판매_셀높이너비.xlsx

	A	B	C	D
1	고객명	제품명	수량	
2	가나다	간고등어	2	
3	강태양	제주옥돔	4	
4		수량합계	6	
5				

취합

[프로그램 설명]

- 7번 행에서 B열의 너비를 15로 설정
- 10번 행에서 1 행의 높이를 35로 설정
- 11번 행에서 i 변수 값이 2부터 4까지 변하면서 3번 반복 실행
- 행 높이 25로 설정

7.8 - 셀 서식(셀 배경/폰트/정렬) 다루기

```
1  import openpyxl as op
2  from openpyxl.styles import Font, PatternFill, Alignment
3
4  wb = op.load_workbook( “c:/가공엑셀데이터/판매_셀데이터입력.xlsx” )
5  ws = wb[ “취합” ]
6
7  font_style = Font( color="ffffff", bold=True, size=13 )
8  fill_style = PatternFill( start_color="ed7d31", fill_type="solid" )
9  alignment_style = Alignment( horizontal="center", vertical="center" )
10
11 # 1행에 대하여 폰트, 배경, 정렬 설정
12 for row in ws :
13     for cell in row :
14         if cell.row == 1 :
15             cell.font = font_style
16             cell.fill = fill_style
17             cell.alignment = alignment_style
18
19 wb.save( “c:/가공엑셀데이터/판매_셀서식변경.xlsx” )
```

[프로그램 실행 결과]

판매_셀서식변경.xlsx

	A	B	C	D
1	고객명	제품명	수량	
2	가나다	간고등어	2	
3	강태양	제주옥돔	4	
4		수량합계	6	
5				

취합

[프로그램 설명]

- 2번 행에서 폰트, 셀 배경, 정렬 모듈 불러오기
- 7 ~ 9번 행에서 폰트, 배경, 정렬 객체 생성
- 14번 행에서 1행일 때만 속성 변경

```
7.9 - 셀 테두리 서식 다루기
1   import openpyxl as op
2   from openpyxl.styles import Side, Border
3
4   wb = op.load_workbook( “c:/가공엑셀데이터/판매_셀데이터입력.xlsx” )
5   ws = wb[ “취합” ]
6
7   side_style = Side( color="000000", style=“medium” )
8   border_style = Border( left = side_style,
9                          right = side_style,
10                         top = side_style,
11                         bottom = side_style )
12
13  # 데이터가 입력된 셀 전체 테두리 설정
14  for row in ws :
15      for cell in row :
16          cell.border = bordert_style
17
18  wb.save( “c:/가공엑셀데이터/판매_셀테두리변경.xlsx” )
```

[프로그램 실행 결과]

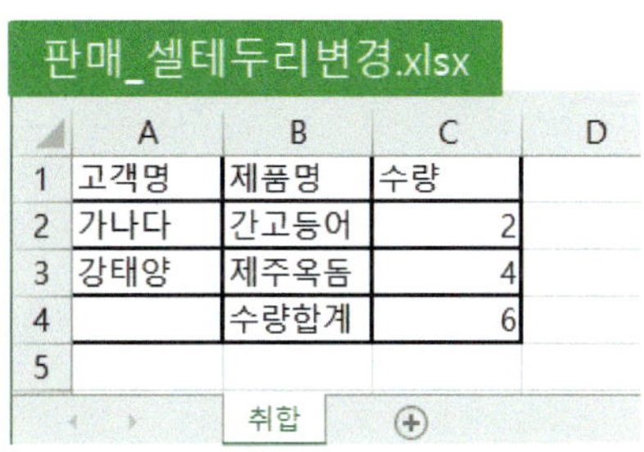

[프로그램 설명]

- 2번 행에서 테두리 설정 모듈 불러오기
- 7번 행에서 셀 테두리의 서식(굵기/색상)을 설정
- 8번 행에서 셀의 어떤 부분(상하좌우)에 적용할지 설정
- 14~16번 행에서 셀 전체에 적용

제 8 장

엑셀 자동화 프로젝트

엑셀은 직장에서 가장 많이 사용하는 오피스 프로그램 중 하나이다. 거의 대부분의 사람들은 워크시트에 데이터를 입력하고 다양한 함수를 사용하여 데이터를 처리한다. 하지만 많은 직장인들은 엑셀만을 이용하여 데이터를 수집하여 처리하고 정리하느라 많은 시간을 소비하고 있다.

이번 장에서는 엑셀파일을 가지고 수행하는 단순 반복적인 업무를 파이썬을 활용해 자동화하는 방법을 알아보겠다. 파이썬을 이용해 엑셀 파일의 데이터를 읽고, 파이썬에서 데이터를 처리한 후에 엑셀 파일로 저장하는 방법을 통해 얼마나 편리하게 업무 자동화를 수행할 수 있는지 알 수 있을 것이다.

8.1 엑셀파일에서 일부분만 추출하여 저장하기

1 아래 그림과 같이 엑셀 파일(1번가.xlsx)에서 필요한 일부분만 추출하여 새로운 엑셀 파일(개인정보.xlsx)을 만들도록 하겠다.

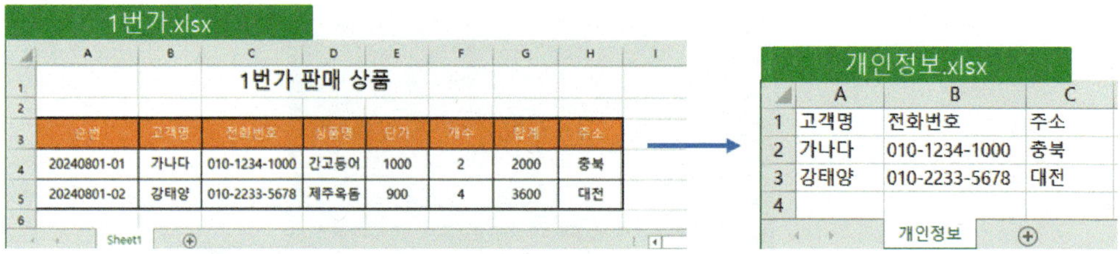

1번가 판매 상품

순번	고객명	전화번호	상품명	단가	개수	합계	주소
20240801-01	가나다	010-1234-1000	간고등어	1000	2	2000	충북
20240801-02	강태양	010-2233-5678	제주옥돔	900	4	3600	대전

고객명	전화번호	주소
가나다	010-1234-1000	충북
강태양	010-2233-5678	대전

2 코딩 순서는 아래 그림과 같다.

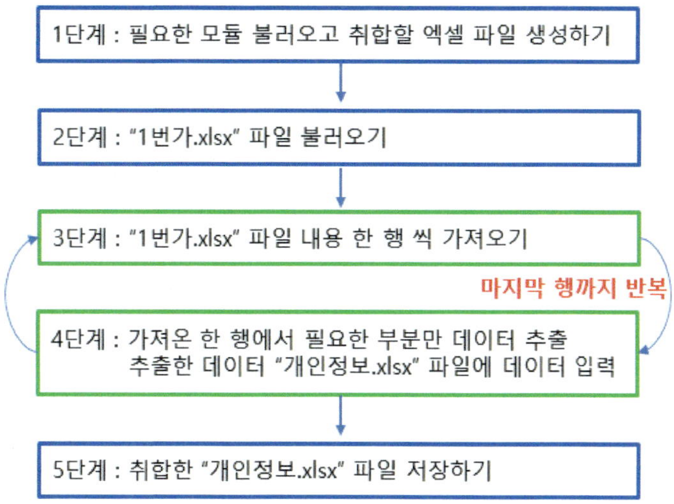

3 필요한 모듈을 import 시키고 추출한 데이터를 저장할 엑셀 파일 개체 생성에 해당하는 내용이다.

1단계 : 필요한 모듈 및 저장할 엑셀 파일 total_wb 개체 생성

```
import openpyxl as op

total_wb = op.Workbook( )
total_ws = total_wb.active
total_ws.title = "개인정보"
total_ws.append( [ "고객명", "전화번호", "주소" ] )

total_wb.save( "c:/가공엑셀데이터/개인정보.xlsx" )
```

[프로그램 실행 결과]

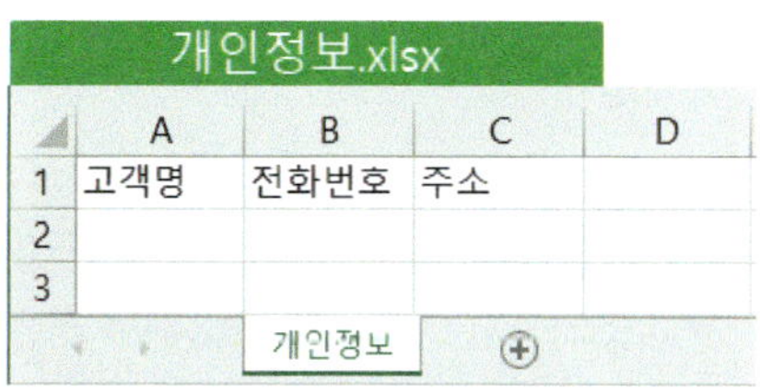

[프로그램 설명]

- 1번 행에서 openpyxl 모듈을 불러오기
- 3번 행에서 추출한 데이터를 저장할 엑셀 파일을 total_wb 개체로 저장
- total_wb 개체가 생성될 때 기본적으로 생성된 시트를 total_ws 시트 객체로 생성
- total_ws 시트의 시트명을 "개인정보"으로 변경
- 6번 행에서 total_ws 시트의 첫 번째 행에 total_ws.append( ) 함수로 내용 추가

4 이번에는 PC에 저장되어 있는 엑셀 파일("1번가.xlsx")을 불러 오도록 하겠다. 파일에는 아래 그림처럼 시트(시트명 : Sheet1)는 하나 있고, 총 2명에게 제품이 판매되었고, 실제 데이터는 4번 행에서부터 입력이 되어 있다. 또한 파일에서 추출한 내용은 고객명은 B열, 전화번호는 C열, 주소는 H열에 있는 것을 볼 수 있다.

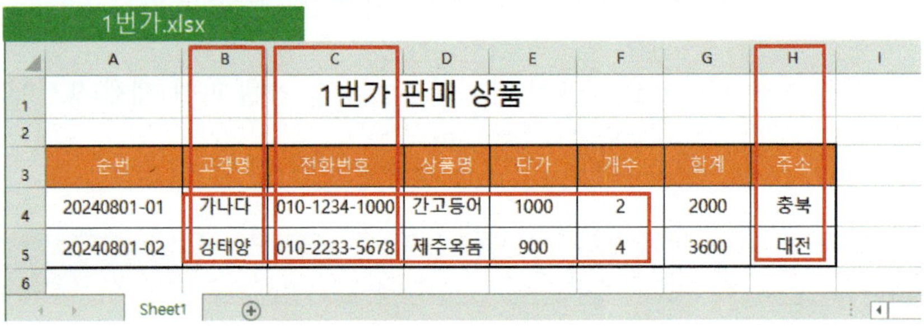
1번가.xlsx

	A	B	C	D	E	F	G	H
1			1번가 판매 상품					
2								
3	순번	고객명	전화번호	상품명	단가	개수	합계	주소
4	20240801-01	가나다	010-1234-1000	간고등어	1000	2	2000	충북
5	20240801-02	강태양	010-2233-5678	제주옥돔	900	4	3600	대전
6								

Sheet1

2단계 : 파일 1번가.xlsx를 열고 활성화된 시트를 ws 개체 생성

```
1  import openpyxl as op
2  .............
3  .............
4  wb = op.load_workbook("c:/원본엑셀데이터/1번가.xlsx")
5  ws = wb.active
6  .............
```

[프로그램 설명]

- 4번 행에서 "1번가.xlsx" 파일을 불러와서 wb 개체로 할당(저장)
- 5번 행에서 현재 활성화되어 있는 "sheet1"을 ws 개체로 할당(저장)

5 이번에는 불러온 엑셀 파일(1번가.xlsx)의 해당 시트(ws)에서 한행씩 데이터를 가져와서 필요한 데이터만(B열, C열, H열) 추출하여 data 리스트에 추가하도록 하겠다.

3~4 단계 : 1번가.xlsx 파일의 한 행씩 가져와서 필요한 부분만 데이터 추출

```
1   import openpyxl as op
2   .............
3   .............
4
5   #1번가 엑셀 파일에 있는 내용 가져오기
6   data = [ ]
7   j = 4
8
9   for row in ws.iter_rows( min_row = 4, min_col = 2 ) :
10      data.append( [
11      ws[ "B{}".format(j) ].value,
12      ws[ "C{}".format(j) ].value,
13      ws[ "H{}".format(j) ].value ] )
14      j = j + 1
15  print( data )
```

[프로그램 실행 결과]

```
[ [ '가나다', '010-1234-1000', '충북' ], [ '강태양', '010-2233-5678', '대전' ] ]
```

[프로그램 설명]

- 6번 행에서 빈 리스트 data 변수 생성

```
data = [ ]
```

- 7번 행에서 j 변수 생성, 값은 4
- 9번 행에서 사용한 for문은 for 반복문은 4행 2열부터 내용을 차례로 읽어오는 역할
- 10~13번 행에서 B4, C4, H4 셀에 있는 내용만 추출하여 data 리스트에 리스트 형태로 저장

1번가.xlsx

	A	B	C	D	E	F	G	H	I
1			1번가 판매 상품						
2									
3	순번	고객명	전화번호	상품명	단가	개수	합계	주소	
4	20240801-01	가나다	010-1234-1000	간고등어	1000	2	2000	충북	
5	20240801-02	강태양	010-2233-5678	제주옥돔	900	4	3600	대전	
6									

Sheet1

```
data = [ [ '가나다', '010-1234-1000', '충북' ] ]
```

- 14번 행에서 j 변수에 값을 1증가 시켜 5로 변경
- 다시 9번 행으로 이동하여 다음 행 읽어 와서 B5, C5, H5 셀에 있는 내용만 추출하여 data 리스트에 리스트 형태로 저장

```
data = [ [ '가나다', '010-1234-1000', '충북' ], [ '강태양', '010-2233-5678', '대전' ] ]
```

- 더 이상 데이터가 없으므로 for문을 나와서 15번 행 실행하고 프로그램 종료
- data 변수에 이중 리스트로 구성된 값이 들어 있음

6 이번에는 이중 리스트로 구성된 data 변수에 값을 개인정보.xlsx 파일로 저장하도록 하겠다.

3~4 단계 : 이중 리스트로 구성된 data 변수의 값을 개인정보.xlsx 파일의 A2, B2, C2, A3, B3, C3셀에 입력

```
import openpyxl as op
.............
.............

# for 문을 사용하여 해당 데이터 입력
for i in range( len( data ) ) :
    total_wb[ "개인정보" ][ f"A{ i+2 }" ] = data[ i ][ 0 ]
    total_wb[ "개인정보" ][ f"B{ i+2 }" ] = data[ i ][ 1 ]
    total_wb[ "개인정보" ][ f"C{ i+2 }" ] = data[ i ][ 2 ]

total_wb.save( "c:/가공엑셀데이터/개인정보.xlsx" )
```

[프로그램 실행 결과]

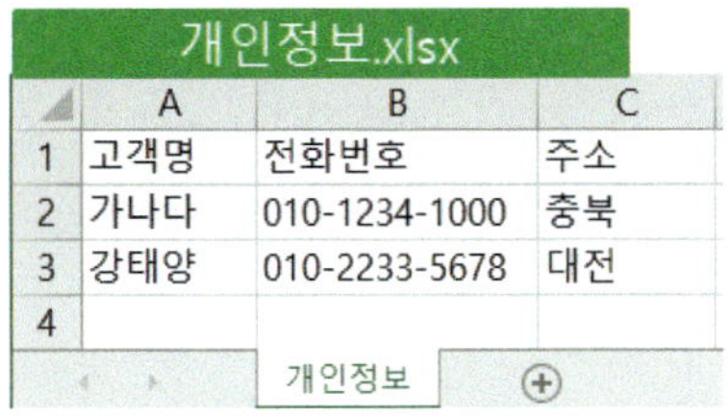

[프로그램 설명]

- 6번 행에서 len(data) 함수의 값은 2
- range(2) 함수는 0부터 2 미만까지 숫자 리스트 [0, 1]를 생성
- 리스트에서 순서대로 하나씩 i 변수에 값을 넘겨줌, 처음에는 0
- 7번 행에서 개인정보 시트의 A2 셀에 data[0][0]에 해당하는 데이터 입력
- 8번 행에서 개인정보 시트의 B2 셀에 data[0][1]에 해당하는 데이터 입력
- 9번 행에서 개인정보 시트의 C2 셀에 data[0][2]에 해당하는 데이터 입력
- 리스트에서 다음 1을 i 변수에 값을 넘겨줌
- 7번 행에서 개인정보 시트의 A3 셀에 data[1][0]에 해당하는 데이터 입력
- 8번 행에서 개인정보 시트의 B3 셀에 data[1][1]에 해당하는 데이터 입력
- 9번 행에서 개인정보 시트의 C3 셀에 data[1][2]에 해당하는 데이터 입력
- 숫자 리스트에 데이터가 없으므로 for문을 나와서 11번 행 실행하고 프로그램 종료
- 아래 그림을 보고 이해하기 바란다.

data = [['가나다', '010-1234-1000', '충북'], ['강태양', '010-2233-5678', '대전']]

리스트	['가나다', '010-1234-1000', '충북']	['강태양', '010-2233-5678', '대전']
앞에서부터 인덱스	0	1
뒤에서부터 인덱스	-2	-1

리스트	'가나다'	'010-1234-1000'	'충북'	'강태양'	'010-2233-5678'	'대전'
앞에서부터 인덱스	0	1	2	0	1	2
뒤에서부터 인덱스	-3	-2	-1	-3	-2	-1
	data[0][0]	data[0][1]	data[0][2]	data[1][0]	data[1][1]	data[1][2]

7 단계별로 작성했던 내용을 하나로 합쳐 놓은 전체 내용이다. for문을 사용하였다.

전체내용 : for문 활용하여 "1번가.xlsx" 파일의 필요한 일부분 추출
추출한 데이터를 "개인정보.xlsx" 파일에 저장

```
import openpyxl as op

total_wb = op.Workbook( )
total_ws = total_wb.active
total_ws.title = "개인정보"
total_ws.append( [ "고객명", "전화번호", "주소" ] )

wb = op.load_workbook("c:/원본엑셀데이터/1번가.xlsx")
ws = wb.active

data = [ ]
j = 4
for row in ws.iter_rows( min_row = 4 ) :
    data.append( [
    ws[ "B{}".format(j) ].value,
    ws[ "C{}".format(j) ].value,
    ws[ "H{}".format(j) ].value ] )
    j = j + 1

for i in range( len( data ) ) :
    total_wb[ "개인정보" ][ f"A{ i+2 }" ] = data[ i ][ 0 ]
    total_wb[ "개인정보" ][ f"B{ i+2 }" ] = data[ i ][ 1 ]
    total_wb[ "개인정보" ][ f"C{ i+2 }" ] = data[ i ][ 2 ]

total_wb.save( "c:/가공엑셀데이터/개인정보.xlsx" )
```

8 7번과 같은 결과가 나온다. 차이점을 분석해 본다.

**전체내용 : for문 활용하여 “1번가.xlsx” 파일의 필요한 일부분 추출
추출한 데이터를 “개인정보.xlsx” 파일에 저장**

```
import openpyxl as op

total_wb = op.Workbook( )
total_ws = total_wb.active
total_ws.title = "개인정보"
total_ws.append( [ "고객명", "전화번호", "주소" ] )

wb = op.load_workbook("c:/원본엑셀데이터/1번가.xlsx")
ws = wb.active

data = [ ]
j = 4
i = 0
for row in ws.iter_rows( min_row = 4 ) :
     data.append( [
     ws[ "B{}".format(j) ].value,
     ws[ "C{}".format(j) ].value,
     ws[ "H{}".format(j) ].value ] )
     j = j + 1
     total_ws.append( data[ i ] )
     i = i + 1

total_wb.save( "c:/가공엑셀데이터/개인정보.xlsx" )
```

8 이번에는 앞에서 for문으로 작성한 내용을 while문으로 작성한 내용이다. 프로그램에는 정답이 없다. 다양한 방법으로 문제를 해결하면 된다.

전체내용 : while문 활용하여 "1번가.xlsx" 파일의 필요한 일부분 추출
추출한 데이터를 "개인정보.xlsx" 파일에 저장

```
import  openpyxl  as  op

total_wb  =  op.Workbook( )
total_ws  =  total_wb.active
total_ws.title  =  "개인정보"
total_ws.append( [ "고객명", "전화번호", "주소" ] )

wb  =  op.load_workbook( "c:/원본엑셀데이터/1번가.xlsx" )
ws  =  wb.active

data  =  [ ]
j  =  4
while  True  :
    data.append( [
    ws[  "B{}".format(j)  ].value,
    ws[  "C{}".format(j)  ].value,
    ws[  "H{}".format(j)  ].value  ] )
    j  =  j  +  1
    if  ws[  "B{}".format(j)  ].value  ==  None  :
        break

i  =  0
while  i  <  len(  data  )  :
    total_wb[  "개인정보"  ][  f"A{  i+2  }"  ]  =  data[  i  ][  0  ]
    total_wb[  "개인정보"  ][  f"B{  i+2  }"  ]  =  data[  i  ][  1  ]
    total_wb[  "개인정보"  ][  f"C{  i+2  }"  ]  =  data[  i  ][  2  ]
    i  =  i  +  1

total_wb.save(  "c:/가공엑셀데이터/개인정보.xlsx"  )
```

[프로그램 설명]

- 똑같으므로 앞에 설명을 참조
- 12번 행에서 j 변수에 값(4)을 넘겨줌
- 15~17번 행에서 B4, C4, H4 셀에 있는 내용만 추출하여 data 리스트에 리스트 형태로 저장
- 18번 행에서 j 변수에 값을 1증가 시켜 5로 변경
- 19번 행에서 B5 셀의 값이 None 이 아니므로 while 반복문 실행
- 다시 15~17번 행으로 이동하여 B5, C5, H5 셀에 있는 내용만 추출하여 data 리스트에 리스트 형태로 저장
- 18번 행에서 j 변수에 값을 1증가 시켜 6으로 변경
- 19번 행에서 B6 셀의 값이 None 이므로 while 반복문 종료
- 나머지는 해석해 본다.

8.2 엑셀파일에서 전체 데이터 추출하여 저장하기

엑셀 파일을 다루다 보면 여러 파일을 하나로 통합해야 할 때가 많다. 이럴 때 대부분은 엑셀 파일 양식은 같아도 데이터의 값과 양만 다를 뿐인 경우가 많다. 이런 통합 작업을 수행할 경우 대부분의 직장인들은 여러 개의 엑셀 파일을 하나씩 열어서 필요한 부분은 선택한 후 복사해서 통합 엑셀 파일에 붙이는 작업(select & copy & paste)을 반복적으로 수행한다.

이러한 작업은 너무 지루하고 시간도 많이 걸린다. 게다가 매일 또는 매주 이러한 작업을 하다보면 반복되는 작업으로 인해 실수가 발생해 데이터가 누락되거나 중복될 수도 있다.

1 먼저 이번 예제에서는 하나의 엑셀 파일에서 전체 데이터를 추출하여 새로운 엑셀 파일을 만들도록 하겠습니다. 이후 여러 파일에서 각각 데이터를 추출하여 취합하도록 하겠습니다. 아래 그림과 같이 엑셀 파일(1번가.xlsx)에서 전체 데이터를 추출하여 새로운 엑셀 파일(판매_취합.xlsx)을 만들도록 하겠습니다.

2 코딩 순서는 아래 그림과 같다.

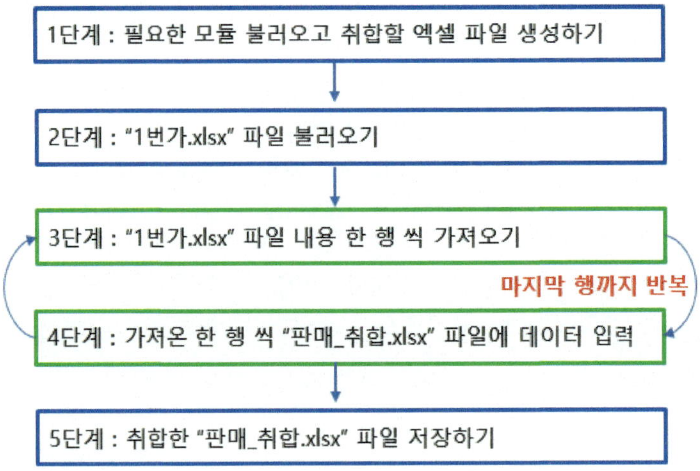

3 필요한 모듈을 import 시키고 추출한 데이터를 저장할 엑셀 파일 개체 생성에 해당하는 내용이다.

1단계 : 필요한 모듈 및 취합할 엑셀 파일 total_wb 개체 생성

```
import openpyxl as op

total_wb = op.Workbook( )
total_ws = total_wb.active
total_ws.title = "취합"
total_ws.append( [ "주문번호", "고객명", "전화번호", "상품명", ₩
                   "단가", "수량", "금액", "주소" ] )

total_wb.save( "c:/가공엑셀데이터/판매_취합.xlsx" )
```

[프로그램 실행 결과]

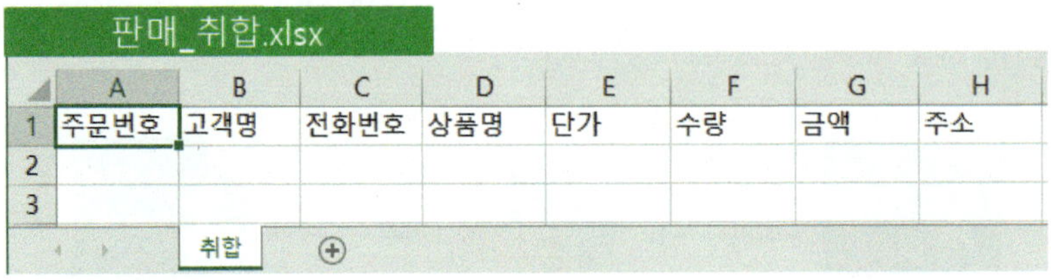

[프로그램 설명]

- 1번 행에서 openpyxl 모듈을 불러오기
- 3번 행에서 데이터를 통합할 파일을 total_wb 개체로 저장
- total_wb 개체가 생성될 때 기본적으로 생성된 시트를 total_ws 시트 객체로 생성
- total_ws 시트의 시트명을 "취합" 으로 변경
- 6번 행에서 total_ws 시트의 첫 번째 행에 total_ws.append( ) 함수로 내용 추가

4 이번에는 PC에 저장되어 있는 엑셀 파일("1번가.xlsx")을 불러 오도록 하겠다. 파일에는 아래 그림처럼 시트(시트명 : Sheet1)는 하나 있고, 총 2명에게 제품이 판매 되었고, 실제 데이터는 4번 행에서부터 입력이 되어 있다.

1번가.xlsx

	A	B	C	D	E	F	G	H
1	1번가 판매 상품							
2								
3	순번	고객명	전화번호	상품명	단가	개수	합계	주소
4	20240801-01	가나다	010-1234-1000	간고등어	1000	2	2000	충북
5	20240801-02	강태양	010-2233-5678	제주옥돔	900	4	3600	대전
6								

Sheet1

2단계 : 파일 1번가.xlsx를 열고 활성화된 시트를 ws 개체 생성

```
1  import openpyxl as op
2  .............
3  .............
4  wb = op.load_workbook("c:/원본엑셀데이터/1번가.xlsx")
5  ws = wb.active
6  .............
```

[프로그램 설명]

- 4번 행에서 "1번가.xlsx" 파일을 불러와서 wb 개체로 할당(저장)
- 5번 행에서 현재 활성화되어 있는 "sheet1" 을 ws 개체로 할당(저장)

5 이번에는 불러온 엑셀 파일(1번가.xlsx)의 해당 시트(ws)에서 한행씩 데이터를 가져와서 취합할 시트(total_ws)에 입력하도록 하겠다.

3~5단계 : 1번가.xlsx 파일의 한 행씩 가져와서 취합할 시트에 입력

```
1   import  openpyxl  as  op
2   .............
3   .............
4
5   #1번가 엑셀 파일에 있는 내용 가져오기
6   for row in ws.iter_rows( min_row = 4 ) :
7       data = [ ]
8       for cell in row :
9           data.append( cell.value )
10      total_ws.append( data )
11
12  total_wb.save( "c:/가공엑셀데이터/판매_취합.xlsx" )
```

[프로그램 설명]

– 6번 행에서 사용한 for 반복문은 4번째 행부터 행을 차례로 읽어오는 역할

```
( '20240801-01', '가나다', '010-1234-1000', '간고등어',  '1000', '2', '2000', '충북' )
```

```
( ''20240801-02, '강태양', '010-2233-5678', '제주옥돔', '900', '4', '3600', '대전' )
```

– 7번 행에서 빈 리스트 data 변수 생성

```
data = [  ]
```

– 8번 행에서 사용한 for문은 읽어온 행의 셀 내용을 하나씩 변수 cell에 저장

```
( '20240801-01', '가나다', '010-1234-1000', '간고등어',  '1000', '2', '2000', '충북' )
```

– 9번 행에서 cell에 저장된 내용을 data 리스트 변수에 하나씩 입력, 8번 반복

```
cell = 20240801-01
cell = 가나다
..........
..........
cell = 충북
```

```
data[ 20240801-01  ]
data[ 20240801-01,  가나다 ]
................
................
data[ 20240801-01, 가나다, 010-1234-1000, 간고등어, 1000, 2, 2000, 충북  ]
```

– 10번 행에서 취합할 시트(total_ws)에 data 리스트에 있는 값을 추가

판매_취합.xlsx

	A	B	C	D	E	F	G	H
1	주문번호	고객명	전화번호	상품명	단가	수량	금액	주소
2	20240801-01	가나다	010-1234-1000	간고등어	1000	2	2000	충북
3								

취합

– 다시 6번 행으로 이동하여 다음 행 읽어 와서 위 내용 반복

판매_취합.xlsx

	A	B	C	D	E	F	G	H
1	주문번호	고객명	전화번호	상품명	단가	수량	금액	주소
2	20240801-01	가나다	010-1234-1000	간고등어	1000	2	2000	충북
3	20240801-02	강태양	010-2233-5678	제주옥돔	900	4	3600	대전
4								

취합

– 더 이상 데이터가 없으므로 for문을 나와서 12번 행 실행하고 프로그램 종료

6 5번 과정의 다른 방법들

3~5단계 : 1번가.xlsx 파일의 한 행씩 가져와서 취합할 시트에 입력

```
1  import openpyxl as op
2  ............
3  ............
4
5  # 1번가.xlsx 파일에 내용이 4행부터 8열까지 있는 것을 아는 경우
6  for x in range( 4, 6 ) :
7      data = [ ]
8      for y in range( 1, 9 ) :
9          data.append( ws.cell( row=x, column=y ).value )
10     total_ws.append( data )
11
12 total_wb.save( "c:/가공엑셀데이터/판매_취합.xlsx" )
```

3~5단계 : 1번가.xlsx 파일의 한 행씩 가져와서 취합할 시트에 입력

```
import openpyxl as op
.............
.............
# 1번가.xlsx 파일에 내용이 4행부터이고 열은 잘 모르는 경우
for x in range( 4, max_row + 1 ) :
    data = [ ]
    for y in range( 1, max_column + 1 ) :
        data.append( ws.cell( row=x, column=y ).value )
    total_ws.append( data )

total_wb.save( "c:/가공엑셀데이터/판매_취합.xlsx" )
```

7 단계별로 작성했던 내용을 하나로 합쳐 놓은 전체 내용이다.

전체내용 : "1번가.xlsx" 파일의 데이터를 전체를 "판매_취합.xlsx" 파일에 저장

```
import openpyxl as op

total_wb = op.Workbook( )
total_ws = total_wb.active
total_ws.title = "취합"
total_ws.append( [ "주문번호", "고객명", "전화번호", "상품명", ₩
                   "단가", "수량", "금액", "주소" ] )

wb = op.load_workbook("c:/원본엑셀데이터/1번가.xlsx")
ws = wb.active

#1번가 엑셀 파일에 있는 내용 가져오기
for row in ws.iter_rows( min_row = 4 ) :
    data = [ ]
    for cell in row :
        data.append( cell.value )
    total_ws.append( data )

total_wb.save( "c:/가공엑셀데이터/판매_취합.xlsx" )
```

iter_rows 메서드를 활용하여 데이터 가져오기

iter_rows( )는 행 단위로 셀을 반복할 수 있는 개체를 생성한다. iter_rows는 엑셀 워크시트의 특정 행 범위를 반복하기 위해 사용된다. iter_rows( )는 시작 행과 끝 행 그리고 시작 열과 끝 열을 매개변수로 받아서 특정 범위 안에서만 행을 순회할 수 있다.

예제에서는 4번째 행부터 마지막 행까지, 또한 전체 열을 범위로 설정하기 위해 min_row = 4로 지정하고 종료 행이나 열 범위는 따로 지정하지 않았다. 즉, iter_rows를 사용하면 시트의 특정 부분만 선택적으로 읽어 처리할 수 있으며, 행과 열의 특정 범위를 지정하여 그 부분만 반복할 수도 있다.

iter_cols( ) 메서드는 열 단위로 셀을 반복할 수 있는 개체를 생성한다. iter_rows가 행에 대한 메서드였다면 iter_cols는 같은 기능을 하는 열에 대한 메서드라고 생각하면 됩니다.

범위를 설정하는 매개변수 외에 values_only라는 매개변수가 있다. values_only는 각 셀 개체 대신 셀의 값만 반환할지 여부를 설정할 수 있는 매개변수이다. values_only를 설정하면 셀 객체에 접근하지 않아도 되므로 셀 값을 바로 사용할 수 있다.

iter_rows( )와 iter_cols( )에서 사용하는 매개변수는 다음과 같이 동일하다.

매개변수	의미
min_row	반복을 시작할 행의 인덱스 지정하지 않으면 첫 번째 행부터 시작
max_row	반복을 끝마칠 행의 인덱스 지정하지 않으면 미지막 행까지 반복
min_col	반복을 시작할 열의 인덱스 지정하지 않으면 첫 번째 열부터 시작
max_col	반복을 끝마칠 열의 인덱스 지정하지 않으면 마지막 열까지 반복
values_only	Ture일 경우 셀 값을 반환 지정하지 않으면 셀 객체를 반환

결국 iter_cols도 매개변수로 행과 열의 범위 모두 설정할 수 있고, iter_rows도 동일하게 범위를 지정할 수 있다. 그러나 iter_cols는 열 단위로 작동하고, iter_rows는 행 단위로 작동하기 때문에 결과 값에 차이가 있다.

8.3 3개의 엑셀 파일 통합

1 이번 엑셀 파일 3개를 열어서 해당 내용을 새로운 엑셀 파일에 저장하는 방법을 알아보겠다.

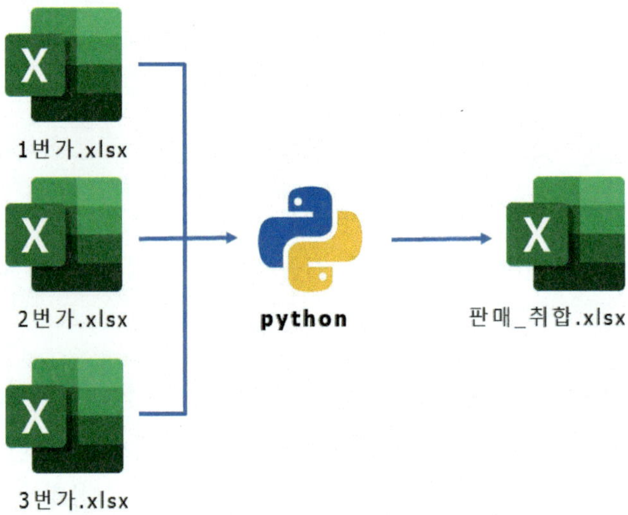

1번가.xlsx

1번가 판매 상품

순번	고객명	전화번호	상품명	단가	개수	합계	주소
20240801-01	가나다	010-1234-1000	간고등어	1000	2	2000	충북
20240801-02	강태양	010-2233-5678	제주옥돔	900	4	3600	대전

Sheet1

2번가.xlsx

2번가 판매 상품

순번	고객명	전화번호	상품명	단가	개수	합계	주소
20240801-01	김유신	010-1234-8989	간고등어	1000	2	2000	경북
20240801-02	정연수	010-2000-9999	제주옥돔	900	6	5400	서울
20240801-03	강승헌	010-3000-6666	제주옥돔	900	7	6300	서울

Sheet1

3번가.xlsx

3번가 판매 상품

순번	고객명	전화번호	상품명	단가	개수	합계	주소
20240801-01	이순신	010-3000-1212	간고등어	1000	2	2000	충북
20240801-02	강감찬	010-1234-1235	연어구이	500	3	1500	서울
20240801-03	홍길동	010-8200-3500	간고등어	1000	6	6000	부산
20240801-04	손오공	010-1234-1237	제주옥돔	900	3	2700	대전
20240801-05	홍길동	010-8200-3500	연어구이	500	4	2000	부산

Sheet1

2 코딩 순서는 아래 그림과 같다. 7.2 예제와 다른 점은 "1번가.xlsx" 파일을 열어서 작업하고 다음은 "2번가.xlsx", "3번가.xlsx" 파일을 차례대로 열어서 반복 작업을 하면 된다.

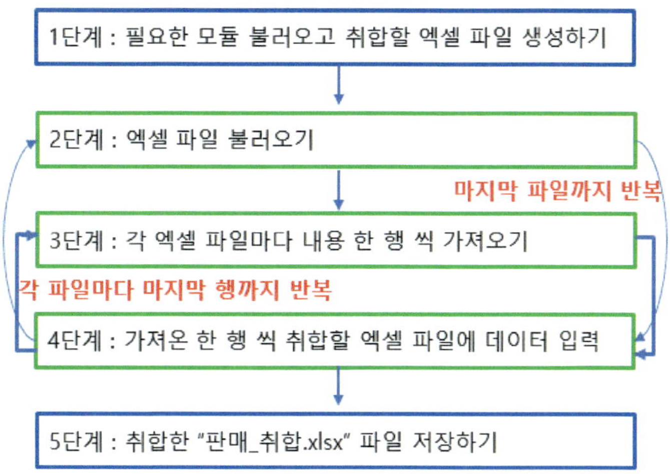

3 프로그램 전체 코드이다.

전체내용 : 3개 엑셀파일을 "판매_취합.xlsx" 파일로 통합

```
import openpyxl as op

total_wb = op.Workbook( )
total_ws = total_wb.active
total_ws.title = "취합"
total_ws.append( [ "주문번호", "고객명", "전화번호", "상품명", ₩
                   "단가", "수량", "금액", "주소" ] )

# file_list 변수명으로 리스트(파일명) 생성
file_list = [ "1번가", "2번가", "3번가" ]
# 1번가, 2번가, 3번가 파일에 있는 내용 가져오기
for file in file_list :
    wb = op.load_workbook(f"c:/원본엑셀데이터/{file}.xlsx")
    ws = wb.active
    for row in ws.iter_rows( min_row = 4 ) :
        data = [ ]
        for cell in row :
            data.append( cell.value )
        total_ws.append( data )

total_wb.save( "c:/가공엑셀데이터/판매_취합.xlsx" )
```

[프로그램 실행 결과]

판매_취합.xlsx

	A	B	C	D	E	F	G	H
1	주문번호	고객명	전화번호	상품명	단가	수량	금액	주소
2	20240801-	가나다	010-1234-	간고등어	1000	2	2000	충북
3	20240801-	강태양	010-2233-	제주옥돔	900	4	5400	대전
4	20240801-	김유신	010-1234-	간고등어	1000	2	2000	경북
5	20240801-	정연수	010-2000-	제주옥돔	900	6	5400	서울
6	20240801-	강승헌	010-3000-	제주옥돔	900	7	6300	서울
7	20240801-	이순신	010-3000-	간고등어	1000	2	2000	충북
8	20240801-	강감찬	010-1234-	연어구이	500	3	5400	서울
9	20240801-	홍길동	010-8200-	간고등어	1000	6	6300	부산
10	20240801-	손오공	010-1234-	제주옥돔	900	3	2000	대전
11	20240801-	홍길동	010-8200-	연어구이	500	4	1500	부산
12								

취합

[프로그램 설명]

– 10번 행에서 file_list 변수명으로 엑셀 파일명으로 리스트 생성

```
[ '1번가', '2번가', '3번가' ]
```

– 12번 행에서 사용한 for문은 file_list 리스트에 있는 값 하나씩 변수 file에 저장
– 첫 번째 "1번가" 값으로 1번가.xlsx 파일을 열고 활성화 되어 있는 시트 개체 생성
– 15번 행에서 for 반복문은 4번째 행부터 행을 차례로 읽어오는 역할

```
( '20240801-01', '가나다', '010-1234-1000', '간고등어',  '1000', '2', '2000', '충북' )
```

```
( "20240801-02, '강태양', '010-2233-5678', '제주옥돔', '900', '4', '3600', '대전' )
```

– 16번 행에서 빈 리스트 data 변수 생성

```
data = [  ]
```

– 17번 행에서 사용한 for문은 읽어온 행의 셀 내용을 하나씩 변수 cell에 저장
– 18번 행에서 cell에 저장된 내용을 data 리스트 변수에 하나씩 입력, 8번 반복

```
cell = 20240801-01
cell = 가나다
..........
..........
cell = 충북
```

```
data[ 20240801-01  ]
data[ 20240801-01,  가나다 ]
................
................
data[ 20240801-01, 가나다, 010-1234-1000, 간고등어, 1000, 2, 2000, 충북  ]
```

– 19번 행에서 취합할 시트(total_ws)에 data 리스트에 있는 값을 추가

판매_취합.xlsx

	A	B	C	D	E	F	G	H
1	주문번호	고객명	전화번호	상품명	단가	수량	금액	주소
2	20240801-01	가나다	010-1234-1000	간고등어	1000	2	2000	충북
3								

취합

– 다시 15번 행으로 이동하여 다음 행 읽어 와서 위 내용 반복

판매_취합.xlsx

	A	B	C	D	E	F	G	H
1	주문번호	고객명	전화번호	상품명	단가	수량	금액	주소
2	20240801-01	가나다	010-1234-1000	간고등어	1000	2	2000	충북
3	20240801-02	강태양	010-2233-5678	제주옥돔	900	4	3600	대전
4								

취합

– 더 이상 데이터가 없으므로 다시 12번 행으로 가서 2번가.xlsx 파일을 열고 반복
– 마지막 3번가.xlsx 파일을 열고 작업이 끝나면 21번 행 실행하고 프로그램 종료

8.4 여러 엑셀파일 통합

Python으로 코딩 작업을 하다보면 가지고 있는 파일을 열어야 하는 경우가 많다. 파일이 몇 개 안되면 파일명을 나열해서 사용할 수 있다. 그러나 파일이 많다면 나열하는 것도 쉽지 않다. 이번에는 파이썬을 이용해서 특정 디렉토리 내에 파일명을 리스트화 해서 자동화하는 방법에 대해 알아본다.

1 이번에는 아래 그림과 같이 많은 엑셀 파일을 열어서 데이터를 통합하는 방법을 알아본다.

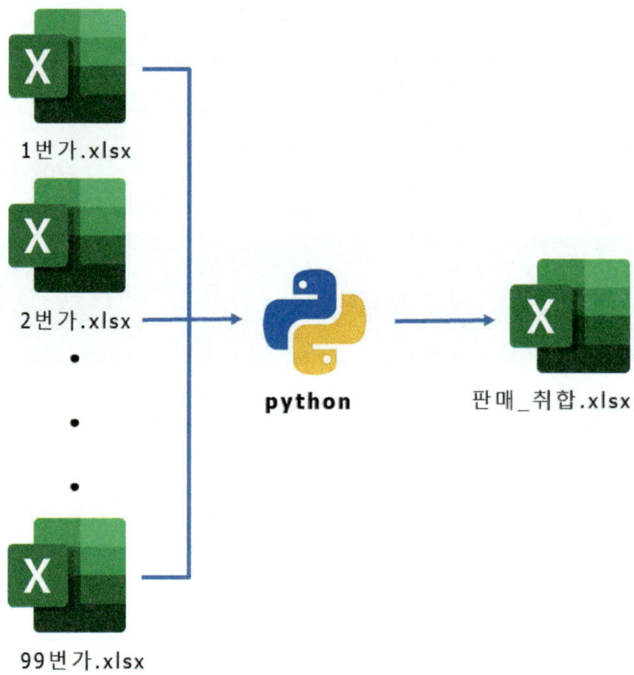

2 코딩 순서는 7.3과 같다. 7.3 예제에서는 파일이 3개여서 파일명을 직접 나열해서 사용하였지만 이번 예제에서는 파일이 많아서 직접 나열하는 것도 쉽지 않다. 이를 위해 파이썬에서는 os 라이브러리에 listdir( ) 함수를 제공하고 있다. 이 함수는 특정 디렉토리 내에 파일 또는 폴더명을 리스트화 해 준다.

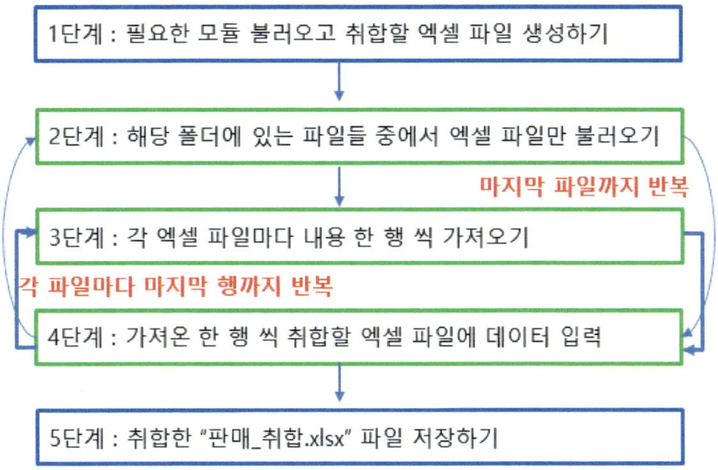

3 프로그램 전체 코드이다.

전체내용 : 여러 개의 엑셀파일을 "판매_취합.xlsx" 파일로 통합

```
import openpyxl as op
from os import listdir

total_wb = op.Workbook( )
total_ws = total_wb.active
total_ws.title = "취합"
total_ws.append( [ "주문번호", "고객명", "전화번호", "상품명", ₩
                   "단가", "수량", "금액", "주소" ] )
file_list = listdir(r"c:/원본엑셀데이터/")

for file in file_list :
    if file[ -4 : ] != "xlsx" :
        continue
    wb = op.load_workbook( f"c:/원본엑셀데이터/" + file )
    ws = wb.active
    for row in ws.iter_rows( min_row =2 ) :
        data = [ ]
        for cell in row :
            data.append( cell.value )
        total_ws.append( data )

total_wb.save( r"c:/가공엑셀데이터/판매_취합.xlsx" )
```

[프로그램 설명]

- 2번 행에서 os 라이브러리의 listdir( ) 함수를 사용하기 위해 import 시킴
- 9번 행에서 listdir(경로)에 특정 디렉토리 경로를 입력
- 경로 밑에 있는 폴더와 파일이름을 file_list 리스트로 받음
- 11번 행에서 file_list 리스트에 있는 값 하나씩 변수 file에 저장
- 12번 행에서 file 변수에 있는 값(예 : 1번가.xlsx)을 슬라이싱해서 뒤에서 4번째부터 자른 값이 xlsx가 아니면 continue 문을 실행하여 for 문 처음으로 돌아감
- 즉, 엑셀파일만 열어서 작업을 수행

8.5 통합한 파일에서 제품별 시트분리

이번에는 통합한 엑셀 파일에서 특정 조건에 맞는 시트를 생성하고 해당 데이터를 입력하는 방법을 알아본다.

1 이번 아래 그림과 같이 많은 엑셀 파일을 열어서 데이터를 통합하는 방법을 알아본다. 예제에서는 사용할 판매_취합.xlsx 파일은 아래와 같다. 상품명 별로 시트를 생성하고 해당 데이터를 각 시트에 입력하도록 한다.

판매_취합.xlsx

	A	B	C	D	E	F	G	H
1	주문번호	고객명	전화번호	상품명	단가	수량	금액	주소
2	20240801-01	가나다	010-1234-1000	간고등어	1000	2	2000	충북
3	20240801-02	강태양	010-2233-5678	제주옥돔	900	4	4800	대전
4	20240801-01	김유신	010-1234-8989	간고등어	1000	2	2000	경북
5	20240801-02	정연수	010-2000-9999	참가자미	800	6	4800	서울
6	20240801-03	강승헌	010-3000-6666	제주옥돔	900	7	6300	서울
7	20240801-01	이순신	010-3000-1212	간고등어	1000	2	2000	충북
8	20240801-02	강감찬	010-1234-1235	연어구이	500	3	4800	서울
9	20240801-03	홍길동	010-8200-3500	간고등어	1000	6	6300	부산
10	20240801-04	손오공	010-1234-1237	제주옥돔	900	3	2000	대전
11	20240801-05	홍길동	010-8200-3500	연어구이	500	4	1500	부산
12								

취합

2 코딩 순서는 아래 그림과 같다. 이번 예제에서는 상품명 중복을 제거하고 시트를 만들고 해당 데이터를 상품명에 맞는 시트에 입력해야 한다.

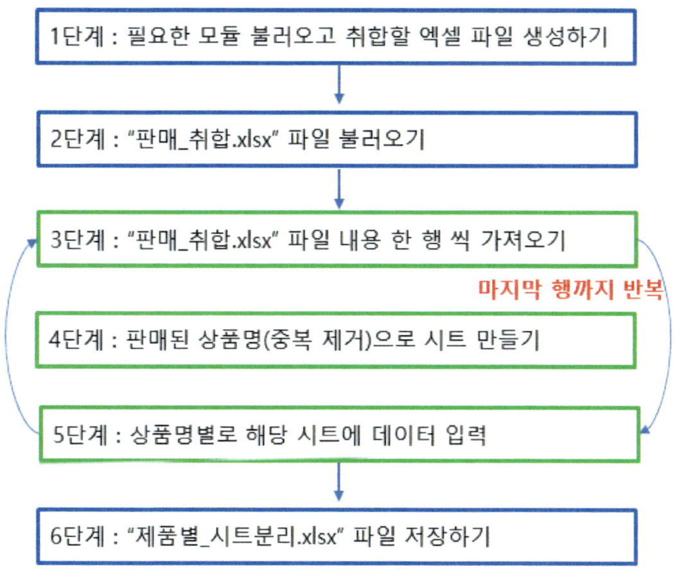

3 프로그램 전체 코드이다.

전체내용 : 제품별 시트 생성하고 해당 데이터 입력

```
import openpyxl as op

wb = op.load_workbook("c:/가공엑셀데이터/판매_취합.xlsx")
ws = wb["취합"]

name_list = [ ]

#1번가 엑셀 파일에 있는 내용 가져오기
for row in ws.iter_rows( min_row =2 ) :
    name = row[3].value
    if name not in name_list :
        name_list.append(name)
        wb.create_sheet(name)
    data = [ ]
    for cell in row :
        data.append(cell.value)
    wb[name].append(data)

total_wb.save( "c:/가공엑셀데이터/제품별_시트분리.xlsx" )
```

[프로그램 실행 결과]

판매_취합.xlsx

	A	B	C	D	E	F	G	H
1	주문번호	고객명	전화번호	상품명	단가	수량	금액	주소
2	20240801-	가나다	010-1234-	간고등어	1000	2		충북
3	20240801-	강태양	010-2233-	제주옥돔	900	4		대전
4	20240801-	김유신	010-1234-	간고등어	1000	2		경북
5	20240801-	정연수	010-2000-	제주옥돔	900	6		서울
6	20240801-	강승헌	010-3000-	제주옥돔	900	7		서울
7	20240801-	이순신	010-3000-	간고등어	1000	2		충북
8	20240801-	강감찬	010-1234-	연어구이	500	3		서울
9	20240801-	홍길동	010-8200-	간고등어	1000	6		부산
10	20240801-	손오공	010-1234-	제주옥돔	900	3		대전
11	20240801-	홍길동	010-8200-	연어구이	500	4		부산
12								

취합 | 간고등어 | 제주옥돔 | 연어구이

[프로그램 설명]

- 6번 행에서 name_list 이름으로 빈 리스트 생성
- 9번 행에서 2번 행부터 한 줄씩 데이터를 읽어서 row 변수 저장
- 10번 행에서 D2 셀에 있는 값 "간고등어" 를 name 변수에 저장
- 파이썬에서 인덱스는 0부터 임.
- 11번 행에서 name_list 리스트에 name에 있는 값이 없으면 name_list에 추가
- 13번 행에서 name 변수에 있는 값으로 시트 생성
- 17번 행에서 name 변수에 있는 해당 시트에 값 입력
- 다시 9번 행으로 반복 수행

8.6 엑셀 시트 이름별로 파일 저장

이번에는 7.5와 반대로 엑셀 파일에 여러 개의 시트가 있을 때 시트를 분리하여 파일로 저장할 때가 있다.

1 7.5 절에서 생성한 "제품별_시트분리.xlsx" 하나의 엑셀 파일에는 4개의 시트로 구성되어 있습니다. 이번에는 아래 그림과 같이 파일에 있는 각 시트명으로 엑셀 파일을 생성해 보겠습니다.

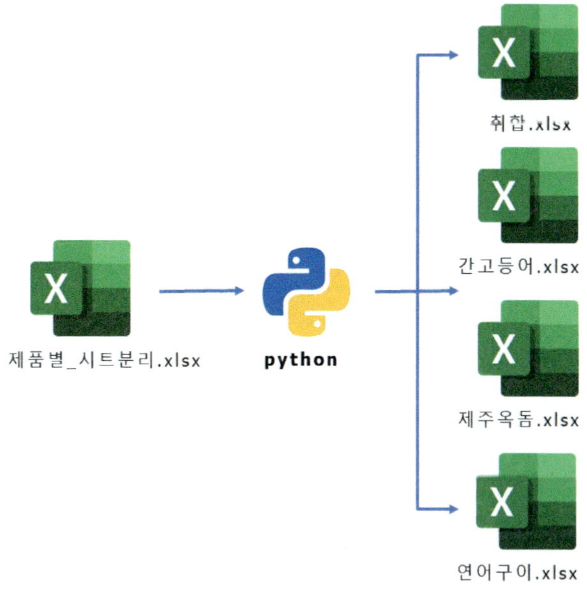

2 코딩 순서는 아래 그림과 같다. 이번 예제에서는 시트 이름을 가져와서 시트 이름 별로 작업을 수행해야 한다.

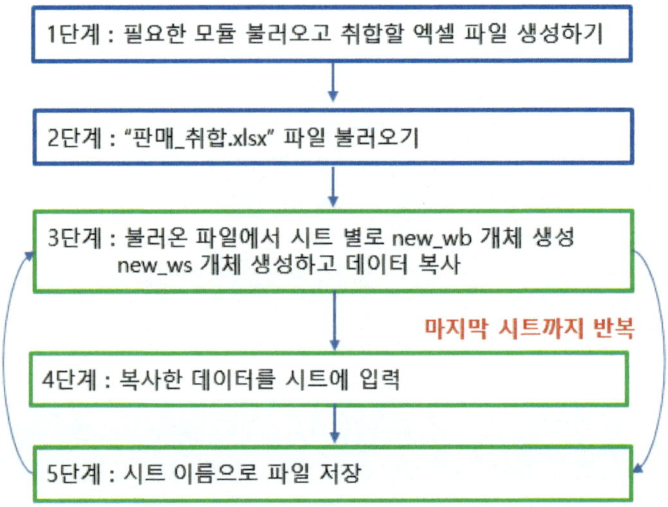

3 프로그램 전체 코드이다.

전체내용 : 제품별 시트 생성하고 해당 데이터 입력

```
import openpyxl as op

wb = op.load_workbook("d:/시트_분리.xlsx", data_only=True)

# 각 시트를 별도의 파일로 저장
for sheet in wb.sheetnames :
    # 새로운 워크북 생성
    new_wb = op.Workbook()
    new_ws = new_wb.active

    # 원본 시트의 데이터를 복사
    copy_sheet = wb[sheet]
    for row in copy_sheet.iter_rows( ) :
        for cell in row :
            new_ws[ cell.coordinate ] = cell.value

    # 새로운 파일로 저장
    new_wb.save( f"d:/{sheet}.xlsx" )
```

[프로그램 실행 결과]

[프로그램 설명]
– 6번 행에서 sheetnames 멤버변수로 시트 명을 리스트로 받음 – sheet 변수에 "취합" 값을 가지고 for 문 수행 – 8~9번 행에서 새로 저장할 new_wb 개체와 new_ws 시트 개체 생성 – 12번 행에서 취합 시트를 복사 – 15번 행에서 해당 셀 좌표에 값 입력 반복 – 18번 행에서 해당 시트 이름으로 엑셀 파일 저장 – 다시 6번 행으로 반복 수행

8.7 통합한 파일에서 제품별 판매 합계

이번에는 통합한 엑셀 파일에서 각 제품별 판매 합계와 비율을 구해 본다.

1 아래 그림과 같이 통합한 엑셀 파일에서 각 제품별 판매 합계와 비율 구해 본다.

판매_취합.xlsx

	A	B	C	D	E	F	G	H
1	주문번호	고객명	전화번호	상품명	단가	수량	금액	주소
2	20240801-	가나다	010-1234-	간고등어	1000	2	2000	충북
3	20240801-	강태양	010-2233-	제주옥돔	900	4	5400	대전
4	20240801-	김유신	010-1234-	간고등어	1000	2	2000	경북
5	20240801-	정연수	010-2000-	제주옥돔	900	6	5400	서울
6	20240801-	강승헌	010-3000-	제주옥돔	900	7	6300	서울
7	20240801-	이순신	010-3000-	간고등어	1000	2	2000	충북
8	20240801-	강감찬	010-1234-	연어구이	500	3	5400	서울
9	20240801-	홍길동	010-8200-	간고등어	1000	6	6300	부산
10	20240801-	손오공	010-1234-	제주옥돔	900	3	2000	대전
11	20240801-	홍길동	010-8200-	연어구이	500	4	1500	부산
12								

취합

2 코딩 순서는 아래 그림과 같다. 이번 예제에서는 상품명 중복을 제거하고 시트를 만들고 해당 데이터를 상품명에 맞는 시트에 입력해야 한다.

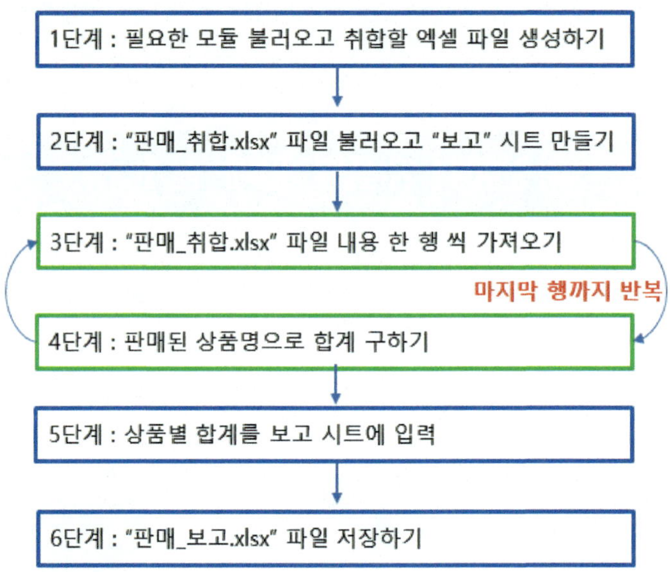

3 프로그램 전체 코드이다.

전체내용 : 제품별 시트 생성하고 해당 데이터 입력

```
import openpyxl as op

wb = op.load_workbook("c:/가공엑셀데이터/total_취합.xlsx")
ws = wb["취합"]
```

```
wb.create_sheet(“보고”)
report_ws = wb[“보고”]

form = [ [ “제품”, “판매합계”, “판매비율” ],
         [ “연어구이” ],
         [ “간고등어” ],
         [ “제주옥돔” ] ]
for form_row in form :
    report_ws.append( form_row )

sal_sum = 0
go_sum = 0
tile_sum = 0
total_sum = 0

# 제품별 합계 구하기
for row in ws.iter_rows( min_row =2 ) :
    name = row[3].value
    if name in “연어구이” :
        sal_sum = sal_sum + row[5].value
    elif name in “간고등어” :
        go_sum = go_sum + row[5].value
    else :
        tile_sum = tile_sum + row[5].value

total_sum = sal_sum + go_sum + tile_sum

report_ws[“B2”] = sal_sum
report_ws[“B3”] = go_sum
report_ws[“B4”] = tile_sum

report_ws[“C2”] = (sal_sum / total_sum)
report_ws[“C2”].number_format = “0.00%”

report_ws[“C3”] = (go_sum / total_sum)
report_ws[“C3”].number_format = “0.00%”

report_ws[“C4”] = (tile_sum / total_sum)
report_ws[“C4”].number_format = “0.00%”

total_wb.save( “c:/가공엑셀데이터/판매_보고.xlsx” )
```

[프로그램 실행 결과]

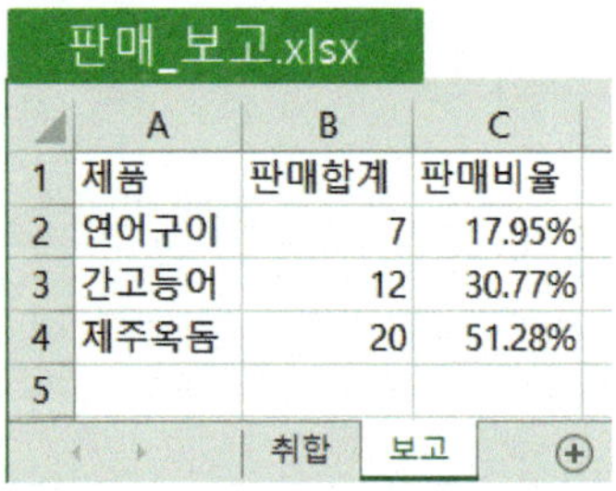

판매_보고.xlsx

	A	B	C
1	제품	판매합계	판매비율
2	연어구이	7	17.95%
3	간고등어	12	30.77%
4	제주옥돔	20	51.28%
5			

[프로그램 설명]

- 9~12행에서 보고 시트에 들어갈 내용을 form 리스트로 지정
- 13번 행 for 문에서 form 리스트 데이터를 하나씩 읽어와 append( ) 함수로 내용입력
- 22번 행에서 for 문에서 2번째 행부터 한행씩 값을 가져와서 row에 저장
- 23번 행에서 D2 셀에 있는 값 "간고등어"를 name 변수에 저장
- if 문을 사용하여 각 제품별로 판매 개수를 누적
- 38, 41, 44번 행에서 백분율 형식(소수점 2자리, % 표기)으로 하는 서식 문자를 사용
- 셀의 number_format에 서식 문자를 입력하면 적용

저자와의
협의에 의해
인지 생략

비전공자도 따라하며 배우는

엑셀자동화 with 파이썬

1판 1쇄 2024년 9월 10일

저 자 강형일
발행인 송광헌
발행처 북두출판사
주 소 서울특별시 영등포구 경인로 82길 3-4
센터플러스 807호
(우) 07371
전 화 02-2164-2580
FAX 02-2164-2584
등 록 1993. 11. 22. 제 10-902 호

정가 : 22,000원

ISBN : 979-11-6675-540-8 93000

한국과학기술출판협회 회원사